"一带一路"沿线国家教育政策法规研究丛书

科威特、巴林、卡塔尔、阿联酋、阿曼、也门
教育政策法规

主编 / 张德祥 李枭鹰

编译 / 齐小鹍 何文栋 牛军明 耿宁荷 郝香贺

大连理工大学出版社
Dalian University of Technology Press

图书在版编目(CIP)数据

科威特、巴林、卡塔尔、阿联酋、阿曼、也门教育政策法规 / 齐小鹍等编译. -- 大连：大连理工大学出版社，2020.12

（"一带一路"沿线国家教育政策法规研究丛书 / 张德祥，李枭鹰主编）

ISBN 978-7-5685-2636-4

Ⅰ.①科… Ⅱ.①齐… Ⅲ.①教育政策—西亚②教育法—西亚 Ⅳ.①D937.021.6

中国版本图书馆 CIP 数据核字（2020）第 143024 号

KEWEITE BALIN KATA'ER ALIANQIU AMAN YEMEN
JIAOYU ZHENGCE FAGUI

大连理工大学出版社出版

地址：大连市软件园路 80 号　邮政编码：116023
发行：0411-84708842　邮购：0411-84708943　传真：0411-84701466
E-mail：dutp@dutp.cn　URL：http://dutp.dlut.edu.cn
上海利丰雅高印刷有限公司印刷　　大连理工大学出版社发行

幅面尺寸：185mm×260mm　印张：12.25　字数：250 千字
2020 年 12 月第 1 版　　2020 年 12 月第 1 次印刷

责任编辑：孟凡彩　　　　　　　　　　责任校对：张　岩
封面设计：奇景创意

ISBN 978-7-5685-2636-4　　　　　　　　　　　定　价：84.00 元

本书如有印装质量问题，请与我社发行部联系更换。

总 序

共建"一带一路"是中国提出的伟大倡议,也是中国与"一带一路"沿线国家的共同愿望。"一带一路"倡议出自中国,却不只属于中国,而属于"一带一路"沿线所有国家,乃至全世界。中国是"一带一路"的倡导者和推动者,沿线所有国家是"一带一路"的共商者、共建者和共享者。

为推进共建"一带一路"伟大倡议,让古丝绸之路焕发新的生机与活力,以新的形式使亚欧非各国联系更加紧密,互利合作迈向新的历史高度,中国政府于2015年3月28日发布了《推动共建丝绸之路经济带和21世纪海上丝绸之路的愿景与行动》,强调"一带一路"是促进共同发展、实现共同繁荣的合作共赢之路,是增进理解信任、加强全方位交流的和平友谊之路。中国政府倡议,秉持和平合作、开放包容、相互借鉴、互利共赢的理念,全方位推进务实合作,打造政治互信、经济融合、文化包容的利益共同体、命运共同体和责任共同体。

为贯彻落实《推动共建丝绸之路经济带和21世纪海上丝绸之路的愿景与行动》,2016年7月13日中华人民共和国教育部牵头制定了《推进共建"一带一路"教育行动》。该文件指出,推进共建"丝绸之路经济带"和"21世纪海上丝绸之路",为推动区域教育大开放、大交流、大融合提供了大契机。"一带一路"沿线国家教育加强合作、共同行动,既是共建"一带一路"的重要组成部分,又为共建"一带一路"提供人才支撑。中国愿与沿线国家一道,扩大人文交流,加强人才培养,共同开创教育的美好明天。

自共建"一带一路"倡议提出至2019年8月底,已有136个国家和30个国际组织与中国签署了195份共建"一带一路"合作文件。"一带一路"是一个多极的和多文化的世界,无论是政治、经济、文化、教育、生态还是种族、民族、宗教、习俗等,不同国家或地区之间存在这样或那样的差异。因此,只有全面了解民间需求与广泛民意、消除误解误判,只有国家的学者、企业家、政府部门、民间组织和民众充分理解各国的国际关系、宗教信仰、历史文化、风俗习惯、法律法规和民心社情,才能更好地推动"一带一路"建设。也就是说,"一带一路"沿线国家建立政治互信、经济融合、文化包容的利益共同体、命运共同体和责任共同体,必须根基于沿线国家间的"文化理解或认同",而这又与教育尤其是高等教育的交流合作密切相关。

教育政策法规是了解一个国家教育发展状况和治理水平的重要窗口,是各国之间教育合作交流的基本依据。为此,教育部牵头制定的《推进共建"一带一路"教育行动》呼吁沿线国家"加强教育政策沟通",即通过开展"一带一路"教育法律、政策协同研究,构建沿线各国教育政策信息交流通报机制,为沿线各国政府推进教育政策互通提供依据与建议,为沿线各国学校和社会力量开展教育合作交流提供政策咨询;积极签署双边、多边和次区域教育合作框架协议,制定沿线各国教育合作交流国际公约,逐步疏通教育合作交流政策性瓶颈,实现学分互认、学位互授联授,协力推进教育共同体建设。

大连理工大学切实贯彻《推进共建"一带一路"教育行动》的精神,精心谋划和大力支持"一带一路"教育研究。该校原党委书记张德祥教授带领课题组成员克服文本搜集、组建团队、筹措经费等多重困难,充分发挥学校高等教育研究院、"一带一路"高等教育研究中心、中俄暨独联体合作研究中心以及教育部国别和区域研究中心"独联体国家研究中心"的优势和特色,积极参与和服务于"一带一路"的推进和共建,编译"一带一路"沿线国家教育政策法规,并在国内率先开展"一带一路"沿线国家教育政策法规研究,具有很好的教育发展战略意识和强烈的服务国家发展战略的责任感和使命感。中国高等教育学会大力支持这项工作,将"'一带一路'国家高等教育政策法规研究"立项为2016年高等教育科学研究"十三五"规划重大攻关课题,并建议课题组首先聚焦于编译"一带一路"沿线国家的教育法、高等教育法以及教育中长期发展规划等,及时为国家推进共建"一带一路"教育行动搭建教育政策沟通桥梁。该课题组根据中国高等教育学会专家组的意见,组织力量,编译了这套《"一带一路"沿线国家教育政策法规研究丛书》。作为中国高等教育学界的一名老兵,看到自己的学生们带领国内一批青年学者甘于奉献、不辞辛劳、不畏艰难,率先耕耘在"一带一路"沿线国家教育研究这片土地上,我由衷地感到欣慰。同时,大连理工大学出版社全力支持这套丛书的出版,不遗余力地为丛书的出版工作提供支持,使这套丛书能及时出版发行。最后,我真诚地希望参与这项工作的师生们努力工作,高质量、高水平地把编译成果呈现给"一带一路"的教育工作者。

是为序。

潘懋元于厦门大学高等教育研究中心
2019年9月10日

前　言

2015年3月28日《推动共建丝绸之路经济带和21世纪海上丝绸之路的愿景与行动》和2016年7月13日《推进共建"一带一路"教育行动》的相继颁布,将"政策沟通"置于"五通"之首,让我们意识到编译《"一带一路"沿线国家教育政策法规研究丛书》的重要性和紧迫性。对我们来说,承担这一艰巨任务是一种考验,更是一种使命。

2016年中国高等教育学会组织申报高等教育科学研究"十三五"规划课题,将"'一带一路'背景下我国高等教育国际化研究"列入重大攻关课题指南。我们在这个框架之下组织申报的"'一带一路'国家高等教育政策法规研究",获得了中国高等教育学会专家组的认可和支持,这对我们是极大的鞭策和鼓励。2016年11月,我们认真筹备和精心谋划,参加了中国高等教育学会组织的开题论证工作,汇报了课题的研究设想。听取了专家组的宝贵意见后,我们及时调整了课题研究重心。我们考虑首先要聚焦于编译"一带一路"沿线国家教育政策法规,因为,我们对许多国家的高等教育政策法规还不了解,国内也缺乏这方面的资料。编译这些资料既可以为我们日后的研究打下基础,也可以为其他研究者和部门进行相关研究、制定政策提供基础性的资料和参考。于是,我们调整了工作思路,即先编译,然后再进行研究。同时,考虑到许多国家的高等教育政策法规常常包括在教育政策法规中,我们的编译从"高等教育政策法规"拓展到"教育政策法规",这种转变正好呼应了《推进共建"一带一路"教育行动》中的"政策沟通"。

主编《"一带一路"沿线国家教育政策法规研究丛书》,是一项相当繁重和极其艰辛的工作,其中的酸甜苦辣只有经历了才能体会到。第一,参与共建"一带一路"的国家相当多,截至2019年8月底,已有136个国家和30个国际组织与中国签署了共建"一带一路"合作文件。这套教育政策法规研究丛书虽然只涉及其中的69个国家,但即使是选择性地编译这些国家的教育法、高等教育法以及中长期教育发展规划等,也需要大量的人力、财力等的支持。第二,不少"一带一路"沿线国家的教育本身不够发达,与之密切关联的教育政策法规通常还在制定和健全之中,我们只能找到和编译那些现已出台的政策法规文本,抑或某些不属于政策法规却比较重要的文献。编译这类教育政策法规时,我们根据实际需要对某些文本进行了适当删减。由于编译这套丛书的工作量很大、历时较长,我们经常刚编译完某些国家旧有的教育政策法规,新的教育政策法规又出台了，我们不得不再次翻译最新的文本而舍弃旧有的文本。如此反反复复，做了不少"无用功"。即便如此，我们依然不敢担保所编译的教育政策法规是最新的。第三，"一带一路"沿线国家或地区的官方语言有80多种，涉及非通用语种70种（这套教育政策法规研究丛书涉及的69个国家，官方语言有50多种），我们竭尽全力邀请谙熟非通用语种的人士加盟，但依然还很不够。由于缺乏足够的谙熟非通用语种的人士加盟，很多教育政策法规被迫采用英文文本。在编译过程中，我们发现那些非英语国家的英文文本的表达方式与标准英文经常存在很大的出入，而且经常夹杂着这样或那样的"官方语言"或"民族语言"。这对编译工作是一个极大的挑战和考验，我们做到了尽最大努力去克服和处理。譬如，新西兰是一个特别注重原住民及其文化的国家，其教育政策法规设有专门的毛利语教育板块，因而文本中存在大量的毛利语。为了翻译这些毛利语，编译者查阅了大量有关毛利文化的书籍和文献，有时译准一个毛利语词语要花上数十天甚至更长的时间。类似的情况经常碰到，编译者们付出了难以计量的劳动，真诚地希望这套丛书的出版能给他们带来足够的精神上的慰藉。

为了顺利推进研究工作，我们围绕研究目标和研究重点，竭尽全力组建结构合理的研究团队，制订详尽的研究计划，规划时间表和线路图，及时启动研究工作，进入研究状态。大连理工大学积极参与"一带一路"建设，高度重视"一带一路"沿线国家教育研究工作，成立了"'一带一路'高等教育研究中心"、"中俄暨独联体合作研究中心"和教育部国别和区域研究中心"独联体国家研究中心"。大连理工大学、大连外国语大学、大连民族大学、杭州师范大学、广西民族大学、广西财经学院、广西职业技术学院、广西桂林市委党校、南开大学、海南大学、重庆大学、赤峰学院、天津市教育科学研究院等单位的有关专家、学者、教师、学生积极参与此项工作，没有他们的艰辛付出和辛勤劳动，编译工作将举步维艰。这项工作得到了大连理工大学出版社的大力支持，出版社的同志们不畏艰辛、不厌其烦、不计回报，为这套丛书的出版付出了难以想象的汗水和精力。对此，课题组由衷地表示感谢。

张德祥　李枭鹰
2019年9月8日

目 录

科威特 / 1
科威特国家教育发展报告(2004—2008) / 3

巴 林 / 39
巴林国家高等教育战略(2014—2024) / 41

卡塔尔 / 55
卡塔尔教育和培训部门战略(2011—2016) / 57

阿联酋 / 67
阿联酋下一代人的高等教育总体规划 / 69

阿 曼 / 87
阿曼高等教育质量管理体系发展规划 / 89

也 门 / 125
也门国家高等教育发展战略 / 127

附 录 / 171
附录一　推动共建丝绸之路经济带和21世纪海上丝绸之路的愿景与行动 / 173
附录二　教育部关于印发《推进共建"一带一路"教育行动》的通知 / 181

后 记 / 187

科 威 特

科威特位于亚洲西部、波斯湾西北岸,与沙特、伊拉克相邻,东濒波斯湾,同伊朗隔海相望。该国首都为科威特城。科威特国土面积17 818平方公里,人口477.6万。绝大部分土地为沙漠,境内无山川、河流和湖泊。地下水资源丰富,但淡水极少,饮水主要来自伊拉克及淡化海水。科威特属热带沙漠气候,夏长炎热干燥,冬短湿润多雨。

科威特石油和天然气储量丰富,现已探明的石油储量为140亿吨,居世界第七位。石油、天然气工业为国民经济主要支柱,其产值占国内生产总值的45%,占出口收入的92%。近年来,科威特政府在重点发展石油、石化工业的同时,强调发展多元化经济,着力发展金融、贸易、旅游、会展等行业,并提出2035年的发展愿景,将科威特建设成为地区商业和金融中心,发挥私营企业在科威特经济发展中的重要作用,保障人民生活全面均衡地发展,实现社会公正。

科威特是君主世袭制酋长国,埃米尔是国家元首兼武装部队最高统帅。一切法律以及与外国签订的条约和协定均由埃米尔批准生效。科威特主张维护民族独立、国家主权与领土完整,发展民族经济,实行高福利制度。海湾战争后,科威特迅速开始战后重建工作,加强国防建设,在政府部门和经济机构中逐步推行科威特化。科威特全国实行免费教育。

注:以上资料数据参考依据为中国外交部官方网站科威特国家概况(2020年9月更新)。

科威特国家教育发展报告(2004—2008)

第一部分 科威特的教育系统
（二十一世纪初教育系统构想）

科威特总体教育结构

科威特的教育系统是根据一个普遍原则而建立的组织，其教育过程是实现科威特教育理念的目标和前奏。教育系统的监管主要分为正规教育监管和非正规教育监管。具体解释如下：

一、正规教育

（一）由教育部监管的教育——正规教育

正规教育是指由教育部监管的大学前的教育（普通教育），包括：

1. 公共（政府）教育。公共（政府）教育包括幼儿园、小学、初级中学（持续时间为10年，按照1965年的义务教育法，小学和初中可以看作两个义务阶段）以及一般政府教育、成人教育和读写教育。

2. 素质（政府）教育。素质（政府）教育包括宗教机构中的宗教教育、伊斯兰科学和阿拉伯语以及普通教育课程；特殊教育（有特殊需要的学生接受的教育）。

3. 私立教育。私立教育是指在私立学校进行的教育，与普通教育阶段相同。

由高等教育部监管的教育

1. 科威特大学教育

此类教育包括科威特大学教授科目。例如：科学、工程学、医学、社会科学、管理科学、艺术学、教育学和伊斯兰学，此外还有提供硕士和博士的特殊项目的研究生院。

2. 公共管理机构的应用教育和培训

科威特致力于通过投入应用教育和培训，从而提高财力和开发人力。政府当局对应用教育和培训进行监督。在这方面有以下两种教育类型：

（1）职业教育

由完成中级阶段教育的学生参加。他们进入一所专业学习机构，接受一种特定的培训，如通信学校、秘书学校等。

(2) 教育学院、教育大学和应用培训

由持有科学和艺术的中等教育普通证书的学生参加。此类院校有很多，如基础教育学院、技术学院、商学院、卫生科学学院和护理学院、交通与导航高等研究学院、护理所、旅游技能研究所、安装培训研究所、工业研究所、通信与导航高等研究所、秘书和办公室管理研究所、职业培训学院、工业研究所（沙巴·塞勒姆）和其他学院。在完成四年的学习以后，学校将为学生颁发学士学位。若只完成了两年的学习，学生将获得其中一项专业文凭证书。

二、非正规教育

这种类型的教育由一些政府机构和部门以及一些提供培训证书的私人机构监督。这些监督机构为科威特大学社区和继续教育中心服务，社会服务由继续教育的应用教育和培训部、宗教事务部和伊斯兰教事务部（该部门负责监管宗教教育在古兰经中的作用），还有工商部（该部门负责监管商业性质的公共机构），以及由公共应用教育和培训局提供，主要用于准备技术人员和助理技术人员的培训课程。

三、科威特教育学制

教育部于 2003 年 3 月 3 日发布了第 76（2003）号部长令，以此规定初等教育为 5 年，中等教育为 4 年，而高中阶段为 3 年，并在 2004—2005 学年开始实施。因此，科威特基础义务教育由 8 年变成了 9 年。

2003 年，国民教育发展大会已经考虑、讨论和批准了教育的替代方案，随后最高教育委员会也批准了这一方案。教育部着手修订教育年限，并于 2003 年 3 月 3 日发布了第 76（2003）号部长令。在教育年限上，将小学改为 5 年，初中改为 4 年，高中改为 3 年。此项决定从 2004—2005 学年起就得到了应用，因此科威特基础义务教育已经从 8 年变成了 9 年。该学制（5—4—3）的优点之一，是将 11 岁的青少年学生归回小学阶段。此学制也具有提供教室的经济特色，无须建设新的教室。

第二部分　二十一世纪教育系统面临的挑战

同其他国家一样，科威特的教育也面临着一系列挑战。这些挑战有：

- **政治挑战**

科威特位于具有全球重要战略地位的阿拉伯海湾，这个地区的重要性使科威特处于局势紧张并不断产生冲突的环境之中。除了战争之外，该地区在过去三十年经历了一场科威特解放战争，这个地区战争和环境导致了多重政治关系和政治开放，还出现了众多政治事件。

为了直面这一挑战，科威特教育系统负责人，努力适应周围的变化、现实情况以及政治和社会实际。科威特正在采取民主的做法，通过自由选举以及拥有一个稳固而明确的宪法,来界定权威机构各自的作用。因此,教育正在通过政治教育、课程和行为惯例,来巩固民主原则,尊重宪法和法律法规。例如,学校选举,通过课程来教授宪法的一些条款,力图利用教学来加强民族团结的教育理念,以增强公民精神、忠诚度与归属感。

- 经济挑战

科威特依靠石油作为基本收入来源,但是石油正在减少。因此,科威特正在寻求较为长远的收入来源以替代石油。国外的投资经验和获得的成功证明了其他可替代资源的价值。我们发现,科威特的大部分商品和满足主要需求的商品是进口的,这使得当地市场与全球市场紧密关联,受其负面或积极的影响。教育工作者也没有忽视消费者对教育的经济挑战。

- 文化挑战

文化挑战是最严峻的挑战之一,因为其与思想、价值观和趋势相关。无论怎样,学校都能从生活中感受到我们正在面临快速而危险的变化。在此基础上,力求制定关于维护国家认同的领先和严肃的课程,巩固所有积极的价值观并摒弃负面的价值观。妥善利用在文化和全球发展中新的、有用的一切东西。因为科威特不想同世界分离,同时也不想失去自己的身份。因此,文化部正在努力从挑战中汲取经验。

- 社会挑战

由于经济的繁荣和工作领域的开放性,科威特在政治团结、地理区域和个人独立性的推动下,社会结构由团体组成,成为一个不可分割的社会。在这之前,社会保障部保证了科威特人数十年的生活稳定。因此,该部千方百计地消除紧张局势以及社会冲突,并激发出持久的爱国主义意识。科威特重视社会技能学习,这被看作社会成员间交流与保持凝聚力最重要手段。

- 技术挑战

世界上的技术发展,被认为是以这个时代为特征的科学革命。过去几十年来科学技术发展的速度超过了大多数人类曾经走过的时代和知识阶段。

教育正在从各个方面的技术中汲取养分。因为通过教育制度的构成和教育教学环境的介绍,我们认识到,技术已经成为我们必须面对的现实。

- 认知挑战

信息革命或知识爆炸是我们当前教育面临的挑战之一。除了部分严峻的专业,知识的积累和科学发现的加速,使教育者们一直在寻求应对之策。因此,教育部正在谋求充分利用现有知识使其发挥作用的方法,而不仅仅是为学习者提供知识。

一、教育部教育系统的秩序、结构和管理——科威特教育现状

科威特教育部的组织结构走过了不同的阶段,通过各阶段的要求,追寻和实现了教育目标。

(一)教育部的组织结构

教育部的组织结构由部长办公室和副部长办公室组成,除了十个主要工作部门由部长和副部长担任领导之外,其他均由助理副部长担任领导。具体如下:

1. 部长办公室,其下为:最高教育委员会;科威特国家教育、科学与文化委员会,以及巴黎联合国教科文组织科威特常驻代表团常务局;特殊教育理事会总秘书处;公共关系与教育信息部。

2. 隶属副部长的单位:法律事务部。

3. 其他部门:规划与信息部;教育发展部;一般教育部;私立教育部;特殊教育部;调研与教育课程部;行政部;教育机构部;财务部;学生活动部。

(二)目标和目的

目标和目的被视为教育的基本方针,并由此制定战略和教育计划。教育部设立了以下几个方面的教育目标:

1. 建立一个雄心勃勃的科威特,追寻更美好的未来。社会和国家发展趋势对实现有效的学习生活、吸收科学方法以及对社会各个领域不同需求的应用产生影响。

2. 采用电子书,抛弃纸质书以实现课程和不同教育体系的质的飞跃。强调引进伊斯兰教法规定的真正伊斯兰教教义和伦理道德、原则和价值观,深化民族主义精神,维护国家生存和疆界。

3. 强调学校的功能作用,提升服务于教育目标和愿望的活动,落实教育政策。

4. 在从幼儿园到其他阶段的教育轨迹上,提高教育成果水平,使学生学到必要技能,以应对高等教育阶段日益激烈的变化与劳动力市场的需求。

5. 提高教育内部效率,提高科威特幼儿园和其他教育水平的学生入学率,以减少教育资源的浪费。

6. 支持和发展不同的教育方针;政府和私人、宗教机构和成人教育中心,在某种程度上适应学生的能力、愿望和社会需要。

7. 关心那些有特殊需要的学生的康复问题,并根据爱好、天资和能力,将其融入社会生产结构,使他们获得自信并拥有专业的工作能力。

8. 消除文盲与产生文盲的起因和带来的影响,在科威特的所有地区继续进行对文盲的教育,并使他们与社会其他成员一起为国家发展做出贡献。

9. 关注杰出的学生,鼓励他们的创造力和才华,提炼和发展他们的天赋和能力,并随访他们所创造的辉煌成就。

10. 关注学习较慢的学生,提高他们的教育水平,并消除妨碍学习的根本原因。

11. 关心自闭症学生,加强他们同别人的沟通,并提高他们参加合作与创意活动的动力。

12. 加强教师的社会地位,提高其科学、专业、道德、物质水平,使其提高对职业的满意度;保持教学职业的体面,赋予其独特的社会和声望地位;进行学徒教育,要求教师获得从业执照,并获得国际计算机使用执照。

13. 教育管理的发展和行政独立的增强，使其能够解决阻碍其进步的问题。

14. 将某些职能转移到教育领域，在教育部门发展人力资源，提高效率，采取科学的、行政的、专业的和技术的方法。

15. 实现学校建筑及其设施的最佳利用，并延长其使用寿命，同时履行所需的维护责任，以创造极具吸引力的教育环境。

16. 将教育支出合理化，并以不会影响教育过程效率的方式，利用政府和私营部门的所有可用资源。

（三）科威特的教育战略（2005—2025）

二十一世纪初，教育部试图在2005—2025年度制定长期教育教学策略，形成符合新世纪要求和社会需要的教育工作参考方法。

战略愿景包含在总的教育系统观之中，而整体教育系统为年轻人实现国家目标提供了方法论的基础。同样，方法的多样性也为个人和社会提供了多样的机会。

通过以下目标展示了教育体系的战略目标：

1. 让当代所具有的自由思想相互作用，在不与社会文化认同冲突的情况下，对相互作用产生的改变做出回应。

2. 在对话的重要性中增强信仰的价值，尊重受过教育的人权，为健全的民主生活奠定基础。

3. 实现财富生产的理念，保护环境和国家资源。

4. 加强普通教育学校课程的基本要求，以确保实现国家目标。

5. 引进普通教育部门的体制改革，与实现战略目标的要求相对应。

6. 弥合当前普通教育要求与现实之间的数字鸿沟，对科学和实用的公私生活领域的先进技术进行处理。

提出一系列与以往每个目标相关的战略目标，作为实现这些目标的指标。

（四）法律体制（新的法律措施）

建立学生活动部门：

第338(2008)号部长令，规定了设立专门的学生活动部门，包括体育部、男女童子军部、学校活动部。

（五）学生活动部门的主要任务

1. 制定运动、侦察、指导学校活动方面的政策和计划。

2. 制定系统和方案以实施运动、侦察、指导和学校活动方面的政策和计划。

3. 根据特点、趋势和每个成长阶段的需求，确定实施活动所需的方式方法和可能性。

4. 坚持为运动、侦察、指导和学校活动持续提供必要的资源。

5. 与普通教育部门、私营部门和素质教育协作，共同执行活动方案。

6. 制定一般政策,确定建立运动、侦察、指导和学校设施的特殊需求。
7. 制定系统,以确保运动、侦察、指导和学校设施的保存与发展。
8. 制定游泳池、娱乐中心和童军总部的总体规划,并监督执行情况。
9. 制订会议、运动、侦察、指导和学校节日的计划和方案。
10. 为选拔学校的运动、侦察和指导小组以及学校活动代表团的准备和参与制订计划。
11. 参与体育课程的准备与发展。
12. 为操场、大厅、游泳池以及童军总部建立系统和规定。
13. 建立运动、侦察与指导小组和学校活动代表团的交流访问机制。
14. 协调青年和运动、侦察、指导和学校代表团的活动。
15. 为专业干部的职业康复与准备,提出课程和培训方案。

(六)特殊教育和素质教育部门的发展

第338(2008)号部长令规定了取消附属教育部门和私人素质教育部门,并为它们建立一个单独的部门。

(七)重组协调局

第338(2008)号部长令规定修改并重组协调局,其名称被更改为协调及普通教育后续部门,管理职能如下:
1. 向教育领域的董事会提供研究报告和信息。
2. 为系统地安排考试和保存自己的文件做准备。
3. 制定学生事务和入学条件的规章制度。
4. 评估各阶段和学科中,教学干部教育过程的需求。
5. 与大学教师协调编制职前教育培训方案。
6. 实现教育领域平衡,满足教育干部要求。
7. 监测区域教育现象并对其进行研究。

二、教育改革方案

教育部定期探究新的方式和方法,着力发展和改革教育体制,教育改革方案如下:

(一)教育发展项目

教育部提出了二十八个反映教育领域要求的项目,它们是:
1. 各个级别的课堂和幼儿园的教室要拥有先进科技设备,要有智能屏幕和白板。
2. 为三种教育层次的学校和幼儿园的科学实验室、艺术室和工作室提供数据显示设备、电脑和屏幕。
3. 在小学为男孩和女孩引入教育游戏和建立动态大厅游戏。
4. 科学实验室工具器具的现代化和发展(三个阶段教学+宗教学院+特殊教育学校)。

5. 学校图书馆设备的现代化与发展。

6. 建立国家科学奥林匹克中心。

7. 为各级教育和幼儿园准备与安排教育部学校阶梯讲堂。

8. 为三个阶段的教育建立语言实验室。

9. 为各级教育提供书柜。

(1) 初等教育阶段(每个学科配一个书柜)。

(2) 初中阶段(每个学生配一个书柜)。

(3) 高中阶段(每个学生配一个书柜)。

10. 学校设备的发展。

11. 准备实验室和仪器并检修破损的实验室。

12. 特殊教育学校的发展：

(1) 引入现代技术以帮助脑瘫学生。

(2) 为具有严重沟通障碍的人引入替代性通信设备。

(3) 为盲人开发铂金斯设备。

(4) 为盲人提供高科技设备。

(5) 为视力受损的人提供相机鼠标。

(6) 为盲人学生提供视力软件。

(7) 推动教育工作室的发展和现代化。

(8) 提供治疗方案。

13. 在幼儿园阶段,监管教育游戏。

14. 发展体育器材和工具,为体育馆引进电动和电子器械。

15. 提供急救箱。

16. 为三个阶段的教育提供虚拟图书馆。

17. 为幼儿园阶段的学生提供现代户外游戏。

18. 发展和提供艺术室。

19. 提供必要的交通意识课程。

20. 开展实习研讨会。

21. 为拥有升旗场地和剧院的学校提供展示屏幕。

22. 开发发展中心。

23. 为中学男生组建东部和西部乐团。

24. 用现代技术建立幼儿园教师中心。

25. 要做如下几个规划：

(1) 教育部的教育、管理和行政干部的职业发展规划。

(2) 男、女教师,宗教教育部职工,宗教机关行政人员的培训课程。

(3) 教育领域员工的培训课程。

(4) 教育部新晋升教师的培训课程。

（5）男、女科学教师的职业发展规划。

（6）提高音乐教师表演水平的培训课程。

（7）女体育老师的培训课程。

（8）公立学校图书馆员工的培训。

（9）家庭和消费科学的教育监管干部的职业发展规划。

26. 为幼儿园教室提供设备的计划。

27. 为教师和行政人员提供设备的计划。

28. 提供复印机和传真机的计划。

(二) 未来学校

未来学校将提供科威特未来教育的复杂视野，旨在通过实现以下目标来提高教育成果：

1. 针对普通教育学校进行与战略目标要求相符合的教育改革。

2. 根据全球标准保证普通教育质量。

3. 通过学习中的个体差异以关注学生。

4. 普及教育学院基础设施建设，确保学习环境不断改善。

5. 弥合当前普通教育需求与先进技术之间的数字鸿沟。

6. 激励家庭和社区机构在教育支持中的作用。

未来学校的特点：

1. 聚焦于每名学生在课堂上的学习，并在课堂上为基础科目配备两名教师。

2. 为每名学生在教室提供储物柜，以便将教科书和笔记本放在储物柜以减轻书包的重量。将软盘和练习题带回家作为日常作业。为特殊教育学校的学生设计具有特殊教育规范的书籍。

3. 在初中阶段使用笔记本电脑，以增强对教育技术的重视。在学校和教室里提供本地计算机网络，使教育各方能够运用教育技术。

4. 使用局域网加强校内外教育进程的技术联系。

5. 增强家庭与学校之间的联系。

6. 提供有吸引力的学习环境。

7. 提高学生的教育素养，并通过标准考试进行检查。

(三) 全国教育发展会议

2008年2月，在科威特举行了教育发展会议，其任务是制定一套旨在支持教育部改革的项目和方案，并按照2005年至2025年科威特普通教育战略规定的目标和目的来发展科威特的教育制度，通过：

1. 第一个项目：国家标准和质量管理局的建立。

该机构的设立旨在评估和确保学校教育和行政管理的质量。国家标准和质量管理局对质量标准进行管理,是为了让所有学生通过严格独立的学校质量评估过程,根据成果提供建议,以确保和提高教育质量和成果。国家标准和质量管理局的职能:

(1)制定评估工作绩效的标准和新方向。

(2)根据学校的自我评估和外部检查来实施质量控制流程。

(3)评估制定教育质量奖励制度的可能性。

2.第二个项目:审查和更新课程与教学方法。

鉴于科威特现行课程的现状和优劣,以及先进国家改革和发展课程的经验,特别是在阿拉伯语、英语、数学和科学方面,显而易见,改革和课程发展的进程可以通过发展和建立课程和评估中心来完成。

(1)课程开发基于以下条件:教育标准的主体;标准和教学方法;标准和评估。

(2)课程和评估中心的设立。

3.第三个项目:激活在教育中使用信息与通信技术的国家战略。

信息与通信技术的使用使教育过程跨越了空间和时间的限制,同时考虑了受过教育的个体存在差异,使他们能够在适合的环境中完成学习过程,同时也提供了一个让学习者一方面直接进行电子互动,另一方面与他们的教师进行互动的机会。除了能够发展自我学习的技能,还使学生能够使用多媒体和以符合其能力的方式接受科学科目。

4.第四个项目:在一般教育系统中融入残疾人士。

该项目包含八个关于运动障碍残疾人融合原则的轴线,作为向科威特国通用教育体系中所有有特殊需要人士全面整合的第一步,具体如下:

(1)确立在未来一段时间内可以融合的类别,优先关注运动障碍。

(2)一个让家长能够轻松获取的融合服务计划。

(3)为具有特殊需求群体开发测量和评估工具的愿景。

(4)确认服务和程序来支持合并过程并激活其机制。

(5)制订项目中专业心理学家和社会工作者的复原和提升计划。

(6)激活个人教育计划在整合过程和后续行动中的作用。

(7)为融合过程制订丰富的计划,以满足全体学生的需求。

(8)制定材料清单的愿景,为教育心理学部门提供合并的服务与支持。

5.第五个项目:发展职前教师培养方案。

发展职前教师培养方案对学校改革的成功至关重要,这一发展基于:

(1)精心设计的入学考试。

(2)所有师生都有第一年适应的时间。

(3)将单独的职前教育方案同其他相关的职前教育方案分开。

在科威特大学教育学院,应用教育与培训公共管理的基础教育学院开设职前教师培训计划的发展项目包含两项发展建议:

第一项:顺利完成一年以后,为教师培训大学设置入学和能力测试门槛。

第二项:在加入培训的一年之前,为教师培训学校的入学考试精心设计能力测试。

6. 第六个项目:培养公共机构的能力,以支持基于学校改革的发展项目。

基于学校项目发展改革,增加战略和战术的规划效率。

7. 第七个项目:开展在职职业发展培训。

该项目旨在制定与学校改革有关的在职培训项目修改模式。新模式响应各级需要,包括学校确定的培训需求。

8. 第八个项目:设立学校董事会。

该项目包括在每个学校设立一个董事会,在最开始审查现行的教育法,以确定是否需要颁布新法。在这方面,第一阶段是与教育领域的领导和员工合作:

(1)界定理事会主导和辅助学校的角色与责任。

(2)详细说明提及的角色和责任。

(3)制定选举委员会成员的标准。

(4)制定选举流程。

第二阶段是与管理人员合作,开展宣传运动,对社区成员进行宣传。

第三阶段是组建一个团队,支持教育领域的校董会,并为他们制订培训计划。

确保所有学校和所有学生的发展。

9. 第九个项目:普通教育制度评估过程的发展。

该项目有两个部分:

第一,设立课程和评估中心。

第二,审查和更新三个层次的评估模式和方法,三个层次分别是学校、国家和国际层面。

10. 第十个项目:制定政策分析与战略规划部的效率机构框架。

方案和学校改革进程的提案旨在实现教育部作为现代"政策部"作用的转变,其中学校的作用主要集中在三个方面:

(1)制定、评估和实施教育政策。

(2)教育系统执行的一般职责(除去对地理环境和学习科目的执行有直接责任的地区)。

(3)向部长提供关于教育系统状况的独家信息。

11. 第十一个项目:加强教育管理信息系统。

这可以通过世界银行对"教育指标"项目的支持来开展。

12. 第十二个项目:建立国家教育研究中心。

建立国家教育研究中心的任务之一是定量和定性地提高教育研究的水平,使其成为教育部和其他教育机构优先获得优质教育方案的重要来源。

13. 第十三个项目:为教育发展创建社区合作。

社会通过法律和监管框架来促进教育发展。民间组织的法律和监管框架的发展是由法律工具(法令)建立的,该项目对组织社区的教育演变过程和质量的提升具有十分重要的意义。

14. 第十四个项目:教育发展过程中,外国私立学校的参与。
15. 第十五个项目:重新审议组织与一般教育的整体结构,包括幼儿园阶段的发展。

第一个举措:义务幼儿园阶段。

(1)幼儿园阶段的阿拉伯语课程。

(2)将英语作为科威特幼儿园的第二语言课程。

(3)父母参与幼儿园的教育和教学过程。

(4)幼儿园第二阶段的数学。

第二个举措:基础科目教育方案的发展。

(1)初等教育的发展。

(2)初中阶段的发展

(3)高中阶段的发展:教育系统制定的规划与科威特的教育变化相符合。

(4)宗教教育的发展。

(四)科威特大学

教育学院的设立始于1955年,是根据科威特教育研究委员会的建议而设立的。为了建立一所私立高校,为教师的工作做准备,1980年颁布了关于建立教育学院的阿米里法令,并于1981年开展教学活动,当时有399名教师加入了科威特大学。

1. 教育学院的结构组织

(1)学院及其理事会的院长。

(2)助理院长,包括:学术事务和研究生学习事务;咨询、调研和培训事务;学生事务。

(3)科学部分,包括:课程和教学方法;教育心理学;教育的教授法;教育计划与管理。

(4)学术课程服务中心;教育技术中心;职前教育中心。

(5)学术课程办公室;指导与引导办公室;专业文凭办公室;研究生学习办公室;咨询和培训办公室;学术认证办公室。

2. 教育学院的目标

教育学院正在努力实现以下目标:

(1)为所有类别的学习者提供适当的教育服务,包括有特殊需求的学习者。

(2)根据学术组织认可的标准,专业人才资源的准备和发展需要教师、专家、教育工作领导者的努力,通过国际教育质量控制中心跟上全球标准。

(3)指导教育科学研究,并将结果投入实际教育发展中,解决社会问题,追求成功和成长。

(4)主要与教育活动、科学、社会和心理活动有关的机构合作。

(5)在教育进程中,用现代科技发展所需的技术。

(6)使学院成为该地区的先驱,使其可以为提升教育进程提供所需条件。

3.教育学院的原则

教育部门提供的指导教育和活动的专业原则主要集中在：

(1)实现卓越。

(2)依托研究和调研成果。

(3)提供以学习者为中心的教育。

(4)参与和合作。

(5)尊重多样性,并考虑个体教育差异。

(6)信息技术教育的使用。

(7)使学生、教师了解实地和实践经验。

(8)让大家(学习者和教师)遵循终身学习原则。

4.在教育学院中培养教师

除了准备做其他工作的人,如学校教育心理学家和图书馆专员,教育学院在培养准备教师,并在在职过程中继续这个进程。

评估是按照专业标准进行的,如掌握学习知识和教学实践的能力以及帮助学生学习所需专业的技能。学院提供了十九个学术课程,为普通教育阶段的教师做准备。

(五)应用教育和培训公共管理局

应用教育和培训公共管理局为未来一段时间制定了战略,以实现其建立的总体目标,其战略的基本要素如下:

未来愿景:成为一个领导教育部门和培训学院,监督政府和私人机构在社会和经济发展过程中作用的机构。

战略信息:为了恢复社会和经济发展进程的平衡,特别是对科威特国的劳动力市场进行平衡。

1.基础结构

应用教育和培训公共管理局发展了其组织结构,包括五个部门:

(1)应用教育与研究部门。

(2)计划和发展部门。

(3)培训部门。

(4)财务和行政事务部门。

(5)学术支持服务部门。

2.战略目标

应用教育和培训公共管理局力求实现以下目标:

(1)重组应用教育和培训机构,不断开展课程开发,实现教育质量和技术开发标准。

(2)鼓励和支持私营部门在该部门采取的战略框架中建立应用教育和培训机构。

(3)制定政府和私营部门的应用教育和培训的综合系统。

(4)设计科威特国家专业资格认证系统,以调整雇用、就业、教育和培训制度,并将其相互联系起来。

(5)引导科威特青年向应用和技术专业方向发展,并在私营部门就业,以帮助恢复劳动力市场的平衡。

(6)制定普通教育课程,纳入职业教育和培训的一些领域。

(7)使那些在学习和科学生活的各个阶段想要加入应用教育和培训的人机会均等。

(8)使在应用教育和培训领域工作的政府机构的资金来源多元化。

(9)发展应用与技术领域的科学研究,与处理社会经济发展问题的要求相适应。

(10)提高教育机构和应用培训资源的有效利用水平。

3. 总政策

在其战略的框架内,应用教育和培训公共管理局在管理局活动的关键领域制定了总政策,内容如下:

(1)录用:应用教育和培训公共管理局的政策集中在,应对劳动力市场的需求,引导青年人参与国家发展规划所要求的专业化方面。

(2)软件开发:政策侧重于关注每个受训人员接受教育和良好培训的权利,并引入鼓励年轻毕业生参与生产和优良服务活动的要素。

(3)与社会互动:政策侧重于发展学生的民族主义意识,将民族主义观念与毕业生参与解决国家就业与发展问题联系起来。

(4)激发私营部门在应用教育与培训中的作用:政策重点是为教育培训机构提供技术支持,并通过教育机构和政府培训,为公民配备人才提供技术支持。

(5)制度发展:政策侧重于巩固支持应用教育和培训机构的构成以及技术的使用。承诺在管理局的不同部门进行科学和制度规划,以及关心和发展绩效。管理局在管理局机关和人事内部文化领域的政策突出在,达成管理机构绩效同质化,并在员工中传播体制价值体系,并将其与其他区分开来。

(6)这些政策的重点是管理局为自己的机构发展筹集财政资源,加强与区域和国际机构的合作,国家预算投入资金用于管理局的发展活动。

4. 应用教育和培训公共管理局主要工作的立法与法规总框架:

应用教育和培训公共管理局的工作全部集中在一系列法律立法框架上,其中最重要的是:

(1)1982年第63号权力法律的制定。

(2)法律和公务员制度。

(3)董事会决议和规定。

(4)内阁决定,公务员理事会的组织培训,应用教育与培训成果的任命,以及公务员事务委员会就职通知。

(5)在国家层面上,对区域任务和进修假期所做的一系列决定。

(6)管理局的财务条例和程序,用于按照规定,在可用的拨款中支付一些预算项目。

这些规定最重要的地方在于支配那些教育和培训特殊奖金的支出；在社区服务和继续教育的方案中奖励教学和培训；除了访问教授、讲师和专家的奖励外，参与调研、应用研究的人的奖励；创作、翻译和出版的奖励；科威特教育机构发布的法律和法令规定的，特别是应用教育和培训公共管理局。

（六）公共管理机构应用教育与培训的最新和未来变化

以"全纳教育"为视角，对教育体系进行转变和改革，创造新的教育环境作为对学习者多元化的回应，根据对教育制度的修改，以及发展和追踪实际成效和成果，自2004年以来，委员会在这一领域进行了重大发展，具体如下：

1. 行政组织领域

鉴于未来权力部门的构想和教育综合化趋势发展的进展，为了满足劳动力市场对技术和经验的需求，于2005年2月22日颁布了2005年第479号法令，宣布组建了一个用于研究组织机构的委员会。

此委员会的作用于2008年在采用了一个新的组织结构后结束。新组织结构的使用由公务员委员会正式通过并正在启动。在比较了旧的结构监管机构与新结构的特殊需求的统计数据之后，设立了一个"特殊需求人员的专门办公室"。

2. 特殊需求的兴趣的量化发展

（1）为各类残疾人准备合格教师的领域

除了在基础教育学院各部门设立特殊教育课程外，还负责准备基础教育水平的教师，管理局批准了准备特殊教育教师的计划，这些教师都在不同的残疾领域获得了资格证。该方案的目的是培养在学术和专业方面合格的教师，以满足科威特社会对教师和专家在特殊教育学校和机构工作的需要。这些目的总结如下：

为学校和机构准备合格的人力干部，关心有特殊需求学生的福利和教育。

通过为有特殊需求的儿童的家长和工人举办座谈会、讲座、会议、研讨会和培训课程，为社区服务计划做出贡献。

为特殊群体的发展方案做出贡献，并与有关机构合作，向有关机构提供咨询意见。

提出教育领域的项目和研究，并为实施和评估做出贡献。

为提高信息意识和教育意识做贡献，并培养有特殊需求的儿童。

（2）特殊教育计划毕业生说明

特殊教育计划的理念是基于让各类残疾人才获得合格的专业技能，以满足劳动力市场的需求。特殊教育部门的毕业生有资格在隶属于教育部的特殊教育学校、社会事务和劳工部以及信息部（听力障碍毕业生）工作。除此之外，还可以在私立学校工作，以照料有特殊需求的人。

在传播与残疾人并存的文化融合方面：

通过对社区服务和继续教育的管理，当局向科威特社会所有人员提供了"信号语言"课程，将课程分为四个层次。

(七)教育改革最重要的政策和成果

1. 教师政策和成果简介：

根据教师对教学的坚定信念，以及教师通过指导教育过程达到目标，可以看出教师是个杰出的职业。这促使我们注重教育的专业化，为教师和职业本身，尤其为学生的兴趣和整个社会而努力。这就要求在在职培训期间，教师在多种多样的学术、专业和文化方面准备好进行严肃的科学对话，并在工作中促进专业化发展。职前准备反映了在此期间的教育经历。这些教育经历保证了教师高水平的表现、专业精神和普遍的伦理，以及使教师在课内课外都能达到实现教育目标的能力。职业深度的发展也要求教师变得更加认真，并与信息技术新时代的各种数据进行创造性的互动，利用这些数据，更好地扮演一个教师的角色。

2. 鉴于海湾合作委员会的教育目标和教育部（2005—2025年）的战略，科威特对教育给予优先重视，其中强调了以下项目：

(1) 在受过教育的人中建立正确的伊斯兰信仰，使伊斯兰信仰的原则成为思想方法和风潮，这可以为发展阿拉伯伊斯兰教遗产和忠于阿拉伯-伊斯兰教身份的教育做准备。

(2) 通过不断自学，发展自由科学思想和批判性创造性思维能力。

(3) 提高学习者对全球化与信息技术和现代交流方式的重要意识，保护个人和社会的利益，并保护科威特社会身份和价值观免受不利影响。

(4) 通过与其他文化积极互动、宽容地对待他人来熟悉学习者。

3. 由于教育哲学源于科威特普通教育战略目标所体现的教育制度，因此集中在以下几个方面：

(1) 有助于实现当前年代所需要的自由思想的互动，并在不与社会的文化特性相冲突的情况下，对变化的动因做出反应。

(2) 为重要信仰做出贡献，尊重人权，为民主生活提供坚实基础。

(3) 坚持财富生产理念，保护国家的环境和资源。

(4) 确认学校普通教育制度课程的基本要求，确保实现国家目标和原则。

(5) 实现普通教育部门的体制改革，并符合实现战略目标的要求。

(6) 在科学、实际生活、公共与私人的各个领域，弥合当前普通教育现实与先进技术需求之间的数字鸿沟。

4. 为此，教师培训学院推行教师准备机构的符合国际标准承诺的政策，其中最重要的是：

(1) 总体来说，提高教师培训学院的投入水平。

(2) 提高产出质量，满足教育需求。

因此，教育学院的目标是：

（1）提供和发展人力，以确保可以面对技术和国家人才不足的问题。让不同领域的合格教师进行教学，使学生在大学课程中获得足够的能力以满足劳动力市场的需求。在教育服务和教育援助领域实现对社会需求的功能性反应。

（2）发展学生的个性，达到科学实践与社会基本价值观的平衡，并根据伊斯兰教和阿拉伯的原则，最大限度地协助学生在道德、智力和社会上充分发展自身素质和能力，确保他获得学业成就和社会建设参与上的平衡。

(八) 现状回顾

1. 在投入方面

教师培训学院的投入取决于普通的高中教育产出，这些产出是根据劳动力市场的需求和这些大学的吸收能力决定的。按照每所学院制定的条件和标准，一般二级比例在一些应用学科的科学和文学专业的 65 个男孩中占 70%～75%。除了对所有学科的个人访谈之外，对某些应用性学科也进行了能力测试。在达到转学条件的情况下，教师师范学院也可以接受其他学院的转学生，尽管普通高中的比例会因这些学生转学而下降到 60%。

2. 在入学考试方面

入学考试：教育学院的条例规定，学院为教育学院协调和招生办公室提名的学生提供面试机会。这个面试十分正式。现行的入学制度最重要的是缺乏客观性，客观性可以确保入学学生的认知、情绪和心理特点，使学生达到成功。学院也为参与质量规划的学生举行能力测试，如：

（1）艺术教育专业能力测试。

（2）体育和运动专业能力测试。

（3）音乐教育专业能力测试。

（4）室内设计专业能力测试。

（5）英语测试。

通过这些考试的人，可以进入他所期望的专业化学校。

3. 在系统方面

教师培训学院系统基于学生加入学校的时间制度。这个系统由四个年级八个班组成，在学生修满了基本的学分以后，第八个学期专门用于职前教育培训。学生可以通过选修夏季课程，在三年半的时间内毕业。

如果满足转学条件，学生可以转专业。

4. 在计划方面

科威特应用教育和培训公共管理局被认为是培养教师的最重要机构之一。除了四个不同的特殊残疾专业之外，它还包含 15 个专业。因此，学校是使社会繁荣的最大原因。

5. 在评估方面

学生成绩组成如下：

(1)学期中的平时作业占 50%。

(2)期末考试占 50%。

该制度经科学事务委员会批准后可以修改。

不同课程的成绩组成比率不同。某些应用课程的平时作业占 60%，而期末考试占 40%。

6. 在实地培训(职前培训)方面

职前培训教育通过采用以下要素实现其功能：

(1)目标：指学生教师的行为模式会在进行教育实践之后获得。

(2)时间计划：指培养学生教师的实际周期，以及 12 周的时间计划方案。

(3)内容：在培训期间，学生掌握教学技能。

(4)培训方法：如观摩、批判性思维，以及个人和集体对研讨会的反馈。

(5)模式：是连续性还是分阶段性训练，这些要素对于实现教育培训的目标和职能至关重要，这一模式在实现这些目标方面发挥了重要作用。

A. 教育决策过程中的注册要求：

(1)在基础教育学院完成 102 个学分。

(2)完成教学课程：教学课程、交流和技术教育课程。职前教育的要求作为加入教育计划的条件。

(3)不注册任何违反职前教育的课程。

B. 基础教育学院的教育学院培训中心的培训计划，包括以下三个方案：

第一个方案：

对于从普通中学入学的学生，在本课程中，实习教师从星期天到星期四共上五天课，在培训期间基础教育学院学生每周上课。

第二个方案：

对于从师范教育机构(文凭)入读的毕业生，在本课程中，基础教育学院的学生需出席一整天。

第三个方案：

对于今年获得资格证或学士学位的学生，注册入学以获得教育准备文凭，并获得教学经验。这些学生老师在每周的星期一和星期三上课。从来没有任何教学经验的学生将采取第一个方案的申请方式，特别是教育补助金和奖学金(仅涉及科威特大学)的学生。

7. 在监督学生教师方面

(1)大学校长：这是大学教职人员之一，负责监督学员，在职前培训中对他们进行监督，观察他们的行为，与他们会面并指导他们。此外，他是他们之间的调解人，采取必要措施，实现他们的目标并关注他们。

(2)全职主管:来自基础教育学院的教师,负责监督和指导实习生,通过班级访问来评估实习生,以观察学生的教育行为,与他们会面并指导他们,帮助他们扬长避短,并教他们备课的方法。

(3)当地主管(学校的高级教师):由受过培训的教师组成的高级教师,由师范学院正式负责,负责行政和学校的技术领域并参与评估过程。

(4)授权主管:由培训领域的两名监事负责评估,由于某些学科的学生人数不断增加,科威特大学基础教育学院和教育学院诉诸招收来自教育部最近退休人员或招聘有教学经验的人员,除了在他所监督的学校内进行监督之外,还对职前教育学生进行监督。

(5)职前教育和实地培训协调员:这项提名仅在基础教育学院应用教育和培训公共管理学院使用。协调员最重要的任务是负责职前教育计划进展情况的后续行动。

职前教育计划的时间安排:每学期的培训时间为12周,分为评估学生教师的三个基本和重要阶段。

(6)评估方法条款:

通过这种分配,除了在这个过程中尽可能地提供客观标准之外,地方主管、委托主管和学校管理层在评估学生教师工作中也发挥着重要作用。

每位地方主管和委托主管的评估主要与学生教师在与教学及其教学活动有关的技术工作方面所做的努力有关,而校长的评估与学生在训练期间的行政方面的表现有关。

8.在培训学校方面

学校按照地理位置分别为学生教师和男、女学生提供住宿,每个学校将不同专业的男、女学生分为不超过五人的小组。

职前教师培训计划和设想:

系统的开发包含:

(1)精心设计的入学考试。

(2)为所有学生教师准备的预科学年。

(3)单独的职前培训教育计划—相关的职前培训教育计划。

系统的第一种模式:完成预科以后,教师培训学校学生的入学考试与其能力。

第二种模式:在进入预科学年之前,根据百分比和设计良好的入学标准以及不同学科的考试,对教师培训学院的学生进行入学考试。

科威特大学教育学院、科威特大学基础教育学院、应用教育和培训公共管理学院的教师培养学院的现状经过审查,以确定最重要的优势、弱点和困难。将其作为应用规则的方式。

各国对职前教师制度进行审查,根据教育策略和理念,数字编制方案存在差异,以满足社会的需要和高质量投入,使得教育在全球化时代成为教师对自我能力的投资。

(九)预科学年的条件和控制

1.所有学生都要读一年预科,有两个条件入学:中等教育总数的百分比(两所大学80%)和通过入学考试(特征人格考试、心理能力、专业的偏好和准备)。

2. 在这一年,任何其他院校的转学,均需要满足转学条件和入学考试的要求。

3. 学生有序地参加科学课程和文学课程,这两门课程属于 G.C.E. 的专业课。

4. 学习系统由两个学期组成,预科学年从每个学期初开始。

5. 学生在科学课程中,学习八门必修课程和两门选修课程。

6. 这一年的学习制度整合平均绩点是在这年年底计算的,不能低于 2.76。

7. 如果学生有两门课程考试未通过,他有权在暑期课程中学习这些课程,完成课程之后取平均值计算平均绩点。

8. 如果学生在一门应用课程中考试未通过,他有权在专业课程中选择另一门课程。

9. 如果学生在其中一门应用课程中考试未通过,他将失去进入专业能力考试的权利。

10. 学生如果在预科年度中考试未通过,将无权晋升至第二年。

11. 学生不能将今年的课程延期至下个学期。

(十)学生在完成预科学年后选择专业

1. 应用专业

(1)通过预科中的应用课程。

(2)最后一年通过能力考试并根据课程需要进行录取。其他人将根据所选择的科目被录取到其他专业。

2. 科学专业

基于学生的期望和他专业课的得分,被其所想要的科学专业录取。

3. 文学专业

将受制于科学专业条件的适用。

拟议制度的优点:拟议制度的作用是避免现有制度的缺点。

其中最重要的是:

(1)给符合教学职责的教师升职。

(2)教师依据学生在学院的能力、特点和科学成果来进行备课。

(3)让学生体验现代技术手段(研讨会、微观教学)。

(4)限制师范学院教育投入的浪费。

(5)通过该计划,让学生有机会进行有针对性的实地培训:①单独的教育培训(第三年)。这是现场培训的早期经验。学生教师参与教学过程,可以减少自己的恐惧和焦虑。这仍然是学生教师在开始培训时面临的最重要的困难之一。②为他们在相关的实地培训中提供好的培训经验,提高学生教育批判性的能力。

(十一)对于拟议制度的实施的担保

1. 统一招收师资队伍的政策。

2. 系统理念的清晰度及意识明确的教育目标来源于科威特教育战略目标(2005—2025)。

3. 重新考虑建设教师培训学校的实验室、研讨会议室和图书馆等基础设施。
4. 重新考虑毕业与拟议现代制度的性质一致性。
5. 审查师范培训学院的课程,以符合全球一流的现代教育发展。
6. 重新思考师范培训学院的教学方法,提升教学质量,实现必要的教学能力。
7. 重新考虑现场教育计划的监督和评估方法。
8. 激励学生教师,使其达到优秀。
9. 社会、学校培训和师范培训学院之间的沟通。
10. 采用学生教师从教师培训学校毕业一年后拿到教师资格证的理念。
11. 为获得教师资格证的教师给予奖励。

(十二)对于幼儿的干预

教育部认识到幼儿阶段在学习中的重要性,以及对人类个性形成的影响。国家教育部和其他机构致力于始终监测幼儿的现状,准备将其引导到合理的方向。对科威特的早教干预如下:

1. 科威特自闭症中心

该中心力求提供更好的照顾标准和各种提升服务的方案来取得更好的成果。它还力求在阿拉伯国家中重视关心自闭症人群,培养和发展这一领域的员工。

中心的目标:

(1)赞助学生及其家属以及在这方面工作的人员。
(2)提供综合培训计划培养学生家属、工作人员和相关人士。
(3)在当地社区和各国媒体中传播特殊教育意识。
(4)应用质量管理体系不断维护和开展工作。

中心提供的课程:结构化学习;行为修正;言语疗法;通过可用的通信设备开发沟通技巧;职业疗法;积极的行为训练;其他教育和娱乐学术课程。

2. 科威特读书会

基于照顾特殊学习困难(阅读障碍)的学生的需要,科威特社会阅读障碍协会与科威特教育部合作,开始了以下阶段的工作:

第一阶段:在 2002 年进行一项调查研究,以确定该国的阅读障碍率,该研究涵盖科威特的所有领域,结果显示,科威特的阅读障碍率高达 6.29%,这意味着约有 30 000 名学生在科威特的政府学校患有阅读障碍。

第二阶段:科威特社会阅读障碍协会与科威特教育部合作成立一个行政部门用于解决政府学校阅读障碍的现象。

第三阶段:由英国教育部申请的针对阅读障碍的"友好学校"也应用在科威特政府学校。基于治疗的理念,通过融合减轻阅读障碍,而不是针对该类人群设立特殊学校。

科威特阅读障碍协会仍在努力巩固和教育部的工作,直到筛选完所有学生和治疗那些早年患有阅读障碍的人。

3. 儿童评估与教育中心

该中心在当地、区域和全球各级做出了巨大的努力。该中心对用阿拉伯文和英文交换科学信息十分感兴趣,并用以实现其提高(学习困难学生)对专业的认识和准备的目标。该中心在教育上交流经验,对个人提供支持,使他们能够全面积极地建设社会。

该中心自成立以来,仍通过附属科室和单位提供所有服务:

(1)在培训领域,该中心组织阿拉伯语和英语培训班。

(2)组织针对学习困难者开设研讨会。

(3)在所需领域举办讲座和座谈会。

(4)参加外部会议。

中心的未来愿望:

(1)通过对特殊数据进行自动化的诊断以促进研究从而提升地位。

(2)由于对诊断服务的需求不断增长,中心希望增加专家人数。

(3)扩大行为治疗和言语治疗服务。

(4)开始对面临阅读障碍风险的儿童(从幼儿园到七岁)开展筛选测试。

(5)建立广播和阅读的视听材料图书馆。

4. 儿童与孕产区域中心

(1)儿童与孕产区域中心自1996年成立至2008年为止,组织了许多培训课程、项目、文化项目,提供了免费教育咨询,分发了许多印刷材料。

(2)中心直接根据要求提供教育咨询服务,也可以通过邮政服务和电子邮件在本地进行咨询。

(3)除了提供家庭问题的免费咨询外,中心回答有关教育、处理儿童问题的方式、现代成长理论、教育失败的原因、治疗以及预防的所有疑问和问题。

5. 科威特阿拉伯儿童进步协会

1980年建立的科威特阿拉伯儿童进步协会是科威特社会用来关注孩子童年的机构之一,它旨在为阿拉伯世界幼儿提供专门知识。此外,该组织与政府教育机构一起开展和编写关于儿童的科学研究。

社会准备了一系列项目,包括:

(1)学前儿童考试评估的准备及合法化项目。

(2)在阿拉伯海湾国家建立区域教育测评中心的项目。

(3)关于"测试合法化和凯斯勒学前儿童智力测验"的项目。

社会各方面的目标是:

(1)准备一个测试来评估学龄前孩子,用来衡量成长的各个方面(认知、语言能力、自我社会和行为兼容性)。

(2)在早教中发现儿童的特殊需求和问题。

(3)校准不合标准的现代测量模型,特别是罗殊模型来测试学龄前儿童的评估。

(4)为科威特儿童发展的各个方面制定标准。

6. 私立幼儿园

私立幼儿园是帮助家庭通过私立幼儿园的课程和方案为儿童创造安全环境的重要途径之一,由于幼儿园阶段年龄的重要性(幼儿园前的水平),私立幼儿园适用于建立孩子在入幼儿园前的儿童心理和社交。

社会事务和劳工部相信私立幼儿园的重要性,这使其发布了关于私立幼儿园及其工作的部长级法令(1994年)。该法令的后续行动将由妇女和儿童部门承担。截至2008年,持照幼儿园总数为131所。特别是2006年,科威特各地增加了22所私立幼儿园。

发展愿景:

(1)提升研究水平并寻求强化培训课程的方法。

(2)增加在检查领域和社会研究领域工作的训练有素的女员工人数。

(3)提供幼儿园信息交换网络,并保存所有相关数据。

(4)在国民议会前迅速发布私立幼儿园法律以供讨论和批准。

应用教育和培训公共管理局通过分配一个专门的幼儿园部门来关注幼儿的干预。

三、学习成果

评估过程是学习者在学校学习过程中获得的信息、技能和知识的成果,是教育过程成功的重要指标。它是跟进学习者的表现和成就水平的标准工具。它不仅限于学习者成长的一个方面,而且涉及所有的行为。它是教学的基石,它扮演了将诊断和指导同时进行的角色。通过它我们可以确定已经实现了什么目标和实现目标的程度,定义成功的方法和教学中使用的方法,以及发掘其优缺点,确定学生在学习过程中面临的困难,并提出应对方法。鉴于此,评估在教育领域尤为重要,特别是在初级阶段,因为该阶段为许多方面打下基础,对于学习者而言是重要的。现代化建设进程处于初级发展阶段。教育部当前工作是要跟上教育事业的时代,跟上时代的教育问题,并跟进最新的评估领域,教育部热衷于开展学生进步评估,以研究更好的可能性标准,该部门开始在2005/2006年度的初等教育应用"成就组合"。每个学生的"成就组合"包含学生获得教育和认知、行为和情感方面的所有活动。

(一)职前与在职教师培训

学术准备(理论)除了为科威特大学(教育学院)、应用教育和培训公共管理局(基础教育学院)的教师进行实习准备(实地教育)外,旨在为所有科学学科提供专业知识。其中学生教师主要在以下主题中接受知识:

1. 教育思想和教育管理起源方面。

2. 教育心理学。

3. 课程和教学方法。

4. 与专业课题相关的认知教育方面。

5. 教育现状的现场培训。

参与教学领域的教师一开始就被提供如下课程：

1. 在学年开始前,让教师从精神上及心理上准备好高品质的课程,并在教育过程中了解组织和行政方面的情况。

2. 在完成目标教育课程后,提供在职培训课程。

(1) 提升教师的专业素养。

(2) 为教师提供科学和教育领域所有的新知识。

(3) 促进监督职能。

教师在教育领域或培训发展中心接受培训。除了以前的课程之外,最近开展的教师培训项目之一是2008年开始的计算机素养项目。此项目适应政府公共教育和素质教育(宗教教育和特殊教育)各个阶段的教学人员,教育费用由教育部负责,全员全面参与教师的计算机素养培训。

(二)计算机素养项目

1. 项目总体目标

对教育部所有工作人员进行培训,使他们能够在各种职位上使用计算机。

2. 项目计划

举办密集课程,专门研究计算机最重要的运营计划,以便为他们处理现代硬件和现代技术做准备。教育部打算在不久的将来向学校介绍这项计划,以适应教育部转向电子学习的趋势。

3. 发展愿景

随着各国对电子政务的倾向和对这一战略的采用,教育部着手实施该项目,发展该部所有工作人员、教师和行政人员使用计算机的技能,以跟上世界先进国家的技术发展和现代教学方法的脚步,满足后代的需要。

(三)教师资格培训——满足学生多样化需求和预期

应用教育和培训公共管理局的基础教育学院提供的课程旨在培养符合学术和专业资格的教师,以满足科威特社会对教师和教育专家的需求。其主要目的在于特殊学校中各种残疾人教师的资格培训。

主要目标:

1. 学校干部人员资格认证,这类学校通常与有特殊需求儿童的福利工作相关。

2. 通过座谈会、讲座、研讨会、培训课程等对残疾儿童的家长和员工进行教育,为社区服务做贡献。

3. 对机构相关主体合作方面提出建议,为特殊部门项目发展做贡献。

4. 在特殊教育领域提出研究项目并帮助执行,进行评价。

5. 对残疾儿童的教育和培养方针提供相关信息。

(四)对国家工作人员的在职培训

这种训练针对国家机关和机构的工作人员,通过丰富工作人员和工人的知识和技

能,使他们熟悉现代方法和生产、服务的手段,对国家行政发展、全面发展产生深远意义。这种类型的培训课程包括以下几个领域:

1. 高级管理、中层管理和底层管理人员培训项目。
2. 在财务和计算机领域的培训项目。
3. 高职专科领域培训项目。
4. 特殊技工培训项目。
5. 其他(法律、图书馆等)培训项目。

这种类型的培训通过创建晋升的机会或转行做在国内需要全面发展计划的领域来帮助提升个人价值。

四、科威特教育系统解决贫困问题中的作用

科威特教育系统解决贫困问题中的作用主要表现在以下两个层次:

地方:通过学生基金会提供的金融援助帮助学生解决财政问题。

国际:科威特通过向一些贫穷国家的各级学术水平的学生提供奖学金来资助学生。

(一)阿拉伯的私立学校的贫困学生教育慈善基金

该慈善基金成立于2003年,根据教育部、捐赠总秘书处和无国籍事务管理委员会的监管,为教育方面有困难的学生提供帮助。该基金会的工作在2004年和2007年进行重组,目的如下:

1. 帮助有需要的人支付教育保健费用。
2. 照顾有天赋的人,使他们在社会各个领域中扮演重要角色。
3. 为消极的家庭提供正能量。
4. 满足有需求的学生,帮助他们避免消极的行为。
5. 通过在这一领域实施夫妇私人赠款帮助有需要的人,尽最大可能培养优秀员工。

(二)奖学金

科威特提供几项奖学金给一些国家以减少贫穷及其对人们受教育权带来的负面影响。科威特国家教科文委员会负责的奖学金包括:

通过与教育部、宗教教育部、社会心理服务部门及特殊教育学校的合作,根据学生的学业、行为和生活条件提供合理的奖学金提名人选并第一时间提供成绩单。

奖学金部协调财务部根据学校提供的学生缺勤记录准备支付奖学金。

为获得奖学金的学生安排他们回国的程序。

维护并记录学生的各项数据并在学生毕业后加强他们与国家的联系,促进加入科威特大学和教育应用和培训公共管理局。

(三)科威特大学学生事务部

学生事务部是学生会的一个分支,负责跟踪观察大学生在校表现的方方面面。它还通过校内学生联盟为大学生参加各种各样的活动创设合适的氛围,提供建议、咨询和

行政服务,帮助学生解决他们学习中面临的学术问题,扫除学习之路上遇到的困难,鼓励他们完成学业,继续学术研究,并鼓励他们研究特殊专业以满足未来劳动力市场的需求。该部门同时也通过奖学金部,利用接受奖学金申请,准备财务分配,提供旅游车票等一切与奖励学生有关的方式为外籍学生提供奖励和关照。

(四)应用教育和培训在提高生活水平方面的作用

1. 最重要的成果和现代化

除了这两种因素在国家发展和恢复人力资源,满足发展需求中扮演的角色外,通过这一角色也间接为促进毕业生就业,提供良好的培训资历以在激烈的劳动力市场中更具竞争力做出贡献,并由此提升个人和家庭的生活水平。基于此点,权力机关实行了针对社会中不同年龄、不同受教育人群的各种类型的培训。

2. 基本培训

这种培训由学院和研究所组织,以恢复国家中层阶级劳动力的初次就业(除了大学基本教育和护理学院一些产出)。2003年、2004—2005年、2006年期间经过这种训练录取的学生人数有65 401人,在同一时期毕业生人数有36 491人。

应用教育和培训的公共权力被认为是应用教育在科威特最高的权威——在科威特和兄弟及友好国家之间的文化交流框架内,为这些国家的儿童提供奖学金。当局也正式批准他们在隶属于权威协会的不同的学校接受教育。从1988年到2008年,学校为来自86多个不同国家和地区的1 049名孩子提供了奖学金,其中男孩631人,女孩418人。当局为这些学生成功完成所有学业提供一切人道的援助。很多国家领导人都是权威协会学校的毕业生,且多数都拿过奖学金。这得益于良好的学术环境,对学生所有方面的综合性关怀,以及他们需要的不同活动。

学生事务部主席自一个学生被提名得奖学金后开始发挥它的作用,就算在毕业后或者回国后也依然保持联系。这是基于当局对这种外籍学生的重要性的认可,并且致力于解决他的社会关系、学术、文化等各种问题。

因为在该校上学的外籍学生来自不同民族,有不同的习俗传统和生活环境,所以需要特别关怀和对待,处理他们的宗教问题,确定他们的种种需要和问题,以帮助他们解决问题,对学术成就产生积极影响,从行为和智力两方面建立穆斯林人格。

第三部分　全纳教育:未来之路
(全纳教育愿景相关的举措和创新)

一、方法、范围和内容

(一)全纳教育的概念

教育是一个具有包容性的概念。无论种族、肤色、宗教和其他差异如何,教育会给所有的孩子都提供接受教育的权利。因此,在同样的环境下,教育是没有歧视的。

(二)排除和隔离的概念

排除或隔离的儿童情况如下:

1. 由于贫穷等经济状况而缺乏获得教育的途径。
2. 地理因素和其他条件,如大片沙漠或森林的地理位置等,阻碍学习进程。
3. 有身体残疾的孩子。
4. 一些国家的少数民族孩子缺乏足够的教育机会。
5. 患有某些疾病的孩子,如艾滋病。

(三)全纳教育的法律和立法框架

1. 《世界人权宣言》第二十六条表明了所有人都有接受教育的权利。要谋求人们个性的全面发展,增加对人权和基本自由的尊重。
2. 联合国教科文组织于1960年建立公约打击教育歧视。
3. 1989年《儿童权利公约》规定所有儿童有权不受歧视地接受教育。
4. 1990年世界全民教育宣言(东帝汶)。
5. 西班牙特殊需求教育国际会议。
6. 2000年在达喀尔举行的世界教育论坛提到了扫盲标准,要保证截至2015年,所有儿童都可以接受小学教育。
7. 2006年的《联合国残疾人权利公约》提出各级教育合并的观点。
8. 教育立法和国家法律包含在宪法和国家中,在科威特也一样,教育立法包含在科威特宪法中。

二、全纳教育所面临的挑战

虽然一些国家试图通过政治实现全纳教育,但仍然存在阻碍完成这一政策的一些障碍,这同时构成重大挑战,包括:

1. 教育政策(不包括有特殊需求教育的儿童)。
2. 财政在实现全纳教育方面发挥重要作用,因为它正在努力为所有孩子的学习创造一个学校环境。因此,全纳教育需要相当多的财政预算。
3. 课程是教育的基本支柱,因为它们包含知识、技能、情感和教育经验等方面。一般来说,在全纳教育中,课程应该涵盖这些概念,并符合受过教育而不是刻板印象的融合理念。
4. 全纳教育要求教师具有较高的专业和教育水平,这使得所有教师除了进行在职和职前培训,还必须有学术和专业准备。

三、科威特教育中的全纳教育

科威特教育建立在为所有儿童提供不受歧视的教育机会的基础上,这在法律中已明确提及,可以通过以下方面来看:

1. 科威特宪法第四十条规定：教育是所有科威特人的权利，这是由科威特的道德和法律所保障的。从法律上来看，早期义务教育是自由的。

2. 1965年颁布的义务教育法强调，为科威特男女儿童提供的免费义务教育的阶段为小学到中学。国家提供学校建筑、书籍以及其他所有资源，以从人力、物力方面保证义务教育法成功实施。

3. 1987年发布的关于普通教育的《阿米里法令》规定：教育是国家对所有科威特人保障的权利。以及第二条规定：科威特政府学校的教育是免费的。

四、一般教育体系的一般政策

一般政策是根据教育策略衍生出的规划及其执行的基本原则和条件。一般政策相对稳定，不同于限期阶段的项目和计划的政策，后一类政策受中级或短期计划情况的制约。

以下是符合战略内容的一般教育体系的一般性政策：

1. 确保能够满足大众对一般教育的需要，采取行动使其进一步得到发展。
2. 继续为一般教育提供具有包容性、大众化的策略。
3. 优先考虑一般教育部门制度改革，将其作为成功实施战略的先决条件。
4. 鼓励私营部门在一般教育领域加大投入。
5. 采用科学的研究方法，开展一般教育系统的各项发展工作。
6. 扩大负责课程评价与发展的机构设立范围，使其不限于教育部主管机构。
7. 加强学校与周围群众的联系（父母和地方组织）。
8. 学习其他国家一般教育发展的成功经验。
9. 紧跟教育科学发展的最新趋势。
10. 继续学习有关国际机构的专业知识。
11. 坚持指向性科学规划，将其作为实施战略和实现目标要求的关键途径。
12. 在战略实施的每一个阶段对业绩进行评估。

五、与教育政策相关的全纳教育问题

将普通人与特殊需求群体整合的实验分为两种：

（一）部分整合

将特殊班级中有特殊需求的学生与普通学生整合，此类整合班级的学生不超过9人，且应满足学生的基本需要。

（二）包容性整体整合

在普通班级中进行学生整合，即将5名有特殊需求的学生与15名普通学生整合为一个班级。

这种整合并不适用于所有的残疾人，只适用于学习困难和学习迟缓类型的残疾人。而对于严重残疾人士，应在学校中设置特殊的班级学习。

此整合实验可以被视为是成功的。因为我们在申请之前并未收到任何反对意见,应该指出,并未用任何严谨的研究来评估此次实验。

不管是在阿拉伯学校还是其他外国学校,私立教育的作用在特殊教育学校建立的过程中得以显露出来。

家长对其有特殊需求的儿童在特殊教育学校的注册学习抱有极大兴趣。这表明让自己的孩子与普通孩子一同上课的意识提高了。

(三)一般政府教育中的唐氏综合征儿童与学习迟缓症患者

1. 唐氏综合征儿童

教育部于1997年5月18日发表决议,为唐氏综合征儿童开设特别班,在自然环境下,在其同龄人学习的幼儿园为他们提供最大限度的教育、心理辅导和社会关怀,帮助他们获得适当的技能以达到自力更生,努力让孩子在未来能够以自己的手段和能力生存与发展。此后于2001年8月20日又发表另一决议,为初级阶段唐氏综合征儿童开设班级。

2. 学习迟缓症患者

教育部于1996年发表决议,为此类人士开设特别班,提供初级和中级阶段教育,最大限度地将他们与同龄人整合,避免使其脱离正常学校环境。此外,尽可能地使同龄人同他们一起参加学术和非学术活动。

所提供的方案:

(1)提供适当的教育手段。

(2)对该类工人、教师、心理学家、技术主管和学校管理者进行培训和康复训练。

(3)准备满足该类人士需要和能力的课程。

(四)社会融合和全纳教育面临的最重要挑战

1.特别教育秘书处对学习困难人士、学习迟缓人士和唐氏综合征儿童在正规学校进行整合的教育实验成功后,该类需求增加。

2.需要给予残疾人士在不同居住区的正规学校进行整合的权利。

3.需要避免特殊教育学校残疾人士的分离,尽最大可能将其引入正常生活。

4.教育融合有助于确定残疾人和其家庭的社会权利,保证了残疾人和普通人生命权平等。

5.需要将特殊教育秘书处的特殊教育教学方法和非重复部分与特殊教育秘书处和特殊教育部的非重复部分进行统一。

尽管已是21世纪,我们仍然在残疾人教育一体化上面临重大挑战。我们如何实现教育一体化?科威特仍在20世纪50年代建立的特殊教育学校,在孤立的学校环境里为残疾学生提供教育服务。那个时代的特殊教育学校,学生由于残疾无法完成正规教育,因此只能在远离同龄人的孤立环境下学习,满足他们的特殊需要。这与许多发达国家对残疾人士融入社会的呼吁相悖,因为残疾学生也有能力与同龄人一起接受正规学校的教育。自20世纪中叶以来,许多国家发起改革运动,通过立法,赋予残疾学生在正规学校接受教育的权利,在教育整合领域的发展领先于我国。

整合过程中妨碍残疾学生教育一体化的障碍如下:

1. 综合特殊教育课程和学校,包括特殊教育学校的重建,会使整合项目推迟两年左右。
2. 官方的一些教育学家不相信,已经到了应该进行教育整合并为之准备的时候了。
3. 正规学校里一些非残疾学生的反对。
4. 由于害怕未来出现的负面影响或受到他人的批评而担心或犹豫采取此类措施。
5. 残疾学生教育给教学任务增加的负担,给教师增加的工作而带来的正规学校教师的反对,普通教师缺乏进行整合、允许残疾人加入普通教育的想法。

尽管有上述可能的障碍,但此机制的实施会减缓这些障碍,加快残疾人教育进程。

(五)法律框架

完成科威特对特殊儿童提供的关心与关注,以及特殊教育服务,并提供物质和精神援助,助其能够体面生活。

根据科威特宪法和其他有关法律,1996年颁布的第49号法律:

第二十四条中对残疾人概念进行了定义,且将这项法律同时对公民和非公民生效,为其在生活的各个领域提供综合持续的服务。该法律也对残疾人在康复和重返社会方面做了说明(残疾人的权利),并在教育中心和康复中心对其接纳,为残疾人找到合适的工作。

残疾人最高委员会为残疾人的照顾事宜制定政策,进行审批并确定其特殊需求,以为残疾人学习、生活准备、议案提交、人员管控、情况追踪和基金管理建立相关委员会,并且确定该类人员的支出及需要获得的援助。

1996年出台的第49号法律附有解释书,通过设立专门的公立和私立中心机构,在教育、康复、就业、医疗健康和生活方面提供照顾和服务,尽力让残疾人士融入社会,改变社会对其只能一事无成的看法,该类人士引起了国家的首要关注。这项鼓励措施的结果一目了然,残疾人士可以获得成功,能在项目的许多方面表现出色,能在任何有国内外嘉宾参加的论坛上出色地代表自己的国家。

六、现行政策必须考虑的群体

(一)有特殊需要的群体

科威特宪法对受教育权做出说明之后,相应的,《义务教育法》也做出了有关规定。因此,不能说教育中存在排外群体或缺乏教育权利的情况。确定开设残疾人士教育之后,无论在视听上、身体上或精神上出现残疾都可参与特殊教育。其他学校开放特殊教育之后,第一所特殊教育学校,艾乐-诺尔学校于1955年建立。该学校专门从事不同类型的残疾人教育,最后特殊学校规模达到男、女校数量各占一半。

由于教育部非常注重应用教育当局的基础教育高校的特殊教育专业化需求,科威特的人数正在不断增加。该项投入通常是用于庆祝特殊教育领域内的国家骨干毕业事宜。

然而,由于接受特殊教育的学生数量减少,每名教师的学生比率在2007—2008年下降至1.6,在2004—2005年该比率为2.3。

1996—1997年,教育部在正规学校进行听力受损试验后,进行了将有特殊需求的儿童(听力受损儿童)纳入正规学校的实验。由特殊教育学校部门根据教育部特别决定组成的工作组,包括跟进听力受损实验的教师们的工作。

学校的跟进工作分布在六个地区(首都、哈瓦利、费尔瓦尼耶、杰赫拉、大穆巴拉克、艾哈迈迪),每年年初,都会有一次覆盖自幼儿园到中学阶段所有学校的调查,内容包括男生、女生数量,准备情况统计和教育等级水平。每一例档案包括医疗报告、社会走访、随访以及评价卡,委员会用此与家长和学校保持联系,告知学生的健康情况以及学习成果。

根据进步情况,学习成绩的结果令人欣喜。在演讲专家的努力跟进、交流练习以及助听器的帮助下,孩子们在发音上取得了重大进步。

(二)科威特科学研究院

科威特科学研究院于1967年2月成立,并在1981年出台法律,强调研究院为公共机构,具有独立法人资格,受部长监督。部长由内阁选出,其工作是进行科学研究,开展技术开发,提供咨询评价并提供专业服务,开发人力资源以满足国家需要,支持科威特经济社会发展。有特殊需求的人民教育科技发展项目:着力发展机构,建立干部队伍,为社会各阶层服务,加强对特殊需要群体的关心,加强其在社会中的作用。研究院因而设立了专业的通信、信息、计算机和电子小组,研究涵盖此方面的解决方案和技术。该小组能在帮助特殊需求人群方面、一般教育培训系统方面取得开创性成果。其中最重要的是:

1.用软件印刷盲文图书。
2.用计算机为聋儿提供语音培训。
3.建立盲人报刊系统。
4.为特殊教育学校的盲人学生设立计算机使用项目。
5.用计算机为身体残障人士建立交流系统。
6.发行科威特和阿拉伯地区《描绘性信号语言词典》。
7.发行《自闭症词典》。
8.发起"科威特大学盲人学生计算机"研讨会。
9.用金属片印刷盲文。
10.用阿拉伯语在计算机应用的发展成果治疗读写困难。

值得一提的是,所列出的项目只是在该领域内完成的项目。他们已经强调了科威特在此领域的先驱作用。研究院的活动已经受到了阿拉伯国家联盟和阿拉伯国家盲人协会的一致赞赏和欢迎,此外,盲人协会还从阿拉伯国家聋人协会的成果中获益颇丰。这些成果获得了许多世界级奖项。

(三)对劳改所的重视

教育部通过对青少年在劳改所的社会和心理服务,配合社会事务部、劳动部和教育领域的工作,保证青少年能够获得高质量教育。通过下列步骤,让青少年实现教育和道德上的再康复:

1. 检查被指控学生的法律案件,让其待在劳改所内,对其进行跟踪观察,找出补救方案。
2. 考虑青少年的过往经历,思考其缺席的可能理由,直至其离开劳改所,然后通过劳改所的社会服务办公室加入劳改学校。
3. 部门为改革学校提供遗失文件或证明,证明学生不与监护人合作,尽管获取所需材料十分困难。
4. 学生离开劳改所继续学业时,助其返回原学校学习。
5. 该部与劳改学校合作,为观察学生提供第一学期结束或年底结束时的考试时间表。
6. 部门与监考员合作,学生事务部为委员会提供学生在劳改所的毕业考试成绩。
7. 该部门解决了学校劳改学生的问题。

此外,隶属于社会和心理服务办的特别委员会(称为违法犯罪风险学生委员会),职责如下:

1. 检查被指控学生的法律案件,让其待在劳改所内,对其进行跟踪观察,找出补救方案。
2. 学生离开劳改所继续学业后,助其返回原学校学习。
3. 联系有关部门研究情况,寻找补救办法。

九、当前教育改革对全纳教育的指导方法

科威特试图在各领域各层面开展教育改革,改革的核心是2008年国家会议上提出的发展教育。

国家会议提出的重点问题:

1. 质量控制概念
2. 教育目标
3. 学校管理中质量控制的应用
4. 集中和委派的领导
5. 教育机构,包括幼儿园、初等教育、初中教育、高中教育

6. 教育研究

7. 课程开发

8. 专业发展和在职培训

9. 特殊需要人士与一般教育的整合

10. 教育技术使用的国家战略

11. 科威特的外国私立教育

12. 教师培训机构

13. 私立教育在教育发展中的作用

14. 教育发展程度评估

15. 宗教教育

根据会议的设想和看法,提出了一份名为《学校改革基础上的教育发展》文件,内容包括:

1. 建立国家质量标准机构。

2. 复习并更新课程和教学方法。

3. 利用信息通信技术实施教育战略。

4. 将运动障碍患者融入一般教育系统。

5. 开展职前教育教师培训。

6. 开展机构能力建设,支持学校改革项目的发展。

7. 职业教育在服务过程中的发展。

8. 建立学校董事会。

9. 一般教育系统评价过程的发展。

10. 制定机构体系框架,提高该部在政策分析和战略规划方面的效率。

11. 加强教育信息管理体系的建设。

12. 建设国家教育科研中心。

13. 建立伙伴关系,促进教育发展。

14. 外国私立学校在教育发展中的贡献。

15. 反思一般教育系统的体制与整体结构。

十、制度、联系和转型

(一) 全纳教育的主要障碍

全纳教育最主要的障碍在经济、政治和社会方面,因为:

1. 残疾人融入常规课堂的社会态度。

2. 正规学校的一些教师反对将残疾人纳入自己的教室。

3. 特殊教育的结构、现况和在未来发展该类机构的计划。

4. 一般教育课程的现状,以及为满足不同学习群体需求需要的修改及更新。

5. 一般教育学校的现状,以及适应所有学生情况需要做出的调整。

(二)最全面的全纳教育设施

报告中不止一个地方提到了营造全纳教育观念环境的重要性。教育是每一个人的权利,不应该因其生活状态而改变,因此我们应让这个观念更加灵活、更加适用。为此,必须提供特别设施,协助全纳教育的部署,包括:

1. 建立法律框架,以立法的方式强调全纳教育。
2. 提高群众的意识,让人们明白任何人都不应该失去或被剥夺受教育的权利。
3. 建设符合综合要求的基础设施。
4. 设立课程并提出高质量的教学方法。
5. 理解教师概念,做好全纳教育的准备。

(三)为使教育体系更全面而采取的行动

整个教育过程是一种社会责任,因此社会各部门都对此十分关注,每个部门都有自己对应的领域、工作和构成要素。这种责任似乎是存在于教育部范围内的一种形式。但如果全面来看,我们会发现,同时会存在一些普通而又重要的程序,这些程序让教育制度更加全面:

1. 宪法和法律条款中规定的教育权。
2. 禁止任何形式、任何内容的社会孤立和社会排斥。
3. 国家机构将全纳教育理念在各个领域、各个专业中融入每一个人的观念中。
4. 民间社会机构对全纳教育的贡献。
5. 为促进教育实践提供人力、物力资源,使其更加健全。
6. 提出全面发展教育的国家方向,包括向全纳教育迈进的良好机会。
7. 与特殊需求人群、身体素质弱、性格不健全人群一起学习的积极的社会态度,例如:特殊低能教育的研究和培训所设的阿米尔奖,旨在奖励那些为特殊教育做出贡献的个人、团体、组织或研究中心。
8. 开设小学教育评价制度,促进对特殊需求学生进行的评估,包括其素质发展的各个方面。
9. 为教育研究和课程研发开设专门的中心机构,有助于实现引进全纳教育的预期成果。
10. 在教育部扫盲和成人教育工作的框架内,致力于残障人士的特殊需要(视觉、听觉和身体残障)。鉴于每个人都有权接受教育,且该权利受科威特宪法保护,根据1996年第94号法律中第2章内容,在医疗、社会、教育、文化、体育和康复等领域为残障人士提供一体化的连续的服务,教育部在2001—2002年初设立艾尔拉加成人教育暨扫盲中心。该中心旨在消除老年残障人士中的文盲,为残疾人提供接受教育的机会,助其融入社会,成为能够创造生产力的一员。

(四)为使教育系统更加灵活,为那些仍未获得教育资格的人提供教育机会而采取的行动

科威特一直热衷于为所有人提供教育机会,为仍未获得学术资格的人提供学习地点,或为那些想要提高教育水平的人提供继续教育。这体现在:

1. 扫盲项目和成人教育。
2. 科威特大学社区服务中心和公共应用教育培训机构提供的课程。
3. 由特殊教育学校管理的特殊需求继续教育中心。
4. 国家部委提供的培训课程。
5. 私立培训机构提供的课程。

十一、学生和老师

(一)为了适应学生的多样性制定课程的方法和原则

课程的教育更新。过去的几年里,教育部引进了各个方面的发展课程,具体如下:

1. 准备所有领域内课程的综合性国家文件。
2. 为每个领域的学校设立高级委员会,进行教材的说明、准备、编写和后续工作。
3. 开设与课程内容相关的新型网络学习单元。
4. 在教育部网站展出课程内容。
5. 提出符合现代因素的新课程,如宪法、人权、生活技能、家庭、消费科学、农业和绿化类的书籍。

此外,教育部在科研部门和教育课程中提出了一个 2007—2008 年至 2011—2012 年的五年课程发展计划,包括以下几个方面:

1. 参考计划。
2. 科威特的特色课程发展。
3. 计划行动程序。

(二)科威特课程发展的特点

1. 课程发展与哲学和教育目标的发展相一致,例如:生活技能、人权、宪法和自由选择权。
2. 根据课程设计的质量控制标准制定课程标准和教材。
3. 通过课程的教育目标和教育活动的重点内容,牢固树立伊斯兰信仰。
4. 维护科威特的文化身份和基本权利。
5. 通过注重对话和尊重人权、尊重自由、尊重法律、尊重课程的沟通,体现出重视教育价值和其在教育活动中的实际应用。
6. 加强公民精神、民族团结和权利与义务之间的平衡,同时保持三者的适度平和,各类课程教材中将中庸与适度原则作为实现文明的方法,特别体现在国家课程、公民教育和生活技能中。

7. 关注学生的全面成长,将课程重点放在认知、心理、情感和动态方面,使这些课程达到平衡,实现教育目标。

8. 让学生掌握自学技能,在知识爆炸的时代能够做到自主学习。

9. 围绕个人教育态度实施教育实践。

10. 提高学生学位要求,增加压力,提供更多的选择。

11. 运用多种学习资源发展网络课程,积极应对技术挑战,鼓励学生和教师自学。

12. 新型教育概念的应用,例如:个人学习、计算机辅助学习、多手段技术、学习资源中心以及电子图书馆。

13. 把科学学科与科技发展联系起来,在小学教育的初级阶段至普通教育结束这一时段内相互影响、相互发展。

14. 让教育和关联的教育活动的方法和战略多样化和现代化。

15. 现代化学生成绩评估工具,评价学生的学术成就。

16. 从世界级公司中寻找经验,发展教育课程,出版并提供教材。

17. 对教师进行培训和资格优化,满足学生的不同需求和期望。

(三)有效地营造教育环境(正规和非正规教育),确保所有的学生都能够参与到全纳教育中

全纳教育已经成为所有国家寻求的发展目标,因此需要一些政策和大体计划,为教育创造文化认知创造适当的教育环境,而这需要:

1. 建立法律框架,明确立法规定全纳教育,以及如何在正规或非正规的教育环境中实现全纳教育。

2. 准备适合教育环境的基础设施,以确保教育体系成果及目标的方式。

3. 根据当地情况以及国际变化的要求和期望编写互动课程。

4. 为仍未上岗的教师及在职教师准备特别培训课程。

5. 寻找更为合适的评价体系,实现更好教育的目标。

十二、结论

整体来看,报告涵盖了科威特教学和学习推进过程中最重要的步骤,意识到了全纳教育的原则,其中重点在于,不论人与人之间有何不同,每个人接受教育的权利是与生俱来的,是基本权利。报告还认为,由于内容涵盖了2004—2008年的信息,因此可以视作是之前报告的总结以及后续报告的组织步骤。

报告在引言中明确说明了科威特教育体系的总体结构,科威特的教育结构分为两部分:

1. 正规教育,按顺序分为两部分:

(1)受教育部监督的教育,包括一般政府教育、政府素质教育、私立教育。

(2)受高等教育部监督的教育,包括科威特大学、公共应用教育机关。

2.非正规教育:受一些政府机关、部委,以及提供研究和培训课程的私人组织监督的教育。

然后,在教育体系面临的一系列挑战(政治、经济、文化、社会、技术、认知)中,报告就其中最重要的挑战提出了设想,并提出了教育部的总体目标,指出了教学和学习过程中的方法论政策以及在法律法规方面极其重要的教育改革,例如建立新的教育学制,为学生活动创造私立部门。

除了未来的学校前景、国家教育发展会议外,报告还指出了教育改革中教育系统改革最重要的方面,内容涉及改革背景下教育发展最重要的环节。

随后,该报告内容涵盖了代表教育学科的科威特大学,通过数据回顾了该学科的目标、纪律和组织结构,体现出过去几年研究生的人数演变。

报告还通过明确基础设施、战略目标、一般政策、总体立法框架和有关法规,加之对最重要的现代变化和未来前景的描述,对公共应用教育机关加以说明。

除了最重要的学习成果和教师职前及在职教师的培训,报告将重点放在特殊领域,例如教育介绍、儿童早期干预及有关行动,展示了科威特在教育改革方面最重要的措施及成就。

接着,报告通过强调概念对全纳教育进行了详细阐述,说明了全纳教育中的隔离、社会排斥、法定权利和立法框架,以及全纳教育正面临的挑战。通过回顾教育体系的总体政策、国家特殊教育扩大带来的重点突出问题以及在普通教育中整合特殊教育的形势,将这些方法论应用于改革科威特教育现状上。

报告回顾教育领域内改革的诸多工作后,例如国家教育发展会议、课程开发、教学及教师培训的方式和方法,指出教育改革向全纳教育发展的趋势。报告的最后,就如何在全纳教育中让学习环境变得更高效提供了一份参考文件。

巴　林

巴林王国,简称"巴林",是位于波斯湾西南部的岛国,界于卡塔尔和沙特阿拉伯之间,与沙特有跨海大桥相连接。巴林国土面积为780平方公里。属热带沙漠气候,夏季炎热、潮湿,7月至9月平均气温为36℃。冬季温凉,时有降雨,12月至次年2月气温为10～20℃。年平均降水量为71毫米。首都为麦纳麦,全国第一大城市,全国经济、交通、贸易和文化中心,享有"波斯湾明珠"的美誉。

巴林是海湾地区最早开采石油的国家。近年来,巴林开始向多元化经济发展,大力发展金融业,成为海湾地区银行和金融中心。工业有石油和天然气开采、炼油和炼铝业、船舶维修等。农业对国内生产总值的贡献率约为0.28%,粮食主要靠进口,本地农产品的供给量仅占巴林食品需求总量的6%。主要农产品有水果、蔬菜、家禽、海产品等。

巴林是君主世袭制王国。国家元首由哈利法家族世袭,掌握政治、经济和军事大权。2002年2月14日,颁布新宪法,改国体为王国制,修改国旗,确定新国歌,埃米尔改称国王。

巴林实行免费教育和普及9年一贯制的中等教育制度,是中东海湾地区受教育程度最高的国家。巴林文盲率为4.9%,15至25岁青年受教育率达99%。

注:以上资料数据参考依据为中国外交部官方网站巴林国家概况(2020年9月更新)。

巴林国家高等教育战略(2014—2024)

第一部分 执行摘要

一、愿景

巴林的高等教育在经济增长、投资和创新方面发挥着核心作用。高等教育部门作为重要部门,需要一种战略眼光,以迎接未来的挑战。

其愿景是将巴林定位为优质高等教育的区域性中心,培养具备在全球知识经济中取得成功所需的技能、知识和行为,同时为巴林的可持续发展和增强竞争力做出贡献。

这份文件为巴林的高等教育指明了方向。高等教育委员会将与高等教育机构、工业界、雇主、政府部门和机构及其他利益相关者合作,实现这一愿景。

该战略的主要指导主题是"质量提升""未来技能""战略准入""成为高等教育的区域性中心""教育技术""创业精神"。

二、高水平的目标

以下高层次的系统目标将支持实现这一愿景:

(1)巴林将拥有一个独特的高等教育系统,它将满足海湾合作委员会和广大学生的教育和文化生活方式需求。

(2)学生将体验与工业和商业需求相关的教育,并具备21世纪的技能(解决问题、批判性思维、沟通和团队合作)以及在工作中获成功所需的特质。

(3)通过竞争和不断推动质量的监管体系,将激励巴林的高等教育机构,保持高质量的标准,与国家和区域经济的不断变化的需求保持一致,招募、发展和留住高素质的员工。

(4)为实现创新驱动的知识经济,应促进和激励包括工业界、社区和其他学术机构在内的所有关键利益相关者参与高等教育的一体化。

(5)高等教育的国际化战略有利于巴林全球伙伴关系的发展,促进教育质量以更快的速度提升。

(6)巴林的高等教育部门在战略上多样化,以满足不同层次学生的成绩和兴趣的需要,以及地方和区域经济的需求。

三、国家高等教育目标

战略实施的成功与否将取决于预期结果的实现与否。高等教育委员会通过与主要合作伙伴合作,定期收集数据,评估和监测进展情况。

为了实现国家目标,高等教育委员会将朝着以下目标努力:

(1)在下列主要优先领域增加招生和提高毕业率:

①中等后教育的不同路径;

②科学、技术、工程和数学相关的研究领域;

③外国学生;

④研究生课程。

(2)增加高等教育机构专业认证教师的数量。

(3)使更多拥有知识和技能的毕业生成为企业家。

(4)增加高等教育领域的非传统性参与。

(5)促进高等教育中技术的有效利用。

四、环境与挑战

(一)国家观点

巴林需要在更广泛的地区、区域和全球环境中应对高等教育部门的挑战。从国家的角度来看,持续发展的经济多样化为未来的经济增长和发展奠定了基础。这将需要对教育基础设施进行进一步的投资,以增加能力提供优质教育。巴林的所有毕业生,不论性别,均能进入就业市场,特别是在私营部门。监管和法律环境也需要提供正确的生态系统和强大的运作能力,以便重新建立巴林高等教育的品牌,并能够吸引和留住来自该地区和其他地区的学生。

(二)巴林高等教育国家战略的背景

无论是短期的高等教育还是长期的高等教育都是经济增长的关键。国家的经济将越来越依赖于知识的应用。在未来的岁月里,为保持国家的竞争力,我们必须成为知识的创造者。

未来之路很明确:教育标准需要促进学生的发展;这个国家需要身怀技能的毕业生,而不仅仅是拥有资格证书的人。人们需要新的教育机会,这与新经济和国家优先事项相一致。新挑战、新技术、新就业模式和新工作方式——这些都将改变高等教育部门在学术和技能发展方面的预期;高等教育必须应对这些挑战。

(三)高等教育和国民经济增长

高等教育有助于促进国民经济的全面发展。高质量教育的扩大对于培养一批技能娴熟的毕业生至关重要,这些毕业生将通过知识转移和创新推动国家经济走向繁荣。2014年高等教育运作的经济环境与往年大不相同,而且比以往任何时候都更需要培养劳动力必要的技能,更强调高等教育对国家发展的价值。国际投资者和跨国公司对高等教育系统在不同国家产出的毕业生的质量给予适当的考虑。如今,雇主、学生和公众对高等教育的期望很重要,因此,对大学排名的重视程度也远远超过了以往。

(四)区域挑战

海湾合作委员会内部存在着激烈的竞争,不断改进和创新可以吸引和培养最优秀的毕业生。该地区国家的经济命运日益取决于其高等教育的质量。高等教育对商业发展最重要的贡献是提供高质量的人力资本,这将导致从高等教育到工业和商业的知识转移。在竞争激烈的地区环境中,高等教育和商业部门之间关系的转变可以促使巴林站在最前沿。

海湾合作委员会内部发展人才的竞争日益激烈,因此需要吸引有才华的学生、学者和研究人员,尤其是在沙特阿拉伯、卡塔尔和阿联酋。巴林的高等教育部门有必要对这些挑战做出反应,特别是必须考虑到使用技术来促进合作和创新。

(五)为什么我们需要拥有更多技能的毕业生?

随着知识经济的发展,巴林劳动力的质量将越来越依赖于高等教育部门的卓越性、相关性和敏捷性。对毕业生的要求包括:

(1)提供能够应对全球经济日益复杂需求的劳动力。
(2)吸引高价值投资,通过开展创业活动以创造就业机会。
(3)增加本部门的研究基础,从而带动新产品和新服务的创新。
(4)最终对GDP产生积极影响,并改善生活水平。

(六)新的挑战需要新的解决方案

通过教学、学习、研究和创新,高等教育部门必须发展和应对当前以及未来的需要,并确保其具备应对地区挑战的能力。新的解决方案是必要的,因为我们正在通过这个国家战略进入高等教育的新时代。重新思考和重塑我们的高等教育部门,将需要应对高技能学生的挑战和在整个机构中能力的建设,通过创新的课程和教学方法改善成果,同时为所有人创造一个良好的创业环境。

第二部分 主题和目标

一、主题简介

为了推动巴林高等教育在未来十年的发展,以下六个战略主题被定义为变革的关键推动者:

(1)质量影响
(2)未来技能
(3)战略准入
(4)巴林是海湾合作委员会国家学生的首选教育目的地
(5)巴林教育技术
(6)巴林启动

主题 1：质量影响

提高巴林高等教育的总体质量，在学业、专业和个人方面培养全面发展的学生，使他们能够发挥自己的潜力，为国家的未来繁荣做出贡献。

(一)现状

提供优质教育将解决主要的差距和弱点，包括学生的表现和成绩、教学标准和教学实施以及高等教育机构的整体质量。从 2015 年开始，高等教育机构开始对其机构进行国际认证；然而，这些机构尚未对国家教育和培训资格以及质量保证管理局在以往报告中提出的各种改进建议和要求做出有效反应。

(二)提高高等教育质量的好处

提高巴林高等教育的总体质量至关重要，这样才能在学业、专业和个人方面培养全面发展的学生，使他们能够发挥自己的潜力并为社会做出贡献。

不可低估质量提高的成效，它可以产生深远的影响。提高质量将改善巴林高等教育的品牌，并在该地区吸引更多的海外学生。还将培养全面发展和技能娴熟的毕业生，这将会提高雇主的满意度，而高等教育部门的改善将成为利用研究促进经济增长的催化剂。提升巴林的高等教育质量对于提高巴林的就业和经济竞争力至关重要。

努力实现这一目标将增加创新驱动研究，提高学生入学率、毕业率和就业率，增加教育对人力资本的投资，如图 2-1 所示。

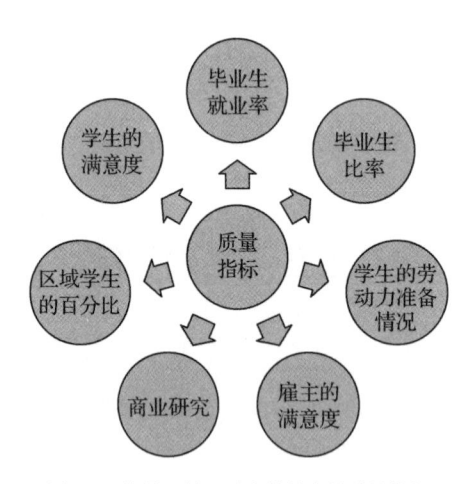

图 2-1 衡量巴林王国高等教育的质量指标

(三)该战略建议将重点放在这一主题的三个优先领域

(1)学生的参与和表现。

(2)学术、教学和学习的质量。

(3)高等教育机构的质量与持续改进。

这三个优先领域的战略重点和政策/监管建议见表2-1。

表2-1　　　　　　三个优先领域的战略重点和政策/监管建议

优先领域	战略重点	政策/监管建议
学生的参与和表现	能为社会做出贡献的全面发展的毕业生 1. 提高高等教育入学者的素质 2. 增加采用新的评估工具来衡量学生在高等教育不同阶段经历的各个方面的方式 3. 促进学生参与,影响留校率、毕业率、升学率 4. 确保毕业生的劳动力准备能力和技术能力与雇主的基本要求保持一致	1. 授权大学入学考试在高中考试之上 2. 在大学测试雇主所要求的基本技能后,授权进行劳动力准备考试 3. 授权专业委员会进行特定学位考试(如工程、法律、医学、会计等) 4. 为教学日历开发一个新的更灵活的选项,以便完成
学术、教学和学习的质量	提高学术和教学质量是最具影响意义的关键支柱 1. 优先将教学与学习作为提高高等教育质量的关键领域 2. 使学术标准与全球基准保持一致	审查和更新学术标准和师资要求
高等教育机构的质量与持续改进	提高高等教育机构的整体质量,并形成不断改进的文化 1. 提高机构和系统的有效性和效率 2. 提高高等教育机构的运作能力 3. 改善高等教育的学习环境 4. 提高高等教育机构的领导能力	1. 强化整体许可和质量保证体系 2. 调动与激励巴林大学的国际认证机会

(四)衡量影响质量的指标(表2-2)

表2-2　　　　　　衡量影响质量的指标

序号	指标
1	完成专业发展框架的教师人数
2	经认证的大学数量
3	当地或国际认可的项目数量
4	巴林高等教育院校在地区和国际的排名
5	巴林资格框架中的大学学历数量

主题2:未来技能

调整巴林的高等教育部门,以满足当前及未来的区域和国家的优先事项。

(一)当前状态

关注未来技能将有助于解决高等教育与劳动力市场之间不匹配的问题,而这一问题也正在加剧青年失业的问题。雇主经常会提到应届毕业生缺乏 21 世纪的技能。将教育部门转变为拥有关键技能学位的持有者,对毕业生进入就业市场并在就业市场中努力工作是尤为重要的。

(二)将技能与巴林经济的未来需求结合起来的好处

高等教育必须满足经济需求,重点是满足商业和工业的技能需要,最大限度地发挥创新的潜力,促进知识的产生和转移。工作领域的变化远比教育的提供更加快速和难以预测,该部门面临的问题是,在市场不断变化的环境中私营部门将创造更多的工作机会。

提供高素质的毕业生是经济发展成功的关键。鉴于此,该战略有效地提高了毕业生的就业能力。高等教育委员会支持有关方案、专业资格及高等教育与商业部门之间的密切合作。

关注未来的技能将有助于提高高等教育的质量,如图 2-2 所示。

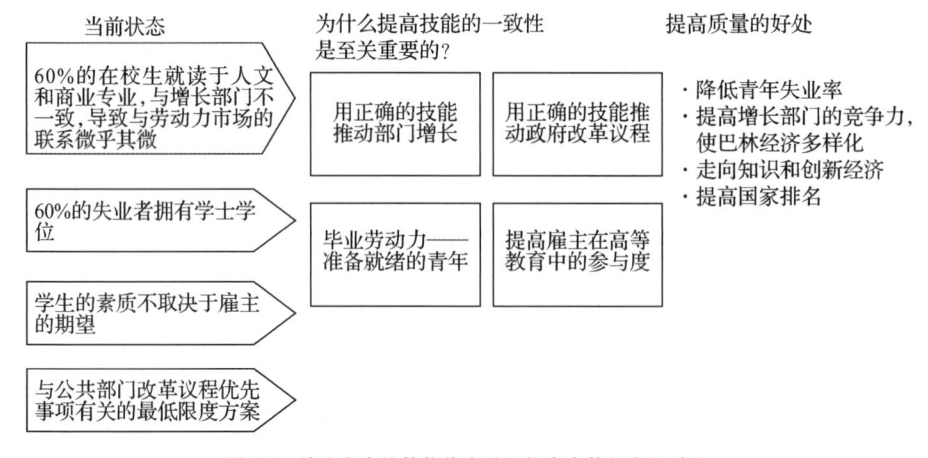

图 2-2 关注未来的技能将有助于提高高等教育的质量

(三)该战略建议将重点放在这一主题的五个优先领域

五个优先领域包括:
(1)雇主参与。
(2)分层排列。
(3)程序对齐。
(4)职业指导。
(5)劳动力准备/21 世纪技能。

这五个优先领域的战略重点和政策、监管建议见表 2-3。

表 2-3　　　　　　　　　五个优先领域的战略重点和政策/监管建议

优先领域	战略重点	政策/监管建议
雇主参与	通过不同的方法,加强和促进雇主在各级、各领域和教育部门的参与	1.关于雇主参与高等教育质量总署系统的规定 2.将雇主纳入高等教育部门管理的条例 3.关于大学应包括各级雇主的规定
分层排列	1.使各级之间的自然减员百分比与劳动力市场的需要相匹配,以确保最大限度地发挥影响力 2.通过与就业市场相关的专业技能来调整和提高毕业生的技能水平	高等教育机构的分层系统
程序对齐	1.使高等教育方案与增长部门保持一致 2.制定符合国家改革需要和优先事项的专门公共政策方案	为国家优先目标计划提供许可证、认证和资金
职业指导	确保职业指导贯穿整个高等教育领域,并将其与学术咨询相结合	对所有高等教育机构的职业指导提出要求
劳动力准备/21世纪技能	将劳动力准备/21世纪技能融入高等教育课程和学生学习经验	授权雇主认可并且要求的最低技能国家职业准备证书

(四)衡量影响未来技能的指标(表 2-4)

表 2-4　　　　　　　　衡量影响未来技能的指标

序号	指标
1	雇主对新毕业生的满意度
2	毕业生就业率
3	获得专业证书和学位的学生人数
4	提供工作制学位的大学数量

主题 3:战略准入

改善高等教育、职业教育和继续教育之间的联系,以提供公平性和战略性的机会。

(一)当前状态

向巴林年轻人提供进入大学的机会将有助于应对有关入学能力和负担能力方面的关键挑战。男性在高等教育入学率方面存在很大差距。公共机构在增加需求方面的能力有限,而且资助计划有限。科学、技术、工程和数学相关领域的入学率仅为 10% 左右,而学习商业相关课程的学生入学率接近 60%。此外,目前攻读博士学位的学生仅占 1%。因此,在需要的学科中将多样化的课程提供给更多的职业和高级学术领域,将有助于实现未来的愿景。

(二)提高高等教育战略准入的好处

高等教育体系不仅必须确保所有有能力的人都有平等的机会(确保公平获得所有有能力的人),而且必须对人力资本需求的变化做出反应。高等教育委员会鼓励相关管理部门重新平衡其目前的学术概况,更多地强调科学、技术、工程、数学的课程。

鼓励科学、技术、工程和数学领域符合国家利益,这将可能成为经济增长的关键驱动力。在全球范围内,高等教育机构吸引更多的科学、技术、工程和数学领域的学生加入其中。例如,沙特阿拉伯前往美国学习科学、技术、工程和数学科目的学生从2010年到2013年增长了143%。科学、技术、工程和数学领域的毕业生被视为极具创业精神的人;2011年,在班加罗尔和北京的创业公司中有30%~40%是由科学、技术、工程和数学领域的毕业生创办的。

此外,高等教育委员会支持通过终身学习扩大参与战略,通过分层的高等教育部门实现这一战略。这将创建一个更好地分配资源的部门和一个更符合国家优先事项的部门。

一旦战略准入得到改善,其好处如下:

(1)管理学生跨越教育途径的流动。
(2)提出与国家重点优先事项和主要经济增长部门相配合的方案。
(3)更好地配置资源。
(4)更好地整合中学后教育的路径。
(5)拥有可持续的机构运行模式。

(三)该战略建议将重点放在这一主题的三个优先领域

1. 规划和协调
2. 整合、分层、多样化和流动性
3. 可购性

三个优先领域的战略重点和政策/监管建议见表2-5。

表2-5 三个优先领域的战略重点和政策/监管建议

优先领域	战略重点	政策/监管建议
规划和协调	确保各级的长期规划和协调 1.通过提供定期数据和预测,规划各级的长期需求 2.通过更好地协调和管理教育、培训和劳动部门(劳工部、财政部、中央信息组织部、中等教育部等)来促进人力资本的发展	1.规定每个高等教育机构提供绩效指标和调查,并定期进行外部审计,以进行绩效评估和劳动力市场调整 2.授权开展国家协调工作,以充分整合将教育与劳动力市场相联系的人力资本发展战略
整合、分层、多样化和流动性	重组中学后教育,确保有成效及有效率地提供教育 1.探讨整合、多样化以及分层办法,以更好地提供公共和私人高等教育 2.推行跨层级和跨项目的新招生标准 3.为学生和更广泛的继续教育选定全面的教育途径,并提高对多种途径的选择和机会的认识 4.确保成功协调巴林资格框架,以提高标准化、认可度和流动性	1.颁布新的中学后教育法 2.重组中教育后的公共教育 3.采取与高等教育机构分层系统相关的新入学标准 4.采取框架以鼓励私立高校合并

(续表)

优先领域	战略重点	政策/监管建议
可购性	确保所有巴林人都能平等地接受中学后教育 为巴林人制订发展计划,比如基于业绩与需求的融资计划	

(四)衡量影响战略准入的指标(表 2-6)

表 2-6　　　　　衡量影响战略准入的指标

序号	指标
1	终身学习的学生数量
2	科学、技术、工程和数学领域的学生数量
3	博士生数量
4	提供的博士课程数量
5	经认证的混合、在线课程数量
6	国际分校的数量

主题 4:巴林是海湾合作委员会国家学生的首选教育目的地

巴林成为高品质民办高等教育机构的区域枢纽。

(一)现状

由于担心民办高校的质量,巴林已经失去了一些重要地区的学生来源,主要是沙特阿拉伯和科威特。尽管当局和监管机构积极引入新的质量保证和认证机制已解决这一问题,但招募学生和提供丰富条件仍然十分重要,因此巴林处于区域教育的中心地位。

(二)提升巴林高等教育竞争力的好处

巴林具有吸引该地区学生的突出潜力,即使是现在,巴林也吸引着来自加拿大和美国的学生。作为一个有吸引力的、有许多外国人生活的地方,巴林必须利用其优越的战略地位和优质的生活质量来吸引海湾合作委员会国家的学生,使巴林成为一个极具吸引力的学习圣地。同时这也将带来丰硕的成果,例如,增加国家收入,提高吸引学生的竞争力以及与多元化学生团体开展充满活力的知识交流。

通过战略的发展,针对其他海湾合作委员会国家进行了广泛的基准评估,以判断吸引海湾区域学生的机会。显然,巴林可以创造自己的机会,成为海湾合作委员会最重要的以学生为本、注重质量的高等教育目的地。虽然巴林历来是海湾区域学生普遍选择的高等教育目的地,但最近出现了对教育质量失去信心的情况。针对这一现状,需要有意识地做出积极主动的努力重新吸引学生。巴林有许多构成真正的、有组织的"大学城"的要素,需要将巴林与那些旨在通过自上而下的"教育中心"方式吸引学生的国家区分看待。

(三)该战略提出了围绕这一主题的三个重点领域

三个重点的领域是:
(1)提升和吸引高等教育机构。
(2)增强支持结构。
(3)吸引学生。

三个重点领域的战略重点和政策/法规建议见表2-7。

表2-7   三个重点领域的战略重点和政策/法规建议

重点领域	战略重点	政策/法规建议
提升和吸引高等教育机构	1.增强民办高校的质量保证和监管 2.加强学生和家长对高校质量的了解 3.有针对性地吸引新的伙伴关系(例如关于目标计划的可行性研究)	1.审查现有的质量保证政策和机制 2.引入认证 3.鼓励民办高校在大学或项目层面与国际大学建立合作关系或启动学士学位课程
增强支持结构	1.专为学生服务的学生宿舍 2.学生折扣(如交通和娱乐) 3.电子录取及简化录取方式	1.鼓励对高校(非营利性或营利性)进行私人投资 2.高等教育机构的特殊注册条例
吸引学生	1.将质量保证工作与区域沟通相结合(确保巴林高校在区域奖学金名单上) 2.利用面向未来学生的网络工具,促进巴林成为高等教育目的地 3.在公立高校实施国际学生配额制度,支持民办高校目标,将一些吸引学生的责任转移到高等教育机构 4.在住房、体育和娱乐方面实施健康的学生生活计划	国际学生配额

(四)通过以下指标衡量

(1)巴林高等教育机构的区域和国际认证。
(2)与当地高等教育机构的国际合作伙伴关系。
(3)本科生和研究生阶段的国际和区域学生人数。

主题5:巴林教育技术

巴林教育技术跟随教育技术的最新趋势促进巴林高等教育领域的发展。

(一)现状

尽管全球教育技术正在以指数级的速度迅速改变K-12教育和高等教育的格局,但巴林尚未利用这些最新趋势和技术来推动改革进程。高等教育的全球创新正在推动获得高质量的高等教育,并提高教学方式,同时保持高质量的学习成果。

(二)促进教育技术进步的好处

比尔·盖茨曾说:"创新是你唯一的希望,而城里唯一的新游戏就是技术。"

随着海湾合作委员会对高等教育的需求不断增加,以及对更有用的就业技能的需求,技术可以带来更具成本效益和创新性的解决方案,将高等教育推向未来的知识经济。现代化技术对于提高学习者的学习效率和参与度十分重要。技术可以为个别学生提供个性化学习体验,促进师生之间的协作并有助于提高教学效果和技能。

(三)该战略提出了围绕这一主题的四个重点领域

四个重点领域包括:

(1)公立与私立伙伴关系模式共享教育技术基础设施
(2)高等教育入学支持。
(3)学习分析和高等教育记录。
(4)能力建设。

四个重点领域的战略重点和政策/法规建议见表2-8。

表2-8　　　　　　　　四个重点领域的战略重点和政策/法规建议

重点领域	战略重点	政策/法规建议
公立与私立伙伴关系模式共享教育技术基础设施	1. 为公立高校建立公立与私立合作伙伴关系模式外包潜力、国家教育技术门户和云基础设施 2. 由于共享服务的简化,以有竞争力的价格可进入民办高等教育机构 3. 可以全面实现信息技术基础设施的升级和标准化,以及不计其数的网络学习和云计算渠道,所有这些都可以包含在一个集成系统中 4. 包括国家招生门户网站在内,供公立和私立高校招生使用	不适用
高等教育入学支持	1. 为准备高等教育招生或入学考试提供网络学习渠道 2. 为低于标准但有潜力(英语、数学和信息技术专业)的学生提供一个在线网络设施	不适用
学习分析和高等教育记录	1. 潜在地通过共享基础设施整合、收集巴林高等教育机构的学习数据,为未来的战略分析和制定提供有效的数据来源 2. 允许基准测试,以达到评估的目的 3. 收集关于学生表现、机构绩效和雇主满意度的高校绩效数据,将其输入高等教育记录中	1. 必须制定网络协议和数据隐私条例,以便通过高等教育机构掌握各种学习数据 2. 授权高等教育机构提交关键绩效指标
能力建设	1. 利用国际最好的实践发展有巴林特色标准的教育技术能力 2. 充分利用集成的在线解决方案,为所有高等教育教师提供强制性的教育技术培训 3. 开发一个在线教师社区,分享教育技术教学的最佳实践	教师教育技术和电子语言技能规定

(四)通过以下指标进行衡量

1. 学生对信息技术基础设施的满意度。
2. 教师对信息技术基础设施的满意度。
3. 访问在线资源中心。

主题6:巴林启动

为巴林的学生创造一个创业环境。

(一)现状

目前,创业教育仍处于基础阶段,提供的方式不协调,缺乏对各层次和课程的有力支持和整合。虽然创业环境并非与高等教育密切相关,但后者可以在引导年轻的巴林人进入新的领域和活动方面发挥关键作用。

(二)增加创业活动的好处

创业精神正在以全球化的趋势发展。以往的研究表明,教育在培养这种思维方式和大学在这一过程中发挥的作用是十分重要的。高等教育的最大成果之一是为毕业生走进职场做准备。因此,高等教育领域需要与国家重点项目联系起来,并将创业和创造价值的重要理念带到巴林王国。

创业能力指的是个人将观念转化为行动的能力,而创业能力的发展不仅仅是一种知识的获取。在企业经营方面,态度和行为与知识同样重要。创业教育尤其注重培养学生的意识、创业精神和能力,所有这些都是创业有效性的先决条件。

大学越来越受到政府的挑战,在全球范围内,各国政府越来越多地要求大学全方位开展创业教育,以便有效地实现创业化。通过提高认识、发展能力和建设基础设施来支持学生和毕业生,在这一方面依然存在着挑战。然而,由于中东与北非地区30岁以下的民众高达70%,因此企业家精神将成为巴林乃至其他地区创造就业机会的关键驱动力。

将企业家精神融入高等教育中需要多方面的途径,包括资金支持、意识、知识传播和信息技术干预。

作为一个起点,巴林可以致力于成为海湾合作委员会的网络创业中心,应重点关注以下几点,如图2-3所示。

(三)该战略提出将重点放在这一主题的四个优先领域:

1. 高校级别的创业项目
2. 国家创业计划
3. 促进融资途径
4. 文化宣传项目

四个重点领域的战略重点和政策/法规建议见表2-9。

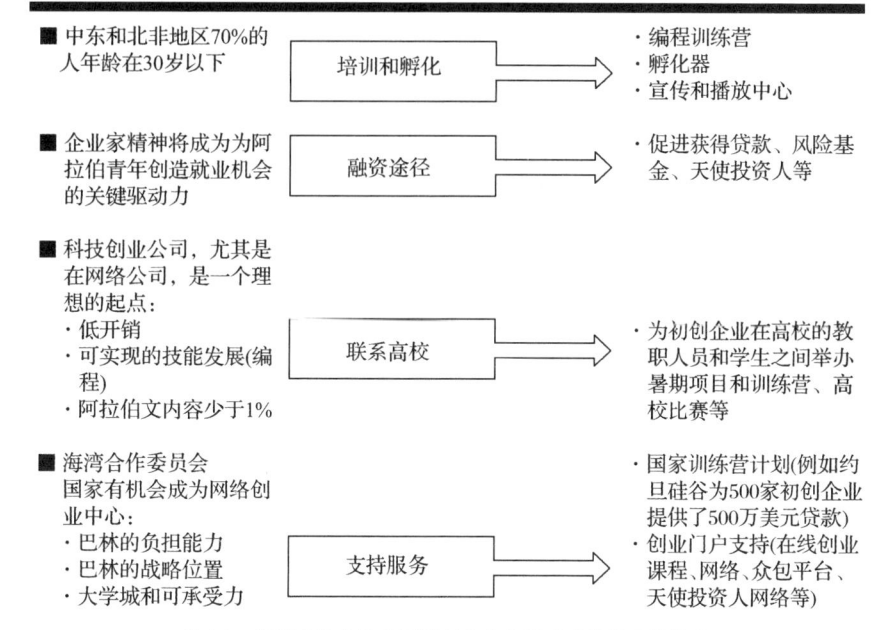

海湾合作委员会网络业中心驱动程序		开发维度
■ 中东和北非地区70%的人年龄在30岁以下	培训和孵化 →	·编程训练营 ·孵化器 ·宣传和播放中心
■ 企业家精神将成为为阿拉伯青年创造就业机会的关键驱动力	融资途径 →	·促进获得贷款、风险基金、天使投资人等
■ 科技创业公司,尤其是在网络公司,是一个理想的起点: ·低开销 ·可实现的技能发展(编程) ·阿拉伯文内容少于1%	联系高校 →	·为初创企业在高校的教职人员和学生之间举办暑期项目和训练营、高校比赛等
■ 海湾合作委员会国家有机会成为网络创业中心: ·巴林的负担能力 ·巴林的战略位置 ·大学城和可承受力	支持服务 →	·国家训练营计划(例如约旦硅谷为500家初创企业提供了500万美元贷款) ·创业门户支持(在线创业课程、网络、众包平台、天使投资人网络等)

图 2-3 海湾合作委员会网络创业中心驱动程序及开发维度

表 2-9   四个重点领域的战略重点和政策/法规建议

优先领域	战略重点	政策/法规建议
高校级别的创业项目	在所有高校实施创业技能培养计划	规定毕业所需的一定数量的学分
国家创业计划	通过向所有高等学校学生开放的合作伙伴关系(如孵化器、训练营、加速器、国家创业门户、科技园等)推动国家创业计划的设计和启动	激励大学和公司举办创业训练营
促进融资途径	通过伙伴关系,确保和促进从高等学校出来的企业家获得资金	不适用
文化宣传项目	开展宣传活动,以庆祝并使人们意识到成为一名企业家的好处(国家竞赛等)	不适用

(四)衡量影响巴林启动的指标(见表 2-10)

表 2-10   衡量影响巴林启动的指标

序号	指标
1	提供创业培训课程的大学数量
2	通过创业培训计划的学生人数
3	大学期间开始创业的学生比例
4	毕业后的大学生创业的比例
5	巴林大学毕业生的科技孵化器和创业公司的数量

二、提供愿景

该战略的实施将确保巴林高等教育体系能够对改善巴林人的生活质量和解决区域技能及知识差距的挑战做出重大贡献。

下面列出的样本项目是未来 3～5 年实施的重点,并将由高等教育委员会在多种情况下进行监督;这些项目将与关键战略合作伙伴一起合作。

(1)学术认证。
(2)审查高等教育委员会决议。
(3)发展电子学习标准。
(4)高等教育委员会门户网站。
(5)高等教育创业模块的发展。
(6)为教师推出专业发展框架。
(7)课程标杆和发展。
(8)部门领导技能要求和毕业生要求。
(9)学生技能组合的发展。
(10)国家大学体育联盟。
(11)学生专业认证。
(12)国家实习项目。
(13)国家科学技术倡议。
(14)学生建议和指导门户网站。
(15)大学生评估审查。

三、预期的主要成果

以下六种结果是高等教育委员会的目标,即到 2024 年,巴林高等教育的毕业生将会是:

(1)工作准备就绪的全球公民。
(2)具备熟练、灵活和创新能力的人。
(3)能够为巴林境内的劳动力市场、公民社会和社区发展做出贡献的人。
(4)终身学习者。
(5)创业思想家。
(6)能够有效沟通和协作的人。

卡塔尔

卡塔尔国位于波斯湾西南岸的卡塔尔半岛上,南面与沙特阿拉伯王国接壤。海岸线长563公里。属热带沙漠气候,夏季炎热漫长,最高气温可达50℃;冬季凉爽、干燥,最低气温7℃。年平均降水量仅75.2毫米。卡塔尔地势平坦,大部分地区为覆盖沙土的荒漠。首都多哈,是全国第一大城市,是政治、经济、交通和文化中心,是波斯湾的著名港口之一。

卡塔尔拥有相当丰富的石油和天然气资源,已探明石油储量为28亿吨,居世界第十二位,天然气储量为25万亿立方米,居世界第三位。石油、天然气产业是卡塔尔的经济支柱,政府大力投资开发天然气,是世界第一大液化天然气生产和出口国。农牧产品不能自给,鱼、虾类海产品产量可基本满足本国需求。鼓励发展农业,免费向农民提供种子、化肥和农业机械,号召植树造林,扩大耕地面积。

卡塔尔系君主制国家。埃米尔为国家元首和武装部队总司令,掌握国家最高权力,由阿勒萨尼家族世袭。卡塔尔禁止任何政党活动。1970年颁布第一部宪法并规定:卡塔尔为独立的主权国家;伊斯兰教为国教;埃米尔在内阁和协商会议的协助下行使权力。宪法承认法官的独立性,1972年对临时宪法进行修宪。2003年4月,全民公投通过"永久宪法",2005年6月7日正式生效。

卡塔尔政府重视发展教育事业,实行免费教育,为成绩优异的学生提供留学深造机会,并发给他们奖学金。

注:以上资料数据参考依据为中国外交部官方网站卡塔尔国家概况(2020年9月更新)。

卡塔尔教育和培训部门战略(2011—2016)

教育对卡塔尔的重要性是不言而喻的,卡塔尔宪法规定,教育是社会进步的基础,国家应设法确保、培育和努力传播它。这一意义也被《卡塔尔国家愿景2030》所强调,它以人类的发展为基石,没有符合劳动力市场需要和个人愿望与能力的先进高质量教育和培训服务,人类的发展和进步不可能实现。

在目睹着复杂性技术需求增长的同时,为实现国家愿景的目标,必须制定教育和培训部门战略,确定如何建立先进的教育制度,为公民提供独特的教育和培训机会,提供多元化的领域以充分发展其潜能,除了能够提高他们的国际竞争力之外,也为他们在一个不断变化的世界里取得成功做准备。

教育和培训部门战略是基于科学和系统的原则,平衡现实与理想的目标,教育和培训部门战略概述了目标、项目和计划,它将促使朝着我们英明领导的愿景稳步前进。我们必须致力实现这一战略的宏伟目标,并尽最大努力使之成为现实。

前言

《卡塔尔国家愿景2030》是在一个明智的领导和强有力的规定下,根据政治意愿建立起来的。鉴于卡塔尔在石油和天然气工业巨大财政收益的基础上取得的稳步进展,国家在制定教育体制方面取得重大成就,这一教育体制不仅借鉴了其他国家的成功经验,而且适应了本国的教育需求。教育和培训部门战略(2011—2016)强调所有公民都有权利获得与他们能力和利益相一致的教育和培训机会,并更好地为他们参加工作、促使价值观和归属感的形成做准备。在知识经济时代,这些成功的延续将越来越多地依赖于卡塔尔在国际竞争方面以及实现未来经济多样化的能力。因此,卡塔尔的教育和培训对于持续的进步和繁荣极为重要。卡塔尔将从经济和社会领域中的所有教育优势中获益。因此,在教育和培训部门战略的基础上,我们开始在美国证券交易委员会上与我们的合作伙伴以一种协调一致的方式,核心发展《卡塔尔国家愿景2030》,其中包括21个目标和31个项目。为了成为推动国家经济发展的一部分,我们力求通过执行卡塔尔教育和部门培训战略,为国家公民提供教育,使他们在实现社区公正和支持科学、医药和工业创新的文化建设方面,成为社区建设的积极参与者。培训部门战略的全面性是该战略的关键之一,为保证人力资源的全面性、连续性,它将收到应有的和期望的利益,为人力资源的永久发展提供机会。这些文件以透明性、连续性、平行性为特点,保持与执行过程相一致,遵循绩效和成就衡量原则,通过使用高科技和这一领域中良好的技术,使最高教育委员会和合作伙伴能够评估和评定战略中所包含的计划和项目。

我们没有按照传统的方法准备当前的计划,我们和我们的主要伙伴(卡塔尔基金会、科学与社区发展会及卡塔尔大学),除了继续上一教育发展阶段的辛勤工作,还要有雄心、意志和熟练的能力,以使我们贯彻落实好思想计划。

与最高教育委员会有关的所有人员将与国家和专业人士合作,与政府和民间社会机构以及所有卡塔尔个人建立综合伙伴关系,以实现教育和培训部门战略(2011—2016)的高质量应用水平。

摘要

在教育和培训投资方面,卡塔尔需要继续做出实质性的努力,以培养全面的、有事业心的、准备支持国家工业、科学和医药的公民。

2008年,经过多年的全面规划和分析之后,《卡塔尔国家愿景2030》中阐明了国家的长期目标和价值观。这一愿景规定了卡塔尔将继续推动人类、社会、经济和环境发展,并说明了在未来二十年卡塔尔发展的社会途径和选择。其总体目标是大胆且雄心勃勃地将卡塔尔转变为能够维持其发展,并为其人民提供高水平生活的先进国家。

卡塔尔政府在启动《卡塔尔国家愿景2030》后,与国家相关部门进行了广泛的研究、分析和磋商,从而实现基于愿景所规定目标的国家举措。2011年3月发布了《卡塔尔国家发展战略》(2011—2016),该文件反映了卡塔尔优先发展事项,并组成了横跨一系列领域的国家蓝图。

该战略详细规划了卡塔尔包括教育和培训部门在内的14个行业的目标、规划和项目。它源自《卡塔尔国家愿景2030》,并最终确定了各部委和机构实施部门优先事项的计划。

卡塔尔国家发展战略(2011—2016)确定了卡塔尔教育和培训部门的21个重要成果。与卡塔尔其他部门一样,该战略对教育和培训进行了预测,即在未来的几十年中,国家需要多元化发展以远离对天然气和石油的依赖,并将成为全球知识经济的有力竞争者。为了在全球市场上取得成功,卡塔尔将继续在教育和培训方面进行大量投资,这些投资将有利于培养技术全面的公民,这些公民愿意为国家工业、科学和医学提供支持,除此之外,他们将发展成一个更具有凝聚力的人群,以便更好地做出关于健康、婚姻、养育子女和社会责任的决策。

目前的教育改革

卡塔尔在创建世界教育体系方面取得了重大进展。在过去的十年里,卡塔尔实施了一系列全面的改革,许多人通过努力使教育走进了一个新时代,这始于2002年成立的最高教育委员会。新时期的教育改革使所有的政府学校都变成了独立学校,以鼓励创新和提高学生的成绩,同时对他们负责。随着它的发展,改革还通过这些标准建立起教师专业标准和教师专业资格证书,来解决教师和领导的素质问题。

在改革的同时,也建立了兼顾学术和非学术层面的课程标准,确保全民参与。因此,也改变了教学策略,更多地以学生为中心,运用现代信息通信技术,开展科学研究。

在过去的十年里,卡塔尔的高等教育部门也经历了巨大的发展。卡塔尔大学在2003年开始了一项改革,以巩固其机构自治,追求其项目的认证,并提高学术水平。卡塔尔基金会教育城建立了国际一流的大学分校,并不断地扩大和进步。卡塔尔还发展了一些机构,以改善高等教育的准入路径问题,包括北大西洋-卡塔尔大学和新社区卡塔尔学院。由于这些举措,卡塔尔现已成为海湾地区创新与尖端高等教育和研究的中心。

持续改进的需要

卡塔尔在教育和培训方面已取得重大进展,但仍有必要继续发展。对教育体制现状的分析表明,卡塔尔教育和培训供求关系和劳动力市场联动仍面临挑战。挑战包括:

(1)卡塔尔学生在数学、科学、英语等各个层面的成绩不佳;

(2)教育行政管理以及教师的准备、发展存在薄弱环节;

(3)国家课程与劳动力市场需求不一致;

(4)一些私立学校的标准较低;

(5)提供中等水平之外的教育机会不足,导致卡塔尔人在中学毕业后继续接受教育的机会有限。

卡塔尔可以把改革作为进一步改善教育和培训的跳板。这一战略发展提供了一个全面审查各领域进展情况的机会,确保计划充分借鉴国际实践经验,以满足卡塔尔社会的需要和《卡塔尔国家愿景2030》的愿望。

卡塔尔教育培训制度的素质要求

国家发展战略的教育和培训计划(2011—2012)建立在当前的教育改革基础上,以当前教育和培训部门所面临的成就和挑战的分析为基础,并咨询了广泛的利益相关者。为新知识经济准备人才,国家发展战略强调,卡塔尔需要将其整个教育和培训体系——包括早期儿童教育、高等教育和其他大专培训——更加彻底地加以整合。这一整合的关键将是终身学习的理念。该理念鼓励和容纳个人参与教育,并在他们的一生中接受课程和培训,以便他们能够保持竞争力。终身学习将需要涉及国家发展战略中的三大教育要素:基础教育(K12)、高等教育、职业教育技术培训。虽然教育的每个阶段都有自己的定位、组织和使命,但这三个阶段都需要比以往更大程度地协调他们的行动,除此之外,还需要与雇主更加密切地合作,以预测和应对不断出现和不断变化的劳动力需求。出于相同的理由,国家发展战略指出,卡塔尔的教育和培训系统将需要进一步提高质量、公平性和包容性以及移植性和流动性。高质量的教师、培训师和讲师，以及高质量的课程对其他方面的成功至关重要。高质量的信息和通信技术系统以及管理机构也是如此。我们面临的挑战是要在所有的普通教育、高等教育、技术与职业教育阶段，始终如一地实现和维持质量。正确地实施质量保障措施可以提高学生的表现，特别是在卡塔尔的关键知识领域，如科学、数学和英语。公平性和包容性在教育体系中起着至关重要的作用，旨在为知识经济培养学生。公平和包容是所有教育和训练要素都需要展示的特点，以鼓励终身学习，并且任何卡塔尔人不考虑社会经济地位、性别、年龄或职业阶段，都应该获得和提高他或她的能力。卡塔尔的教育和培训也必须是可移植的。学生和学员期待由其教学机构、雇主、公共和私人认证委员会以及其他机构认可的课程和证书。学生和终身学习者能够在最小的阻力下进入或重新进入教育系统，并在几乎没有障碍的学校和工作场所之间移动。这种适应性将允许灵活的职业和教育途径不受生活阶段或其他因素的制约。

教育和培训部门战略计划

国家发展战略教育和培训的组成部分由最高教育委员会负责。最高教育委员会战略管理团队通过与卡塔尔大学、卡塔尔教育部、科学和社区发展基金会等机构以及其他主要参与者的协商进程，制订了教育和培训部门战略计划，以最大限度地发挥协同作用并尽量减少人为的制度边界。这个磋商过程的结果已经被编制成21个战略计划和相应的行动计划，进而实现国家发展战略确定的21个重点教育和培训相关目标。

教育和培训部门战略计划涵盖了五个项目，这些项目共同为该行业提供了一个全面的、综合的战略，强调了基础教育与职业以及高等教育和劳动力需求的结合。五个项目是：(1)核心与跨学科的教育和培训；(2)提高基础通识教育；(3)提高高等教育；(4)加强技术和职业教育培训；(5)加强科学研究。在下面的部分中，我们将描述每个计划、相应的目标、关键性指标和方案，并制定方案时间表。实施战略的关键在于各部门的合作伙伴和利益相关者的持续参与和承诺，以及来自其他部门和更广泛社会的利益相关者的参与。

培训

培训是为了建立一种教育系统，使公民能够实现他们的愿望，并满足卡塔尔社会和全球市场的需要。

核心与跨学科的教育和培训

为了建立一个能够使公民实现他们的愿望并满足卡塔尔社会和全球市场需求的教

育体系,必须确保所有教育阶段的凝聚力。单独解决每个教育阶段的不足,不太可能优化教育和培训部门的绩效。核心以及跨学科的教育和培训项目与国家发展战略(2011—2016)相一致。该方案涉及教育制度各阶段共同的结构和机制,需要确保教育阶段的一体化和连续性。这些结构和机制包括制定一个整体提升质量、效率和公平的十年战略规划,在所有教育阶段为所有专业人士制定教育和培训专业制度,以提高其有效性,建立考虑到部门联系和促进透明度的综合数据库,并发展国家资格框架,以使与教育和劳动力市场的所有阶段相一致(表3-1)。

表 3-1　　　　　　　　　　核心与跨学科教育培训计划

方案:核心与跨学科教育培训		
计划	关键绩效指标和国家发展战略目标	方案
1. 制定教育和培训部门的十年全面战略规划,以促进质量、效率和包容性	• 十年战略规划(2011—2022)是在所有教育阶段的基础上制定和实施的,通过与公共和私营部门以及当地社区的关键利益相关者建立联系 • 2011—2016年战略定期评估和监测	1.1 为2011—2016年的执行和监测制定一个综合的、国家统一的战略,以促进教育和培训部门的质量最优、效率和包容性 1.2 制定一项2017—2022年的综合战略规划,以提高教育和培训部门的质量、效率和包容性,以符合《卡塔尔愿景2030》的规定
2. 提供可靠的、最新的和有效的证据,以便为教育和培训部门的决策提供依据	• 综合教育、培训信息和规划数据库可在网上找到 • 监测和评估框架是利用考虑跨部门联系的数据库开发的 • 指标的准则可用于决策制定 • 制定2017—2021年战略规划	2.1 开发一个完整的信息数据库,充分满足教育培训利益相关者的决策和信息需求
3. 在教育和培训部门工作的各个方面凝聚卡塔尔民族价值观、阿拉伯和伊斯兰文化	• 带有民族、阿拉伯和伊斯兰价值观的多元化教育和培训计划是由卡塔尔学生设计和推出的 • 在国家、阿拉伯和伊斯兰价值观的卡塔尔学生中,人们的意识得到增强 • 在卡塔尔的文化遗产和身份认同的学生中,人们的意得到增强 • 在学习和社区的地方,学生的行为是与卡塔尔、阿拉伯和伊斯兰价值观一致的 • 学生参与民间社会组织的人数有所增加 • 学生参与文化遗产活动有所增加	3.1 在与公民社会合作的教育和培训过程中,激活并使项目多样化,丰富和凝聚卡塔尔民族价值观、阿拉伯和伊斯兰文化
4. 为教育和培训部门的所有专业人员和机构制订、批准和通过一项专业发展/业绩管理计划	• 为教育和培训专业人员和机构制定和实施劳动力和机构发展计划及绩效管理战略 • 基础教育的教学、领导和其他工作人员的专业能力得到加强 • 满足学生多样化需求的机构能力得到加强 • 制订了职业教育、高等教育和其他教育支持需求劳动力发展计划	4.1 为教育和培训部门的所有专业人员和机构制订、批准、采纳专业发展/绩效管理计划

(续表)

方案：核心与跨学科教育培训		
计划	关键绩效指标和国家发展战略目标	方案
5. 在教育和培训方面取得最好的信息和通信技术	• 制定并实施了一项在教育和培训部门中综合运用信息通信技术的战略	5.1 建立一个全方位的方法，有效地利用信息和通信技术进行学生教育、教师培训和教育管理，包括三个次级项目： (a)学习管理系统的开发与应用 (b)电子内容开发 (c)为学生设计和提供电子产品
6. 发展和实施一种全面的方法来提高学习者的动力	• 编制并实施了一项提高学生学习动机的综合性沟通计划 • 出勤率增加 • 辍学率有所下降 • 毕业率增加 • 高等教育入学率增加（直接的学术进展） • 提高高等职业教育比例 • 劳动力市场满意度提高 • 家长满意度有所提高	6.1 制订和实施全面的全部门计划，以促进学生的积极性，包括制订一项沟通计划，针对不同教育培训方面的家长和儿童
7. 在各级教育和培训中提供全面可行的职业指导	• 学校的学术和职业指导表现得到加强 • 职业技术教育与培训选择纳入职业咨询，辍学率下降 • 改善职业咨询方案促使更好地理解职业教育（参照结果20）	7.1 为卡塔尔所有教育部门提供便利的职业和学术咨询服务，并促进参与咨询服务
8. 国家资格框架和职业标准（第三级）将教育和培训与劳动力市场需求保持一致，并实现对高等教育的替代途径的制定和实施	• 国家资格框架的标准是由所有利益相关者定义和执行的 • 制定并实施有关行业职业标准体系 • 成立国家资格认定机构 • 为学生提供多样化的专业教育途径，以满足劳动力市场的需要 • 增加大专学历	8.1 制定并启动一个国家资格框架的实施，以便通过教育系统和教育与工作阶段确定并建立替代途径 8.2 建立职业标准监督机构，并通过该机构制定和执行卡塔尔国家相关专业的职业标准 8.3 基于国家资格框架，找出高等教育途径的缺陷，从而创造新的途径

提高基础通识教育

改善和增加获得基础教育的机会在卡塔尔是必不可少的。教育帮助公民实现他们的人生目标。教育增加了卡塔尔人的知识，以及他们的社会和工作技能，使他们成为社会和日益多元化经济的积极成员。改善基础教育系统的计划与国家发展战略（2011—2016）相一致。该计划的目的是实现与基础通识教育有关的七种结果（表3-2）。具体来说，该项目旨在为所有卡塔尔儿童提供高质量的公立和私立学校，包括有特殊需要的儿童。卡塔尔的基础教育系统将采用全国课程和网络课程，(1)强调语言、数学和科学技能的教学;(2)与高等教育机构和职业学校的课程和计划相一致;(3)培养学生在职业生涯中所能运用的技能。基础教育体系还将鼓励家长和社区成员参与孩子的学校和教育发展,并为成人提供继续接受基本教育的机会。

表 3-2　　　　　　　　　　　改善基础通识教育计划

计划:改善基础通识教育		
计划	关键绩效指标和国家发展战略目标	方案
1. 提供普及高质量的公立和私立基础教育	• 入学率超过 95% • 学校容量随着招生人数的增长而扩大 • 优质的学校设施 • 改善私立学校教育质量的计划已经完成 • 保留率和辍学率接近于零 • 绩效水平符合国际标准 • 优秀学校的数量增加	1.1 制定包括强制性幼儿园和强制性中学教育的教育政策,使基础学校的净入学率超过 95% 1.2 制订一项基础设施计划,以确保有足够的能力为所有儿童提供服务 1.3 增强机构能力,提高私立学校的教育质量 1.4 提供奖励,通过卓越学校计划吸引优秀学校在卡塔尔建立分校
2. 基础教育国家课程与高等教育、职业教育、工作技能和学生个人需求相结合	• 更多的学生在数学、科学和英语方面接近或达到国家标准 • 高中毕业率上升 • 较少的学生参与基金会/非学分项目/课程 • 增加卡塔尔的高等教育入学率 • 减少高等教育机构的辍学率 • 男性卡塔尔人高等教育入学率较高 • 在知识经济中提高学生的技能 • 大学生就业能力	2.1 调整和协调基础教育、高等教育、职业教育的项目和服务,建立反馈机制 2.2 提高国家课程的广度和质量、学习资源和项目,以满足所有学生的多样化学习需求,包括教育和工作技能,使他们能够充分发挥自身的潜力
3. 制定体育课程,包括为残疾学生制定指导方针,以及对体育教师进行认证	• 开发课程支持材料,包括残疾学生的体育指导方针 • 所有体育教师都获得认证	3.1 通过方案 4.1 和 2.2 来实现这一结果
4. 为有特殊需要的儿童提供适当的教育选择	• 80%的学校配备了残疾学生的基础设施 • 更大的能力——更好的设施和更多的专家——为有特殊学习需要的学生服务 • 学生能够:(1)发挥他们作为终身学习者的潜能;(2)积极参与社区活动;(3)有资格就业	4.1 完善专业教育体系,为学生提供额外教育支持需求
5. 教育期间提供选择,使学生接触未来的工作环境,提高对所需技能的认识	实施鼓励学生接触工作环境的措施	5.1 设计和实施措施,旨在提高学生对工作环境的认识,加强学校与劳动力市场之间的联系

(续表)

计划:改善基础通识教育		
计划	关键绩效指标和国家发展战略目标	方案
6.社区和家长参与基础教育的改善	• 加强学校和利益相关者之间的沟通 • 提高父母对学校的满意度和参与度 • 向父母提供有关学校和学生的信息 • 更多的利益相关者参与制定和实施教育和培训部门战略	6.1 促进社区和家长参与学校教育 6.2 增强家长参与儿童教育决策的能力 6.3 提高利益相关者对教育和培训部门政策和战略发展的认识和参与程度
7.为成年人制订广泛的基础教育计划	• 提高成人教育机构的能力和多样性 • 使更多的成年人接受基础教育 • 降低成人文盲、科学盲人数	7.1 改进和完善成人基础教育计划,包括基础计算和识字,并提供等效途径

提高高等教育

高等教育的核心任务是优化学生的才能和能力,培养与劳动力市场需求相适应的知识和技能,并支持社会的需求和愿望。该计划旨在增强高等教育机构在培养学生参与知识经济方面的能力。具体而言,该计划旨在使目前的高等教育课程和劳动力需求课程相一致,并在知识经济课程方面增加卡塔尔人的入学率。该计划还强调高等教育机构的公共服务使命。见表3-3。

表3-3　　　　　　　　　　　　　提高高等教育计划

计划:提高高等教育		
计划	关键绩效指标和国家发展战略目标	方案
1.学生通过高质量的教育项目为知识经济做好准备	• 将知识经济所需毕业的学生比例提高到70% • 基于基准研究,建立目标 • 更少的高等教育辍学者 • 增加知识经济人才 • 越来越多的卡塔尔人接受高等教育 • 男性卡塔尔学生获得高等教育的毛入学率提高 • 提高劳动力市场和家庭满意度 • 增强知识经济就业能力	增加高质量毕业生的比例,确保高等教育项目与知识经济的需求相关联
2.通过加强与高等教育机构的互动来支持卡塔尔的需求和愿望	• 社区与高等教育机构的互动日益增多	加强社会与高等教育机构的互动

加强技术和职业教育培训

职业教育机构和项目直接为学生提供专业的活动,这些机构为他们提供高质量的课程以及不同的就业渠道,以满足劳动力市场的需求,这一点至关重要。保持职业教育的计划与国家发展战略(2011—2016)一致。该计划旨在实现有关职业教育的三个成果(表3-4)。该计划将提升职业机构的声誉,使这些机构被公众视为职业生涯的中心,从而增加卡塔尔人的入学率。该计划还将制定一套管理框架,使技术教育和职业培训与教育部门和劳动力市场需求相结合,并建立质量保证机制。此外,该项目将制定差异化的途径,为那些不能直接进入大学的学生提供教育机会,同时满足劳动力市场的需求。

表 3-4 加强技术和职业教育培训

计划:加强技术和职业教育和培训		
计划	关键绩效指标和国家发展战略目标	方案
1. 为制定高品质的发展规划,需要适当的和良好的管理技术和职业教育与培训,包括一个能够定义并批准支持开发职业教育系统功能的组织模型	• 制定并实施职业技术教育与培训的组织模式 • 开发并实现职业教育的组织模型 • 一个国家职业教育框架和计划被定义和批准	1.1 为职业教育核心职能和劳动力市场协调以及质量保证建立一个全面的监管机构或独立的监督机构 1.2 定义并实施与职业教育相关的质量保证体系,包括对项目的认证和对机构的许可和认证
2. 技术与职业教育培训的项目和产出与卡塔尔社会和劳动力市场的需求相一致	• 制订并实施与劳动力市场需求相一致的职业教育项目计划 • 建立一种所有利益相关者接受的行业伙伴关系模型 • 根据模型建立第一产业伙伴关系 • 建立第二产业伙伴关系	2.1 开发面向劳动力市场需求的差异化职业教育项目 2.2 在公共和私营部门之间建立一种伙伴关系的模式,以进一步发展职业教育服务,并根据这个模式建立第一产业伙伴关系
3. 提高对技术与职业教育培训项目的认识,以增加他们的入学率,从而更好地为全体卡塔尔劳动力人口做准备	• 关于职业教育项目的信息和看法得到了改进[参考:计划7,职业指导;和计划13,未来工作环境]	3.1 提高参与职业教育项目培训的意识

加强科学研究

高等教育机构的使命就是为生产知识进行科学研究。卡塔尔最近在研究和发展方面投入了大量资源。为吸引潜在的研究人员,并与大学和企业建立伙伴关系,一个用于科学研究的杰出基础设施已经到位。该方案旨在通过制定国家战略确定科学研究的重点领域,以便有效地利用这些资源。见表3-5。

表 3-5　加强科研计划

计划：加强科学研究		
计划	关键绩效指标和国家发展战略目标	方案
提高科研系统的生产力和效率	• 制定科学研究和发展优先领域的国家战略 • 增加科研出版物和专利数量	制定一项国家战略，并计划为卡塔尔的科学研究和发展确定重点优先领域

阿联酋

阿拉伯联合酋长国,简称"阿联酋",是由阿布扎比、迪拜、沙迦、哈伊马角、阿治曼、富查伊拉、乌姆盖万7个酋长国组成的联邦国家。位于阿拉伯半岛东部,北濒波斯湾,西和南与沙特阿拉伯交界,东和东北与阿曼毗连,海岸线长734公里,总面积83 600平方公里,首都是阿布扎比。阿联酋属热带沙漠气候,平均降水量约100毫米,多集中于1—2月。

阿联酋以石油生产和石油化工工业为主,同时注重发展经济多样化。阿联酋已探明石油储量约150亿吨,天然气储量7.7万亿立方米,均居世界第六位。阿联酋农业不发达,主要农产品有椰枣、玉米、蔬菜、柠檬等。畜牧业规模很小,主要肉类产品依赖进口。

阿联酋联邦最高委员会由7个酋长国的酋长组成,是最高权力机构。重大内外政策制定、联邦预算审核、法律和条约批准均由该委员会讨论决定。国家重视发展教育事业和培养本国科技人才,实行免费教育制,倡导女性和男性享有平等的教育机会。

注:以上资料数据参考依据为中国外交部官方网站阿拉伯联合酋长国国家概况(2020年9月更新)。

阿联酋下一代人的高等教育总体规划

阿拉伯联合酋长国
高等教育科学研究部
高等教育政策和规划办公室

前言

"任何国家的财富都是知识分子，人民和国家的进步是由他们所能达到的教育水平和程度来判断的。"

——谢赫·扎耶德·本·苏丹·阿勒纳哈扬殿下

战略方向

阿拉伯联合酋长国的高等教育系统已经通过高等教育科学研究部、阿联酋大学、高等技术学院和扎耶德大学达成了一个伟大的战略，为它进入第四个十年奠定了良好的基础。然而，阿联酋高等教育在为所有的阿联酋人提供教育机会以及推动经济发展方面，仍面临着严峻的挑战。

阿联酋高等教育取得了明显的成效：充足的公共设施、优质的师资力量、高质量课程体系、对男女受教育权的认可、奖学金制度的实施、校园扩建等，为阿联酋赢得了一个区域性的国际声誉。然而，阿联酋的高等教育也面临挑战：阿联酋没有成功地提供资金以满足日益增长的学生入学率，也未在国际质量水平上保障每一个学生的学生支援服务。额外的资金、新的课程和教学空间是用以满足阿联酋人未来社会经济发展的主要目标。

近期对策：当务之急是为学生进入大学提供资金保障。其次是保持高质量教育。短期内，如果没有新的资金，为了保持教学质量，就需要限制招生名额。这将导致学生被拒之门外，而添加新项目的计划也将因此被中断。此外，必须采用新技术来维持和支撑目前的教育教学能力。

阿联酋关于高等教育的承诺：保障阿联酋人接受高等教育的机会是阿联酋对高等教育的承诺，这反映了作为阿联酋国家社会结构重要组成部分的价值标准。这与未来需要提供更多受过教育的劳动力以使国家的经济增长多样化，以及在私营部门雇用更多国民的整体需要相联系。

未来的战略目标：高等教育体系必须建立国家政策，构筑牢固的国家基础以扩大学生进入高质量教育机构的机会。从长远来看，为了提高阿联酋的生活质量，国家必须为进入大学入学年龄，即18岁左右的公民数量的大幅增长做好准备。未来五年内，大学适龄人口将经历缓慢增长，高等教育入学人数将于2016年增加至50 000人，届时入学人数将大幅增加。现在必须做出战略部署，投资和资助高等教育，以保持联邦机构的教育质量，为所有合格的学生提供高等教育入学机会，以满足国民经济的发展需要，并为阿联酋下一代人服务。

概要

国家高等教育体系面临着迫在眉睫的危机，可能会破坏阿拉伯联合酋长国在过去三十年里所取得的成就。十年的静态资金、不断上涨的成本和持续增加的入学人数意味着国家机构所达到的高等教育质量水平可能很快就会开始下降。在此之际，高等教育对阿联酋经济和社会持续增长的活力从未如此重要，迫切需要直接而大量的资源投入，以提高学术质量，增强高等院校对国家经济和社会发展的贡献。在接下来的十年里，如果要满足越来越多的阿联酋学生进入世界一流教育的需求，就必须得到额外的资源，以保证达到大学入学年龄的学生进入大学，并使成年学生重返高等教育。在当前的财政状况下，如果不做出改变，阿联酋大多数校园的唯一选择将是大幅度限制未来的招生规模，以保持学术质量。

三十年的高等教育的进步

在谢赫·扎耶德·本·苏丹·阿勒纳哈扬殿下的领导下，阿拉伯联合酋长国在高等教育方面取得了历史性的发展，阿联酋国立大学现在被视为中东和其他地区大学的典型模式。

自三十年前这种模式进入位于阿莱茵（阿联酋第四大城市）的阿联酋大学校园以来，阿联酋高等教育系统已经发展成包括高等技术学院、6个酋长国的14所分校、扎耶德大学、阿布扎比和迪拜分校等在内的高等教育系统。阿联酋所提供的学位课程数量稳步增长，课程质量得到了国内外的广泛认可。许多项目已经通过了专业认证机构的批准，如果有足够的资源来维持项目质量，将来会有更多的项目得到批准实施。

国家对高等教育的承诺创造了教育机会，并为成千上万的阿联酋人提供了高质量的项目。阿联酋领导人和公民可以为国家的重大成就感到自豪，这些成就源于20世纪70年代制定的四项政策决策。关键决策是：

1. 阿联酋将建造和运营自己的大学。
2. 符合国际标准的合格教师将被聘用。
3. 教学语言主要为英语。

4. 教育指向所有合格的阿联酋人,也包括女性。

阿联酋对高等教育这一历史性的、持续性的承诺意味着,阿联酋公民享有一种高质量的教育体系,所有合格的学生都可以接受,并为人们提供参与现代经济所需的技能和知识。

基于以上决策,全国高等教育系统每年招收学生超过 3.5 万名,每年颁发学位超过 6 500 个,并向海外派遣数百名学生接受高等教育。为了维持高等教育质量,保持阿联酋对高等教育的承诺,迫切需要采取国家行动。

国家高等教育体系现状:对教育机会和教育质量的需求

这一部分报告概述了阿联酋所有联邦学院和大学所面临的压力,并描述了在短期(到 2013 年)和长期(到 2020 年)时间内可能影响这些机构绩效的趋势。

阿联酋教育政策的两大支柱:机会和质量

本报告的第一部分叙述了阿联酋高等教育在过去三十年间的历史发展趋势和教育政策。总而言之,制定教育政策的基础是确保合格的阿联酋学生都有接受高等教育的机会,这也意味着教育的高质量。教育对所有阿联酋人免费,大学和学院都将为男、女学生提供平等的教育机会。

过去三十年间,阿联酋持久的高等教育政策成绩斐然。阿联酋整体的教育标准和教育资格不断提高。然而,维持这些政策已经成为全国高校面临的严峻挑战。持续增加的学生人数、不断上涨的教育成本和通货膨胀的压力严重损害了高等教育机构提供教育的机会以及确保高质量教育的能力。

招生人数增长、资金和质量的相互作用

在可用资源和满足阿联酋人日益增长的受教育实际需求之间,全国高校正面临着差别日益增长的现状,这一差别将迫使毕业生必须具备参与全球新兴经济所需的知识和技能。在目前的招生水平上,静态资金意味着教育质量下降。随着入学人数的增加,实际的资金和需要的支持之间差距越来越大,这给教育机构保持学术质量的能力带来了额外的压力。

如果没有额外的资金注入,那么教育机构就必须限制目前学生的注册人数,以保证长期的教育质量。入学人数的增加会加剧教育赤字,导致教育质量进一步下降。因此,教育机构现正面临着阿联酋高等教育系统无法接受的选择。迎合增长与牺牲教育质量的代价是亏待学生。或者,以降低入学率来匹配目前的教育能力,却剥夺了阿联酋学生接受高等教育的机会。正如下面的讨论所阐明的,在未来的 15 年里,学生入学压力将会加大,并将对阿联酋的高等教育产生重大影响。

迫切的行动

采取行动的必要性是迫切的。国家的大学和学院必须能够在未来十年内满足超过 5 万名学生的教育需要。高等教育系统的有序转型若要取得成功,必须采取和实施关键的行动和决策。这些行动在战略规划的下一节中概述。这一规划的主要功能是使高等教育系统能够有效应对目前学生规模的大幅增长。财政状况的严峻性意味着必须推迟许多长期行动,以维持阿联酋高等教育的质量,保障阿联酋人获得高等教育的机会,直到国家学院和大学的财政状况得到缓解。在此期间,必须采取措施以使高等教育系统继续提供优质教育。

短期内,学院和大学必须在当前的资金状况下确保其学术质量。为了保证质量,必须在匹配现有财政状况的条件下,限制接受高等教育的学生数量。

从 2007 年开始,为了保持学术质量,整个系统的招生人数必须限制在 28 000～30 000 人。这一限制条件应逐年评估,以确保教育机构能够保持其学术质量。

任何需要额外资源的拟议新学术项目必须在现有项目中确定预算补偿。

实施这些行动是必要的,然而,教育机构并未提供长期的解决方案。成本上升和通货膨胀可能意味着,在不久的将来,如果没有足够的资金,教育机构将不得不减少它们的项目以匹配可用的资源。此外,由于需要维持学术质量,学生的人数有可能进一步减少,从而限制了可容纳的学生总人数。

报告的以下部分详细描述了当前的情况。它描述了在短期和未来一段时间内,由于入学人数上升和通货膨胀压力,提供教育机会和确保阿联酋学生教育质量的历史政策将受到影响。

存在财政压力的系统面临着即将到来的招生危机

很明显,在未来十年,全国高等教育系统面临着前所未有的挑战。应对这些挑战将需要更多的高等教育资源,以保持教育机会,确保教育质量达到最严格的国际标准。要有效地做出反应,就需要把目前追求多样化和职能重复的一批机构转变为一个有明确任务和相互支持目标的教育系统。这将在更大范围内推进阿联酋高等教育的整体目标。在短期内,迫切需要额外的资金注入,以避免学生人数减少,防止学术质量下滑。

教育赤字持续发展:
长期的资金不足限制了学生入学并威胁到学术质量

财政问题直接威胁着阿联酋高等教育系统已经建立的长效信任。在过去的十年间,学生入学率和教育成本在急剧上升。然而,自 1996 年以来,阿联酋高等教育系统的资金预算几乎没有增长。

在过去几年里,教育资金支持一直未能跟上通货膨胀、招生人数增加和教育成本上涨的步伐。实际上,自1999年以来,阿联酋国家的大学校园内每个学生的财政支持都下降了至少20%。

高等教育系统内的全部高等教育机构都面临着学生入学申请不断增加的情况。如果当前趋势持续下去,到2013年将需要为5 000多名学生提供食宿。这些申请者中每年都有很大一部分被拒之门外,他们的期望难以得到满足。2007年,为了保持其项目质量的高等技术学院,可能会裁减超过3 000名学生,除非建立和资助专门的培训和教育项目。

保持学术质量已经成为一种持续的斗争

资金不足意味着容纳学生人数的减少,同时意味着教育质量的下降。这也意味着实验室设备无法配给,信息技术项目缺少先进的技术装备,学生必须接受低于一流的教学设施。现有资金也使得吸引和留住最优秀的教师变得困难。在许多对经济持续增长至关重要的学术性学科中,国家的学院和大学无法吸引顶尖的教师,因为初始数据显著表明,这些机构所提供的薪水和福利待遇不再具有竞争力。十年来,面对通货膨胀和经济增长造成的日益萎缩的资源模式,阿联酋高等教育机构很难提供高质量的教育并赢得声誉,而维持高质量的声誉则变得更加困难。

削减招生和降低质量将影响阿联酋经济发展和国民参与

世界经济论坛2006—2007年全球竞争力报告指出,尽管阿联酋在整体竞争力方面是海湾国家的领导者,但教育是制约阿联酋全球竞争力的主要因素。

随着阿联酋经济的持续增长,它不仅需要训练有素的工人,还需要许多理论和应用研究。来自公共和私营部门的阿联酋领导人期望全国高校要强化自身、实施多样化发展并支持国家的经济发展。高等教育系统如果不能满足这些要求,经济发展就会受到影响,而提高阿联酋国民就业率的国家目标也会受到威胁。

接下来的十年:一股新生的浪潮

高等教育政策和规划办公室预测,高等教育系统需要安置的学生数量从2016年开始可能会显著增加。在过去二十年中,阿联酋的出生率下降了,但育龄妇女的总数却急剧增加;这意味着每个家庭的低生育率模式将被有孩子家庭的数量增长而抵消。这一批儿童正经历着阿联酋的小学和中学教育系统,并将在2009年开始进入大学时代。2015年以后,大学生的数量将开始急剧增长,预计有5万名学生入学。这将给全国的高等教育系统带来巨大的压力。

高等教育系统入学人数预计在2009年开始增长,大约七年时间内逐渐加速,然后在2016年之后急剧上升。

现在必须做出的关于高等教育决策将深刻影响到高等教育系统满足 2020 届毕业生需要的能力。

一个新的压力源：继续和回归的学生

实际上，5 万名学生只占到 2020 年全国高校所面临的招生总数的一小部分。在美国等经济发达国家，成年学习者的比例接近 45%，他们的职业或其他兴趣促使他们进入或重返高等教育。如果阿联酋 25 到 29 岁之间潜在的成年学习者中有 10% 的人决定加入国家高等教育体系，那么到 2020 年将有 13 000 名新生加入预计的 5 万名学生之中。这一水平的增长几乎等同于国家高等教育系统增加一个新的阿联酋大学和高等技术学院，以适应 2020 年的招生计划。

阿联酋下一代人的教育：行动纲领

阿联酋的教育是阿联酋社会和国家发展的重要支柱之一。这些目标和宗旨是维持和改善阿联酋社会重要组成部分的行动纲领，并为在经济和社会各部门担任领导职位的下一代学生做准备。

2020 年阿联酋高等教育面临的挑战

自 1976 年阿联酋大学在阿莱茵（阿联酋第四大城市）成立以来，阿联酋在高等教育方面取得了显著的进展，扩大了教育机会，并为阿联酋人提供了高质量项目。在这段时间做出的决定是面向未来的，帮助阿联酋进入 21 世纪，并为其他发展中国家树立了榜样。在这段时间里，高等教育的重要性被广泛认为是未来发展的关键。

《经济学人》最近的一份报告指出，全球的高等教育正受到两大趋势——国际化和竞争的影响。这两大趋势正在强烈而深刻地影响阿联酋。在此，全球化和国际化的力量正在创造一种要求阿联酋公民拥有一项复杂的新技能以便在新千年有效地发挥作用的环境。这些转变正在影响阿联酋教育的各个方面，从而对学生提出了更高的要求，现有教学设施也将变得紧张，并向全国各学院和大学提出挑战以应对来自社会日益多样化的期望。需要采取一种系统的方法、一项国家计划来确保阿联酋继续享受高等教育的全部益处。

当为阿联酋制定高等教育发展规划时，展望 2020 年的前景是很有用的。我们对 2020 届毕业生的理解将会影响教育政策的选择。2020 年的班级会是什么样子？阿联酋高等教育系统将会有什么期待？此外，现在还需要采取许多行动，以确保国家的学院和大学为 2020 年的学生做好准备。

2020 届毕业生

2020 届毕业生的规模将比以往任何一届都更为庞大。他们将于 2016 年进入学院或大学,如果目前的申请率保持稳定,2020届将有大约1万名学生。然而,一些因素可能会显著提高高中生申请入学的比例。这些因素包括:

1.对教育重要性的认识加深意味着更大比例的学生将会选择立即进入学院或大学。

2.年纪较大的学生可能会认识到在全球经济中终身学习的必要性,并加入这一群体中来,以增加其规模。

3.经济放缓可能会减少就业机会,使高等教育成为一个有吸引力的选择,因为学生们在进入低迷的就业市场之前会选择提高自己的技能。

2020届毕业生将生活在互联网、信息技术和一个远远超出阿联酋实际边界的世界之中。保持和提高技术素养是他们对教育的最低期望。

作为2020届毕业生的一部分,2016年进入大学的学生将会更加敏锐地认识到,他们是全球经济的一部分,尽管充满活力,但要求却极其苛刻。他们也将对成功的2020年全球经济所需的技术和能力有一个很好的了解。语言技能或许特别重要,因为它们与职业成功有明显的关联。

国家的学院和大学怎样达到这些期望?

2003年秋天,高等教育和科学研究部部长谢赫·扎耶德·本·苏丹·阿勒纳哈扬殿下认识到这一问题正变成至关重要的国家问题,并建立了一个特殊的国家规划小组负责阿联酋国家教育政策的推进。

规划小组建议设立一个指导委员会,以指导那些具有推广价值的设想并持续不懈地审查国家教育政策。2004年3月28日,指导委员会发布了一份题为《高等教育和阿联酋未来》的报告,论述了委员会审议的最紧迫问题。该报告提出了一系列与高等教育政策有关的调查结果和建议,这是制订阿联酋高等教育全面发展计划的基础。

在教育政策协调的重要领域,指导委员会发现,尽管具备协调程序,但"没有任何联邦政策或做法需要在使命、学位、组织或项目之间或联邦机构之间进行广泛协调""……部级联邦机构几乎没有任何协调功能或职位"。

出于对这些问题和其他方面的考虑,促使指导委员会设立一个高等教育政策和规划办公室,并在高等教育和科学研究部内设立联邦机构。该办公室成立于2004年7月,其职能是完成高等教育政策的有效协调,制定长期的发展规划,提升高等教育科学研究部执行有效政策的能力,满足阿联酋不断变化的社会需要。

需要一个国家总体规划

指导委员会的报告认为,要使阿联酋公民能够参与和应对全球经济快速增长的挑战,必须借助于国家高等教育系统。高等教育系统必须解决的问题是:

1.为所有阿联酋人提供教育机会。

2.保证高质量的教育。

3.为阿联酋经济发展做出贡献。

国家的学院和大学需要一个强有力的规划来说明如何解决这些问题,并且如果要满足2020届学生入学要求的话,这个规划必须尽快落实到位。

高等教育政策和规划办公室将指导委员会报告的调查结果和建议作为起点,着手制定高等教育的总体规划并起草了一项行动纲领,讨论影响未来阿联酋高等教育取得成功的至关重要的政策问题。

高等教育的共同愿景和使命

阿联酋高等教育系统需要一个全面而有凝聚力的方法来满足阿联酋人对高等教育的需要,塑造与凝聚共同的愿景和使命是必不可少的。新的愿景提供了一个共同的框架,反映了阿联酋对高等教育系统应该努力前进的期望,强调了校园教学和学生成功,教育部通过其学院和大学,使用问责标准,以及认证私立高等教育机构和提供教育服务,在推动高等教育方面起领导作用。

展望未来

联邦学院和大学将是阿联酋人的首选之路,他们希望获得优质的教育经历,并保留阿拉伯人的身份,这些学校为他们提供参与阿联酋经济社会发展所需的知识、技术和技能。校园将成为知识增长的中心,并被视为不可或缺的经济资源。学院和大学将是丰富阿拉伯世界文化和思想的源泉。

高等教育的使命

高等教育系统的使命是推进教育机会平等,开展教学与研究,并确保阿联酋高等教育的质量达到并保持在最高国际标准。阿联酋学生从学士学位到硕士学位的教育和毕业是教育机构努力的重点。高等教育科学研究部负责推进国家目标、制定政策并承担对高等教育的责任。

高等教育体系新的目标和宗旨

从阿联酋国家高等教育系统新的愿景和使命出发,下面一套简单的基本目标反映了愿景,推进了使命。这些目标集中于提高教育准入的机会,确保教育质量,促进阿联酋经济发展,并全面适用高等教育系统。自由开放和追求高质量是国家高等教育政策的历史支柱。具体的子目标和行动是在每个大目标下制定的。在一个领域内实现一个特定的目标或行动也可能有助于实现另一个目标,而在一个特定目标下的行动分组应该被视为首要工作。有些行动超出了高等教育科学研究部对其他国家机构、其他各级政府或私营部门的影响范围。这些行动将延伸到下一个十年的中期,届时要求接受高等教育的学生人数将大幅增加。

1. 扩大国民的受教育机会

每个阿联酋的中学毕业生都应该在阿联酋的大学、学院、劳动力预备场所或其他项目中获得高等教育机会,并进行必要的学术准备,以最大限度地利用这些机会。

2. 确保高等教育质量

进入高等教育系统的阿联酋学生应当具备大学预备技能,高等教育机构应以其师资、项目和毕业生的质量而闻名。

3. 促进阿联酋经济发展

阿拉伯联合酋长国高等教育系统的学术项目和研究工作应更好地与国家经济需求联系起来,为国家介入私营部门提供准备,并扩大在能源生产和经济发展研究等方面的领导地位。

高等教育的全系统目标

为了实现这些目标,高等教育系统必须完成以下十个子系统目标:

1. 获得资金,以消除预期的登记人数和所需资源支持之间的差距。
2. 提高中学生的大学预备水平,提高中等教育系统的机构能力。
3. 提高男性在高等教育中的参与度和持续性。
4. 获得资金以保证教育质量。
5. 明确各机构的使命。
6. 阐明非联邦教育部门的作用。
7. 为改进管理决策制定学术数据库。
8. 在学术研究和私营部门之间建立新的联系。
9. 阐明高等教育机构的研究作用,并提出一种资助国家研究的新方法。
10. 在高等教育系统和经济领导部门之间建立持久的关系,从而提高私营部门在阿联酋的生产性就业。

上述每项目标都有一个或更多的行动步骤,旨在实现这些目标,并使高等教育系统为阿拉伯联合酋长国的发展做出贡献。这些目标共同构成了推动阿联酋高等教育发展所必须采取的战略行动,并且肩负起为整个高等教育系统设计广泛而有效的教育政策的职责,并监督其绩效和进展的新使命。

目标1:扩大国民的受教育机会

阿联酋中等学校毕业生都有在阿联酋大学、学院、劳动力预备机构或者其他机构中接受高等教育的机会,以最大限度地利用这些机会进行必要的学术准备。

1.1 为阿联酋公民提供受教育的权利和机会

阿联酋的人口不断增长,越来越多的阿联酋公民意识到教育的重要性。这导致国家高等教育机构的申请人数稳步增加。十年前,阿拉伯联合酋长国高等教育规划咨询委员会已经注意到这一趋势的后果,并且委员会所表达的关切从现状来看似乎已经得到很好的践行。在接下来的十年里,入学人数预计将增加大约1万名。因此,目前的资金状况意味着,期望接受教育的阿联酋人数量与教育可接受学生的系统能力之间存在着越来越大的差距。

有相当数量的学生将有资格进入联邦校园;然而,许多学生可能并不具备取得学术成就的资格。学生应当被安排在一个具体的项目中,培养出参加工作所需的技能和能力。

如果允许这种情况继续下去,目前的局势可能会对阿联酋社会造成重大影响。沮丧的学生无法达到他们的教育目标,可能会选择其他活动,而这些活动将会降低他们的能力。在高等教育系统中无法充分发挥其学术潜力的学生,很可能在复杂的知识驱动经济中被边缘化,阿联酋正在形成这种趋势并逐渐与社会脱节。每个技能项目都是可用的,并且应该为有意愿的学生提供向上流动的途径。

行动:教育部制定了一份报告,概述了全国各高校在未来十年为学生提供多样化需求所需要的全部职业和发展项目。联邦金融投资应寻求长期支持。

1.2 为即将入学的学生开展大学学习做好准备

毕业生的学历对阿联酋高等教育系统的成功至关重要,一个必须考虑的重要因素是,入学的学生是否有能力完成有严格要求的全部课程。很明显,大量的新生还没有做好在大学学习的准备。普通教育水平评估的得分显示,许多学生没有必需的英语能力来承担大学时期的学习任务。普通教育水平评估是由阿联酋大学、扎耶德大学、高等技术学院的教育工作者联合开发的,普通教育水平评估的得分是预测未来学术成就的一个强有力指标,必须尽一切努力确保基础教育阶段的学生在大学获得成功。在2006年接受普通教育水平评估考试的学生中,略高于4%的学生获得了一个使他们能够挑战阿联酋大学英语发展教育课程的分数。那些选择进入学院或大学的学生首先要接受发展教育课程的学习。这种情况意味着,应该用来推进高等教育的资源已经被转移,以加强学生本应在中学教育中掌握的技能。在全系统范围内,估计有超过30%的高等教育资源致力于培养学生在大学或学院的有效工作。由于需要为许多学生提供额外的准备,通常一个四年的学士学位课程,需要五到六年的学习时间,因为学生们要参加一年或两年的发展教育课程。

据报道,当被要求解释他们在世界级中等教育机构获得成功的原因时,芬兰的一位教育工作者简单地回答了"教师、教师、教师"。显然,如果阿联酋高等教育系统能够成功地将其能源和资源重新定位于发展教育和一流的本科与研究生教育上面,那么必须加大努力致力于提高中学教师的能力。高等教育科学研究部在中等教育取得教育成果方面具有重要意义,应协助制定和实施提高中等教育机构能力的政策和方案。

基础教育阶段(K12)的教育质量是阿联酋重要的国家问题,并引起了包括阿布扎比教育委员会和迪拜教育委员会在内的许多机构的关注。

行动:成立一个部长级工作小组,为提高中学生的大学准备技能而采取具体替代方法和政策,力争到2010年进入高等教育系统的中学毕业生人数比2006年高出一倍。这种方法可能包括:

一是与教育部和阿联酋教育发展评估委员会合作,对基础教育阶段(K12)的英语教师进行了一项评估,丰富教师的专业发展项目,提高英语教学能力,减少需要发展教育的学生人数,并为中学教师开展普通教育水平评估研讨会。

二是发展教育项目,提高中学毕业生的基本技能和就业能力。

1.3　提高男性在高等教育中的参与度和持续性

教育规划部门和阿联酋大学招生和登记部门编制的数据显示,在过去二十年里,男性入学率一直落后于女性入学率。2005年,高等教育科学研究部全国招生和就业办公室的一项调查表明,被批准进入阿联酋大学和高等技术学院的学生中有大约一半的男性学生(当前中学毕业生)在过去七年里没有登记入学。

在国家教育机构中,男性入学率相对较低的原因似乎有很多。年轻男性有更多的机会,包括加入军队或警察,进入其他企业,为政府工作或参加非联邦教育机构。年轻人认为完成高等教育需要很长时间。对英语能力的要求也可能起到阻碍作用,因为许多学生需要花一年的时间才能达到大学学习所需的熟练程度,这延长了完成学位课程所需的时间。严格的学术晋升要求也被认为是男性入学的障碍。如果不能取得令人满意的学术进展,就会被解雇,而恢复学习的机会则非常有限。

阿联酋教育政策严重的问题是缺乏持久性,需要由高等教育科学研究部及其机构立即加以处理。在高等教育体系中,只有五分之一的学士学位毕业生是男性。必须招募更多的男性进入该系统,并提供教育技能,以促进他们进入阿联酋劳动力市场。

行动:高等教育科学研究部应该从2008年开始制订一项行动计划,提高联邦高等教育系统中男性的比例;并且确定到2013年,男性获得学位的数量基准线相比2007年提高50%。

1.4　增加为阿联酋学生提供国际奖学金的机会

全球化要求阿联酋在适当的地方具备多样化的专业技能,以最大限度地促进经济增长和经济发展的多样化。目前,许多此类技能只能在其他国家适用,在阿联酋并不流行。为了确保阿联酋有必要的技能来促进经济发展,需要更多合格的阿联酋学生至少一部分人有海外教育经历。

行动1:到2008年,奖学金标准相比2006年翻一番。高等教育科学研究部的奖学金部门应该明确五项最高优先技能,或目前被阿联酋国家或私立机构认定为未得到充分支持的教育领域。

行动 2：奖学金部门正在修订和扩大其数据系统，使获得奖学金的学生和他们攻读学位的过程能够被监督，并为他们的最终职业规划和就业选择指明道路。

目标 2：确保高等教育质量

进入高等教育系统的阿联酋学生应当具备大学预备技能，高等教育机构应以其师资、项目和毕业生的质量而闻名。

2.1 消除质量差距，保证长期生产能力

确保阿联酋的高质量教育需要额外的资金。就学生需要而言，阿联酋国家高等教育系统并没有提供足够的资金来保证整个系统的学术质量，特别是当考虑到入学登记的学生人数处于长期增长的状态时。目前的资金水平意味着，国家的学院和大学很难吸引最优秀的教授开展重要的学术研究，并将知识传授给下一代的阿联酋人。随着时间的推移，资金不足使那些需要重要支撑设施来维持的机构，如图书馆和实验室，越来越无法达到世界级标准。在信息技术不断变化的现代高等教育系统中，高等教育发挥着重要作用并面临着让学生处于这一重要领域前沿的挑战。初步数据表明，教师薪酬低于海湾合作委员会标准，尤其对于工程和信息技术等高需求学术领域。

正如本报告前面所述，目前有一笔巨大的财政赤字，如果这种情况继续下去，将极大地影响教育机会和质量。

在过去的五年中，通货膨胀大大减少了真正的学生支持。据估计，在 2001 年，每个学生的支持经费约为 40 000 迪拉姆。

今天这个数字仅达到 32 000 迪拉姆，在五年内减少了大约 20%。为了纠正这一问题，需要长期的资金支持来维持高等教育的质量。

在高等教育政策和规划部门的"优先资助学生"报告中，提出了高等教育系统额外财政支持的需要，并在学院和大学的合作和协助下进行规划。这份报告描述了使国家高等院校达到理想的能力和质量所需要的资金。自 2004 年出版以来，由于持续的通货膨胀，资金需求有所增加。

行动 1：短期内，在 2007 学年开始前，建立机构性和全系统的招生限制机制，以保障学术质量。招生总人数应控制在 28 000 至 30 000 人。实行年审制度以保证教育质量的目标。

行动 2：确定可用于为国家高等教育系统提供财政支持的替代融资方案。教育部应该成立一个特别委员会，探索如何为全国高校建立稳定、长期的融资条件。除了备选方案外，委员会还应探讨其他可能的解决办法，其中包括：

- 创建高价土地信托或专项支持高等教育发展的类似资产；
- 确定为高等教育提供安全长期资金的具体收入来源；
- 向外籍学生收取学费或费用，并允许他们进入国家学院和大学。

行动3：建立一个全系统的工作队，确定和优先考虑到2020年每个机构提高其教育质量和能力所需的资助水平。

2.2 确保阿联酋高质量的教育项目和问责制

为适当水平的高等教育机构提供资金，维持和提高其质量，而且对于教育部来说，定期反馈国家机构的项目质量、学业和项目成就也很重要。

行动1：在机构层面执行定期项目审查的计划。

行动2：定期对各机构实施问责制，并向部委报告结果。

2.3 明确学校任务，制定全面的高等教育政策，在促进教育机构协同与合作的同时，为各机构确立独特的作用

对国家大学或学院使命宣言的回顾表明，教育机构的使命存在很大的相似性。在阿联酋当前和未来的学术市场上，对于阿联酋大学、高等技术学院和扎耶德大学来说，一个更独特的使命将他们与其他机构区分开是很重要的。与此同时，对于国家机构来说，寻找合作与协调的新方式，以最大限度地扩大教育经验，使他们能够帮助阿联酋人利用机会进行协同工作，也是很重要的。

行动1：制定一份全面的教育政策声明，概述和区分各机构的任务，明确阐明各自的职责，并将其与高等教育科学研究部新的使命及其高等教育总体规划联系起来。

行动2：确定阿联酋大学能够满足传统学生的需求的组合项目，维持并推进其作为研究生教育主要大学的地位，并开展重大的科学研究。

行动3：明确扎耶德大学的使命，强调信息技术和其他优秀学术项目，并确定公共服务教育中与国家需要有明显联系的优先事项。

行动4：明确高等技术学院的使命，突出其核定的技术标准和劳动力教育的作用，支持并改善与阿联酋劳动力市场需求之间的关系。

行动5：确定在研究和学术项目交付中扩大机构合作的机会。

2.4 监督和维护非联邦部门的质量

阿联酋的经济发展促进了能够提供教育项目的私立教育机构数量的增长。除了国家级教育机构外，阿联酋的地方机构和在全国各地开展活动的私人机构也为最好的学生创造了一种竞争气氛。截至2007年1月，高等教育科学研究部学术认证委员会共认定了42个教育机构，种种迹象表明，阿联酋将继续被外国教育机构视为"机会目标"。

总体上，这些学校招收的学生人数要多于全国高等教育系统。初步数据显示，目前有近1.5万名阿联酋人在私立教育机构学习，在这些机构中，阿联酋男性学生与女性学生的数量持平。

通过学术认证委员会的许可认证制度，当非联邦机构寻求政府部门的许可或认证时，阿联酋将齐心协力提供质量保证和消费者保护。然而，现行的政策并没有给学术认证委员会提供任何权力，以确保他们符合质量标准。

行动 1：为非联邦教育机构制定一项全面的政策，建立他们必须运作的标准。

行动 2：成立专责小组，确定哪些法律变革必须为学术认证委员会提供权威，以提高教育免费区内的质量和促进消费者的保护。

2.5 完善高等教育以获得更好决策的数据系统

正如指导委员会在报告中指出的，一个复杂的、不断发展的高等教育系统需要准确及时的信息。教育部需要组织和管理数据，以便有效地帮助项目管理者，坚定最高政策制定者的信心，并为阿联酋公民阐明高等教育系统的整体情况。

一个全面的高等教育数据库将更好地支持决策和促进问责目标的实现。数据由高等教育系统的许多构成部分产生。学校的数据库是通过院校研究机构开发的，国家招生和就业办公室产生了与学生招生和入学有关的大量数据，所有学校都在为经费预算和财务管理项目生成数据。开发一个更综合的数据库将是为教育部门创建现代化管理信息系统的重要一步。

由于非联邦机构对高等教育部门的影响越来越大，政府也必须能够有效监测这一领域的趋势和状况，并采取行动建立关于这些机构的更全面的数据。

行动：高等教育政策规划办公室正在为阿联酋高等教育提供全面的、综合的全国数据库，其中包括联邦和非联邦机构的信息。

目标 3：促进阿联酋经济发展

阿联酋高等教育系统的教育项目和研究工作必须满足经济的需要，有助于提高阿联酋的生活质量，为阿联酋公民有效地参与私营部门做好准备，并扩大在能源生产和经济发展研究方面的领导地位。

3.1 与私营部门建立富有成效的关系，并扩大教育机构之间的合作，包括立足于阿联酋发展的阿布扎比教育委员会和迪拜教育委员会等教育机构

阿联酋公民更加意识到教育的价值以及教育与整体经济发展和个人幸福的关系。为了促进个人和社会的发展，高等教育系统必须与私营经济部门保持密切和持久的关系。建立和维持与私营部门的关系的努力必须成为所有国家机构日常活动的一部分。高等教育系统的长期成功显然取决于公立和私立组织对其毕业生的接受程度，他们看重的是学生所拥有的技能和知识。

"我们希望教育是帮助社会不断发展的工具。"

——谢赫·扎耶德·本·苏丹·阿勒纳哈扬殿下

为了成为阿联酋劳动力市场合格成员，工作技能必须由阿联酋国民自我学习和开发。阿联酋大学、高等技术学院和扎耶德大学的毕业生必须具备成为公共机构或私人组织高素质成员的技能。这些技能包括：

1. 团队合作，不断为团队的成功做出贡献，并与他人良好合作。

2.沟通,具备口头和书面交流的能力。

3.解决问题,具备理解、分析、综合、评估等解决问题的能力。

4.计算机素养,有能力高效地使用最新的信息技术。

5.有效率和时间意识,致力于组织成功。

这些技能,加上通过高等教育获得的知识,将使阿联酋公民更充分地为国家的未来经济做出贡献。

阿联酋社会的所有元素都成为全球经济和全球网络的一部分。高等教育所从事的许多活动以及为学生提供的教育过程也反映了这一新的现实,这是非常重要的。

行动:阿联酋高等教育系统的每一个组成部分都将支持学生扩大国际经验的额外机会和来源。

3.2 提高毕业生在阿联酋经济中的配置

在私营部门工作的阿联酋人非常少。必须做出重大努力,以提高私营部门雇用的阿联酋国民人数。特别值得关注的是,需要增加在科学和工程领域的阿联酋毕业生人数。

行动:建立一个专门小组,确定在私营部门就业的阿联酋毕业生的教育、态度或技能障碍,并提出消除这些障碍的建议,促进工作技能的发展,以便在知识经济中有效发挥作用。

3.3 开展与阿联酋需求相关的研究

保持经济增长是国家和高等教育系统的首要任务。高等教育系统可以开展能源生产、石油工程等领域的研究。

对大学研究的投资为普通经济提供了许多好处。包括:

1.产生新的信息。

2.培训高技能的毕业生。

3.支持新的科学网络和促进相互作用。

4.提高解决问题的能力。

5.生产新的仪器和方法/技术。

6.创建新公司。

7.提供社会知识。

8.批准独特的大学设施进入工业。

显然,这些好处贯穿于整个社会,并为大学提供了一个引人注目的案例,让他们参与公共资助的研究,并寻求与私营企业的研究伙伴关系。

高等教育和研究

作为战略规划的一部分,一项对大学愿景使命宣言的审查表明,学术研究是各大学使命的重要组成部分。虽然研究目标没有完全明确，但关于大学愿景使命宣言的任务陈述直接说明了在阿联酋高等教育中明显存在着研究必要性。

积极的学术和科学研究项目会给一个国家的经济带来巨大的价值。它们产生了新的知识，建立了大学和社会其他部门之间的联系，并为阿联酋提供了职业和专业发展机会。最近，在阿拉伯联合酋长国大学研究事务的报告序言中，谢赫·扎耶德·本·苏丹·阿勒纳哈扬殿下指出："科学和技术能力是知识的主要储备，对社会的进步至关重要。"他进一步指出："一个国家在世界上的地位取决于他们在科学研究中达到新视野的能力。"

因此，有形研究是提高学术质量、增进人类知识、将大学的人才和专业知识与更广泛的社会联系起来的关键因素。全国高等院校开展了各种各样的纯粹和应用研究，有助于国家发展，并为阿联酋的教育提供了国际视野。积极的研究项目有助于推进高等教育使命并有助于建立学术声誉。

这两所大学，需要在目标领域加强研究支持，为硕士和博士学位的研究生课程质量提供基础。随着国家继续发展，这些专业的研究生项目——基于强大的、具有战略目标和资金充足的议程——将需要为阿联酋提供研究生机会。随着越来越多的学生攻读研究生，他们将会为关键领域的研究做出贡献，并将帮助阿联酋成为研究领域的领导者。

阿拉伯联合酋长国可以通过高等教育科学研究部门有针对性的赠款项目促进更多的研究和发展。增强与私营企业的伙伴关系将增强研究能力。

高等技术学院参与了应用与合作研究活动，并在阿联酋的研究进展中发挥了重要作用。任何类型的研究都需要大量的技术支持，而这些技术支持取决于高等技术学院培养的学生的能力。获得经培训的技术支持的质量将是未来在阿联酋开展研究的一个重要因素。

高等教育科学研究部应该建立一种校园协调机制，充分利用教师的专业知识，并最大限度地提高国家优先事项的数量。

行动1：将研究项目与国家需求联系起来，包括维持阿联酋作为能源出口国的产能和经济多样化。

行动2：在阿联酋大学建立一个博士项目，在一个对阿联酋发展至关重要的领域进行高级研究和建立专业知识。

行动3：需要设置一个部级办公室来确定国家研究重点，并在研究项目中筹集和分配资金，并为实现这一目标建立一个模型，其中包括与酋长国级别机构的合作。

行动4：改进有关研究经费总额的信息传播路径。

行动5：建立一个基于战略目标的大学研究生项目，使国家在区域内发挥领导作用。

结论：批判性选择

国家高等教育在过去三十年中取得了长足的进步。当前，在阿联酋大多数高校，更多国民比以往任何时候有更多的机会接受教育。阿联酋学校为未来建立了良好的基础。阿联酋的毕业生正在为提升民族自豪感和国家发展做出贡献。

阿联酋高等教育系统正处于关键时刻。公民对其绩效水平的期望已经提高，并且对一个更为高效，也更为灵敏的全球化经济充满期待。这在预算经费支持不足和招生不断增加的条件下很难达成，以至于对学术质量造成了威胁。

预计在未来十年内，寻求高质量高等教育的阿联酋公民人数将稳步增长，并将在2016年开始急剧上升。当希望将继续教育作为"终身学习"的成年学习者开始返回高等教育时，必会增加国家高校的压力。

下一代年轻的阿联酋人如果要全面参与到社会各界，并为阿联酋经济的发展做出贡献，就需要接受高质量的教育。总体规划概述了要采取的行动和完成这些行动所需的资源。

总体规划是一个积极的成就，确保从2020年开始，国家的高等学校预备教育容纳超过5万名阿联酋公民。规划侧重于实现最重要的三个目标——确保所有合格的阿联酋人获得高质量教育的机会，并使他们能够在所选领域为阿联酋经济和社会做出贡献。

• 国家高等院校新的愿景和使命将有助于增进合作来满足阿联酋大学的高等教育需求。

• 总体规划的活动包括确定哪些新课程是最需要的。

• 总体规划要求提供大量新的年度资金，以保护和增强国家高校的学术质量。

• 规划促进了高等教育科学研究部与高校之间的合作，以及与阿联酋高等教育其他重要利益相关方的合作。

• 规划所考虑的高等教育系统的未来增长和发展，要求包括增加入学学生人数，以及成本上涨和通货膨胀对机构造成的影响的财务支持。

• 实现规划目标将提高男性参与高等教育的机会，为我国高校提供经济联系，为符合国家需要的高等教育长期发展奠定基础。

"教育是照亮我们国家前进道路的灯塔。"

——谢赫·扎耶德·本·苏丹·阿勒纳哈扬殿下

到2020年，整体的高等教育入学率将从目前的水平最低上升至37%，达到5万名学生。认识到目前的资金水平不足以满足系统目前的入学水平是十分重要的。为了满足未来的需求，现在必须做出决定，在维护联邦机构教育质量的层面上投资和资助高等教育，为所有合格的学生提供大学入学机会，以满足发展国民经济的需要，以及为下一代阿联酋人服务。从长远来看,承诺和能源可以为2002年出生的年轻阿联酋人带来积极的教育成果,他们将在2020年申请进入联邦高校。如果国家要对下一代学生做出有效的回应,就必须对高等教育系统的需要产生紧迫感。

目前的学生,以及阿拉伯联合酋长国的下一代学生,值得获得最好的教育。

阿 曼

阿曼苏丹国,简称"阿曼",位于阿拉伯半岛东南部,与阿联酋、沙特、也门等国接壤。濒临阿曼湾和阿拉伯海,国土面积30.95万平方公里,人口455.9万。除东北部山地外,均属热带沙漠气候。首都为马斯喀特。

石油、天然气产业是阿曼的支柱产业,油气收入占国家财政收入的68%,占国内生产总值的41%。工业以石油开采为主,近年来开始重视天然气工业。实行自由和开放的经济政策,利用石油收入大力发展国民经济,努力吸引外资,引进技术,鼓励私人投资。为逐步改变国民经济对石油的依赖,实现财政收入来源多样化和经济可持续发展,政府大力推动产业多元化、就业阿曼化和经济私有化,增加对基础设施建设的投入,扩大私营资本的参与程度。农业不发达,粮食主要靠进口。渔业资源丰富,是阿曼传统产业,除满足国内需求外,还可供出口,是阿曼非石油产品出口收入的主要来源之一。

阿曼是世袭君主制国家,禁止一切政党活动。苏丹享有绝对权威,颁布法律、任命内阁、领导军队、批准和缔结国际条约。1996年11月,卡布斯苏丹颁布《国家基本法》(相当于宪法)。该法对国家体制、政策指导原则、国家元首职权、内阁及其成员的职责、公民权利与义务等方面做出了规定。

注:以上资料数据参考依据为中国外交部官方网站阿曼国家概况(2020年9月更新)。

阿曼高等教育质量管理体系发展规划

第一部分　前言

规划框架

阿曼前苏丹卡布斯·本·赛义德于 2006 年在阿曼议会发表的年度演说中强调了提高高等教育质量的重要性。卡布斯强调："客观的研究证明，高质量的课程将有利于学生在职场中取得成功，并且保证他们的证书在国家和国际两个层面都得到认可。我们鼓励和敦促这些教育机构除了扩大招收高等教育学生的数量之外，应该为学生提供高质量的教育，因为除非维持高标准以提高理论与应用技能，否则扩大学生数量是无意义的。"

在阿曼，此次演说为高等教育确定了清晰明确的发展方向。本次质量规划的目的是通过现有的布局来建立和维持有效的高等教育质量管理体系，从而落实国王对高等教育质量提出的愿景。此次演说为高等教育部、阿曼认证委员会以及整个部门制定了一系列重要的战略目标。事实上，这个质量规划是国家质量管理协作规划的先前实践。

虽然该质量规划提出了一个全面和综合的高等教育质量管理框架，但它没有解决一个较高水平的可持续解决高等教育系统的所有问题（如通过有针对性的学生奖学金政策对公共资金进行战略分配）。题为《阿曼苏丹 2006—2020 年教育战略规划》（以下称《教育战略规划（草案）》）的关键政府文件为阿曼教育部门提供了更广泛的计划。

阿曼的高等教育机构是一个后起却发展迅速的高等教育部门，该部门由多个实体组成，且由多个部门管理，包括教育部、其他政府机构和私营机构，其课程规划由本土开发和国外移植组合而成。国家的许可和认证制度仍处于初始发展阶段。

《教育战略规划（草案）》承认这些问题，并建议阿曼认证委员会全面审查阿曼质量保证体系的要求、其范围和有效性。其中，部分已聘请外部顾问来制定规划，该规划显示了审查和改进质量保证体系的进展情况。

实际上，质量保证体系是整个质量体系诸多要素的组合。它包括高等教育机构分类系统、资格和信用框架、体制标准，以及机构和计划许可和认证程序。其中，一些要素需要更新，缺少的要素需要创建。不建议重新创建一个单一的质量保证体系，因为这样太过复杂和庞大。相反，建议以综合的方式全面发展质量体系，并传播该体系（尽可能多地使用互联网）。

质量规划格式

该质量规划为建立有效的质量管理体系提出了一些原则,并确定了12个目标,每个目标都将通过一些具体目标来实现。目前还没有详细的项目计划、关键绩效指标与预算等方面的内容。一旦该质量规划完成,每个批准目标将逐一开始运行。

换言之,根据目前的状况,一些目标必须逐一着手实施,而不是等待整个质量规划的最终确定。鉴于此,本文提供了进度报告,此报告确保目标进展不会严重影响该质量规划草案。

该规划应与阿曼认证委员会网站下载的以下三个文件一同考虑:

1. 阿曼的许可和认证制度:一项提案。
2. 阿曼基于发展标准的认证。
3. 阿曼认证与认可规划。

咨询过程

批准该质量规划将是阿曼高等教育发展的重要阶段。因此,向各方征求意见以评论草案。咨询过程见表4-1。

表 4-1　　　　　　　　　　　咨询过程总结

咨询活动	时间	状态
高等教育机构一般信息的收集和讨论。初稿的制定	2006年上半年	阿曼认证委员会已正式访问了一位代表,13个高等教育机构已开展许多讨论(如在培训计划期间的讨论)
阿曼认证委员会讨论第3版草案	2006年4月5日	已完成
与教育部高级官员讨论第3版草案	2006年5月6日	已完成
在阿曼质量网络上简要介绍草案的关键要素	2006年5月31日	已完成
将第3版草案中的主要想法与国际社会进行对比	2006年4月至11月	已完成。这些想法得到了国际组织强有力的支持。拟议的质量体系海报获得AUQF2006"最佳海报"奖。培训计划和阿曼质量网络的论文获得"最佳论文"奖
第4版草案公布在阿曼认证委员会网站上,供各部门参考	2006年12月16日	在研
与该部门研讨,详细讨论第4版草案	2007年1月23—24日	申请
起草第5版草案并申请阿曼认证委员会和高等教育部的最终批准	2007年2月	申请

质量规划治理

高等教育部将承担该质量规划中某些目标的领导责任,阿曼认证委员会(在某种程度上,它是一个独立的实体)负责承担其他责任。为确保整体工作进展顺利和相互支持,由高等教育部部长监督该质量规划的实施。

国际评论

很多国际协会、财团和论坛关注高等教育质量管理以及国家、区域或国家外部质量保证体系(包括认证、评估和审计)等,但最重要的是国际高等教育质量保证机构网络,其于 2005 年发布的优秀实践指南应成为修订认证和质量保证流程的基础。

优秀实践指南的指导方针要求阿曼认证委员会对自身活动进行持续监测,并保持质量保证的体系灵活性(针对高等教育性质的变化)。该机构对其活动进行自我审查,例如,基于收集和分析的数据,包括考虑其自身的影响和价值,该机构还定期接受外部审查,并且有证据表明审查结果被采纳。

为此,高等教育部和阿曼认证委员会应在 2010 年对优秀实践指南和该质量规划进行自我复审,国际高等教育质量保证机构于 2011 年对自我复审进行外部独立审查,且该审查应为公开审查。

国际上有几个主要的外部质量保证机构已从事此项审查工作,如澳大利亚大学质量机构于 2005 年进行了自我审查,并于 2006 年接受了一个独立小组的审查。智利国家认可委员会在 2005 年经历了类似的审查过程。这些外部质量保证机构可以提供有价值的咨询和专业知识。

国家质量管理体系概述

国家评估

每个国家对于国家质量管理体系的要求都不相同,很多管理体系的基本元素构成一个有效和全面的系统。这些基本元素由各种实体提供,元素和实体的精确组合取决于该部门的成熟度(年限、规模、复杂性)等变量、统辖高等教育机构的主体、提供者是否是代理人、是否提供本土项目甚至自我认证、在国家框架内是否有单一或多重认证机构及政治意愿等。

鉴于此,表 4-2 列出了目前适用于阿曼的国家高等教育质量管理体系的一些关键要素。其中一部分基于主要的国际标准和声明,第二列简要分析了当前的情况。

表 4-2　　　　　　　　　　阿曼针对理想质量体系的情况分析

理想质量体系要素	阿曼情况总结分析(截至 2006 年 4 月)
高等教育在国家发展中应发挥战略规划的作用	政府正在审议一份题为《阿曼苏丹 2006—2020 年教育战略规划(草案)》
高等教育机构分类体系	机构分类系统。根据项目提供的广度和深度,它定义了机构类型(研究所、学院、大学学院、大学)。然而,用没有标准的教育分类系统来界定广度,使用资格水平作为分类变量是有问题的。 此外,目前的分类系统并没有区分高等教育机构是否可以认证自己的课程(自我认证机构)或不认可
建立高等教育机构的明确流程(提供许可)	机构许可证制度。该系统需要在标准和程序设计方面进行改进
明确区分高等教育机构治理与实施监管框架之间的责任。根据国家战略和标准,高等教育机构可以进行自我管理	有关高等教育机构治理结构的规定。在实践和责任方面,监管部门的监督作用与高等教育机构董事会的治理作用之间存在混淆和重叠
制定高等教育机构发展的适当标准,并确保它们有能力提供高质量的高等教育(高等教育机构标准)	高等教育机构认证标准。该部门发现此标准是有用的,但该系统是不完整的(如没有风险管理)。此外,该套认证保证体系只包含最低标准类型的标准,并且不允许变换目标。该行业的许多人认为目前的标准对于阿曼来说太难实现了
独立于高等教育机构清晰流程的治理和管理,以评估这些标准(高等教育机构认证)的遵守情况	阿曼认证委员会根据质量标准对高等教育机构进行认证。这一过程需要得到强有力的政策、人员配备和培训的支持。此外,在责任方面,现代监督组织的监督职责与阿曼认证委员会的外部质量保证职责之间存在混淆和重叠
制定适当的标准,确保高等教育课程质量合格,符合国家发展需要(学术标准)	没有国家规划标准。依赖于国际高等教育提供的标准,阿曼维持这些标准的质量保证措施因高等教育机构而异
独立于机构的治理和管理流程,以评估这些标准的遵守情况(计划认证)	阿曼认证委员会有认证程序的过程,但这一过程需要学术标准、政策、专业人员和经过培训的外部评审员的支持
有高级专业、可信度强和受过培训的外部评审员(特别是国内和国际学者,同时也是行业和社区的领导者)参与认证流程。制定国际高等教育质量保证机构指南	没有经过培训的外部评审人员的国家数据库和外部评审员的培训计划。迄今为止,评审员已被委托进行临时审检工作
确保认可计划的手段在其他司法管辖区能得到承认	没有与其他政府谈判互认协议的程序
可信和权威的申诉流程(用于许可、认证和审核)。国际高等教育质量保证机构指南	没有正式的程序来申请许可或认证决定
终止不合适的项目的手段(风险管理)	没有系统的方法来保护学生和家长免受劣质课程的影响
鼓励发展质量保证和质量提升的手段(确保高等教育机构内系统的有效性)	没有结构化的质量保证体系(质量审核)或质量改进体系(如培训计划或信息共享网络),总体而言,该部门的质量管理能力较低,但该部门工作热情高涨
该部门得到有效和可靠的高等教育机构的课程和学生质量信息的支持	国家级质量数据很少。高等教育部正在建立一个 KPI 项目来解决这个问题
明确研究纳入课程开发的指导方针,尤其是研究生阶段	研究培训并未纳入高等教育机构标准。缺乏可竞争的公共资金严重阻碍了阿曼的研究进程。正在建立新的研究委员会解决这个问题

战略假设

根据迄今为止进行的分析和磋商的结果,制定了以下战略假设,为实现此项质量规划的目标提供了基础。

1. 阿曼希望能够提供自己的文凭和学位课程,而不是依赖国际提供者。
2. 阿曼也希望继续提供国际文凭和学位。
3. 这些计划是否拥有国内或国际属性,必须通过接受信贷转移来证明其符合国际标准。
4. 对仅提供外来项目的高等教育机构的质量保证要求与对自己提供项目的高等教育机构的要求不同。

指导原则和目标

指导原则

下面的整套原则支持本质量规划的制定及其实施,且所有的目标必须符合这些原则。

1. 全面和综合原则。质量管理体系应该尽可能地简单,一个有效的系统需要许多重要的要素(标准、资格框架等),需要以综合的方式呈现。
2. 国际认可原则。无论阿曼做什么都必须经得起国际审查,以促进信用转移并保持良好的声誉。特别要遵循国际高等教育质量保证机构的良好操作规范。
3. 合作原则。阿曼认证委员会、高等教育部和该部门本身必须合作完成本质量规划。
4. 提高和保证原则。为使阿曼高等教育部门达到国际标准,有必要将重点放在质量提高和质量保证上。
5. 可持续性原则。质量管理体系的可持续实施必须在阿曼境内完成,并可独立于其他国家进行管理。随着时间的推移,提高阿曼部门的能力,实现质量意识、标准、流程和技能方面的能力。
6. 同行评审原则。学术和专业同行参与高等教育质量保证(例如,根据这些标准制定标准或对提供者或项目进行专业判断时)是非常重要的。领先的学术机构是有效评估学术质量的、最有效的权威机构。审查小组代表所有感兴趣的利益相关者,而不仅仅是学生。如果他们对高等教育的质量有信心,那么其他利益相关者也应有类似的信心。因此,为了提高审查小组的质量,高等教育实际上是在试图说服所有的利益相关者。
7. 决策原则。决策过程必须公平、专业,基于证据进行决策。做出决定的方法不仅需要被阿曼内部接受,而且还要被国际高等教育界接受。
8. 角色模范原则。高等教育部和阿曼认证委员会将体现它们的专业精神。

9. 速度和时间原则。系统应尽快开发,但速度不宜太快。走向世界一流质量管理体系的历程将需要十年左右的时间,但如果在系统和部门发展方面进行投资(而不是实施不理想的体系),在未来 1 至 2 年内可以取得重大进展。

10. 效率原则。系统应该尽可能少花钱,高等教育机构和政府的成本(时间和金钱)是有效保证阿曼高等教育质量的必要条件。相反,必须注意不要投资不足,防止影响成功的可能性。

目标

以下目标是专为阿曼高等教育部门在该时间段的发展而设计的最低要求。

1. 教育框架。教育系统基础设施包括综合研究领域、资格和信贷以及支持政策的综合框架,以确保阿曼的教育系统能够与国家的教育系统相互匹配、衔接。

2. 高等教育机构标准。综合性高等教育将为阿曼高等教育部门设立一套全面的高等教育机构标准,指导其许可和认证,并帮助其保持与国际标准的等同性。

3. 学生学习标准。为阿曼高等教育部门制定一套全面的学生学习标准,这将有助于塑造阿曼社会的未来、指导方案许可和认证,并帮助其保持与国际标准的等同性。

4. 高等教育机构质量审核。建立一个有效的国家独立高等教育机构质量保证体系,以鼓励维护和推进这些体系。

5. 高等教育机构许可和认证。将建立一个国家高等教育机构许可和认证系统,增强公众对阿曼高等教育机构的信任度。

6. 高等教育规划许可和认证。将建立一个国家高等教育规划许可和认证体系,增强公众对阿曼提供的高等教育课程的信任,并促进学生的流动。

7. 上诉。由于高等教育质量管理体系符合国际标准的申诉流程,所以该体系将是公平可信的。

8. 基础教育质量保证。将建立全国预科课程评估制度,以确保这些课程能够充分地为学生高等教育学习做好准备。

9. 质量保障培训研究。质量管理体系将确保高等教育在发展国家科研能力等方面发挥主导作用。

10. 教学质量保证。为了向学生提供最好的教育,阿曼的高等教育质量将提高到与基准国家相当的水平。

11. 国家质量管理信息。将收集与分析国家数据集和其他信息,并在适当的情况下公开监测质量计划的进展情况,为学生的选择提供便利。

12. 能力。政府将协助高等教育部门发展质量管理体系的能力,以及进一步发展的意愿。

每个目标都将通过具体的目标和战略来实现,以下章节将详述此部分内容。

第二部分　阿曼高等教育的基本框架

第一章　教育框架

第一条　目标

教育系统的基础设施包括研究领域、资格和信贷以及支持政策的综合框架,这将确保阿曼的教育系统能够与国家的教育系统相互衔接。

第二条　背景

事实上,该目标提供了必要的政策基础设施,将阿曼高等教育从依赖其他国家的系统转变为能够按照国际标准提供自己的学位课程的成熟系统。

高等教育体系的基础设施包括以下几点(不限于):

(1)高等教育机构分类系统("研究基地");

(2)学习领域的分类系统(研究的"科目");

(3)信贷框架(研究的"数量");

(4)资格框架("研究的层次")。

这些对于高等教育的规划、资助、标准制定、认证和分析都是至关重要的。

阿曼需要国家和国际上各种形式的高等教育信誉和资格转让的行动框架。事实上,国际上面临的主要挑战之一也是制定框架。在欧洲,从《里斯本条约》开始,负责高等教育的部门在这个问题上取得了实质性进展,包括《索邦宣言》(1998年)、《博洛尼亚宣言》(1999年)、《布拉格公报》(2001年)和《柏林公报》(2003年),虽然它们的重点是在知识经济基础上建立更加强大的欧洲,并且需要一些时间才能实现,但这些文件的主题适用于全球。

阿曼需要认识到这些主题和发展前景,必须做好准备,需要清醒地意识到信贷转移和资格认定将在美国和欧洲统一体系等主要参与方制定的框架内进行。

关键的第一步是确定、制定和实施国际信贷和资格框架。阿曼已经在这方面取得了重大进展,已采用了建立在四年制学士学位基础上的信贷和资格框架。但是,这一框架的实施受到政策的制约。目前还没有阿曼资格框架绘制具体的计划,并将这些信息公开以便于确认。

国际认可程序的实施也存在问题。考虑到国际信贷和资格的等同性,其往往只关注定量指标,如研究小时数或完成项目所需的学习年数,但这种粗略的方法忽略了研究质量发生巨大变化的可能性。正是由于这个原因,国际上的平等取决于其可信性,因为国际上可信的计划认证系统已实施。

第三条　方针和战略

(一)修订高等教育机构的分类制度

第一个分类制度的维度是不同类型高等教育机构的术语。质量保证体系提供三

种:学院、大学学院和大学。这个系统可以在很多方面得到改进:

(1)目前资格水平和研究领域的数量存在差异。在这些问题上,质量保证体系本身包含不一致的问题。

(2)实际上,该部门使用的术语不完全符合质量保证体系的要求。

(3)此术语不完整,因为它不包括阿曼所有提供高等教育课程的机构,如高等技术学院。

除了纠正这些问题之外,修订后的分类体系还可以包含新的因素。包括以下内容:

(1)区分纯教学和教学与研究机构,前者是学院,后者是大学。在这个体系下,学院可以提供任何学位(学士、硕士),大学可以提供教学和研究型学位(包括研究和博士学位)。

(2)审查不同的所有制分类过程中,仅仅区分"公共"和"私人"是不够的,因为至少公共高等教育机构是由不同部委"拥有"的,因此产生了所有权、特权如何行使的可变性。

(3)区分高等教育代理与开发机构和自己授予学位的高等教育机构之间的区别。大多数情况下,私立学院是由其他国家机构开发的奖励计划的代理人。有些人希望保持这种运作模式,而另一些人则渴望开发和提供他们自己的奖励计划。后者需要一个相当先进的机构类型,其中工作人员在课程设计(包括内容、教学和评估)方面具有胜任能力和经验,并且该机构具有健全的课程和计划批准以及审查流程。

(二)采用标准的教育分类框架

标准的教育分类框架被用于构建相关学科的教育课程的许多主题,其具有教学基础和实用性(如设置有助于学分确认和转让的课程)。

阿曼需要开发一个与相关国际标准大致相当的标准的教育分类框架。国际教育标准分类,是由联合国教科文组织为促进国家内部和国家之间的教育统计和指标的比较而制定的。例如澳大利亚教育标准分类框架。

进展报告:由阿曼认证委员会所建立的一个标准的教育分类工作组,由塞得·艾尔·拉比博士主持。其成员包括来自公有和私有高等教育机构、认证委员会、高等教育部和人力资源部的代表。

(三)修订、维持和传播一个共同学分框架,以便促进学分转让、认可和认证进程

质量保证体系提供了一个学分框架。虽然这需要进一步的完善,但基本上是健全的。然而,它对于阿曼系统实施的程度需要极具耐心,必须随着学生学习标准的发展而发展。值得一提的是,高等教育机构在寻求开发自己的课程和方案时,可能需要通过理解和应用该框架。这可能会涉及一些针对性的讲习班和培训单位。

(四)修订、维持和传播阿曼的共同资格框架

质量保证体系包括有六个水平资质在内的阿曼资格框架。按照国际标准,它是一个相对简单的框架,在广度和深度上存在如下问题:

1.不适应高等教育和其他高等教育形式的培训及教育之间的学分流动;

2.不包括研究生证书；

3.并没有特别提到学士或硕士学位的性质和水平；

4.它附有(有争议的)副学士学位,但并没有说明这个学位的特质。

因此须进一步完善,为细化资格框架及每一资格的教学提供更详细的说明。

高等教育部和阿曼认证委员会不妨考虑立法,保护在该框架内依法使用的高等教育资格证书(澳大利亚和新西兰就是这样做的)。具体而言,合法地使用将按照本计划中规定的进行。非法使用资格证书对学生和雇主具有误导性和危害性,因此应采取适当的惩罚措施。

进展报告:一个教育标准分类工作组的小组委员会,正在开发一套改进的阿曼资格框架,这些可供公众查阅。

(五)将学分和资格等效性与其他国际框架相比对,并将这些信息公开

国际参考的学分和资格框架有助于基准、相互承认及转让学分和资格。负责根据国际认证豁免阿曼认证方案的实体应作为其审议工作的一部分,对照阿曼的学分和资格框架规划该方案。如果准予豁免,则应在网上数据库中公布这一信息,以便使学生和雇主能够完全清楚所产生的资格如何与阿曼框架相吻合。

(六)发展政府间谈判和同意互认高等教育学分和资格的进程

对于认证相关性的最终检验及其最明显的好处是其他国家是否会接受同一级别学习的学分转让。通过与其他外部质量机构酌情达成的相互认可项目,方案认证的有效性和相关性得到加强。目前,还没有制定互认协定的正规流程。阿曼高等教育机构目前必须与其他国家的高等教育机构进行临时谈判。这是政府履行这一重要职能的机会,从而最大限度地发挥阿曼毕业生在其他国家获得学位的潜力,并最大限度地减轻个人在高等教育机构上的负担。

此外,这也是早先关于欧洲成果的评论,考虑鼓励海湾国家采用共同的学分和资格框架也许是恰当的。这可能是对共同认证制度更复杂发展的逻辑先导,这些制度已经被讨论过,但尚未取得任何进展。

(七)建立一个阿曼质量保证术语汇编(广义上的)

世界各地明显都存在的问题是,与质量保证相关的术语越来越缺乏一致的术语表。这导致一系列的困难,最主要的是沟通不畅。因此,实际上,引入标准和引入国家质量管理体系的先驱是建立术语表(诸如此类,这一特定目标可能会嵌套在任何目标中)。建立一个国家术语表,与高等教育质量保证有关的术语能够在适当的情况下在国家范围内及国际上得到普遍共享和理解。

没有必要从头开始设计术语表。质量保证体系提供了一些概说,并且可涉及一些包含国际高等教育质量保证机构网络、澳大利亚大学质量机构和《里斯本条约》在内的国际术语。

术语表由阿曼认证委员会负责,并在阿曼认证委员会网站公开。

一旦术语表在线发布,就可以举办一次质量管理语言研讨会,重点要确保英语和阿拉伯语之间的语义能够得到恰当准确的翻译。

(八)制定并执行与课程相关的知识产权所有权的政策

课程的归属问题是模糊的。课程大纲、教材、补充读物等内容的提供并不一定意味着它们的著作权被没收。不同的国家、国家内部不同的高等教育机构对这一问题的看法不同。

阿曼在很大程度上依赖从国外受到认可的高等教育机构中引进课程。如果涉及适用版权和其他形式的知识产权所有权,例如,许可协议,有必要确定阿曼的高等教育机构和监管系统必须获得所有适当的许可。当阿曼高等教育机构试图采用其附属组织的课程并利用它建立自己的阿曼认证奖励计划时,这个问题就变得特别重要,因为该计划在阿曼认证后,最初附属协议中的所有安排或许会无法继续存在。

阿曼高等教育部有责任保护阿曼免受外方因阿曼不当使用外国拥有的知识产权时而对阿曼高等教育采取的法律行动或声誉攻击。因此,可以在国内和国际法律咨询的基础上制定一项政策,以对高等教育下知识产权的所有权进行认证和管理。

(九)制定和执行与资格倍增有关的政策

资格证书是在成功完成经认可的学习计划后颁发的高等教育证明。近几十年来,高等教育资格的种类有所增加,现在有许多类型的证书(包括毕业证书、研究生证书和资格证书)、学历证书(包括大专文凭、大学文凭、研究生在读文凭和研究生文凭)和博士学位(博士,"教授";或专业博士学位,荣誉博士学位和像文学博士的高级博士学位等)。虽然这些都发挥了有益的作用,但仍然不能确定雇主是否可以理解它们之间的细微差别(特别是研究生在读和研究生文凭或大学和第二学位之间的区别)。

更为复杂的是,许多条件现在都是"嵌套的"。例如,过去四年的学习才会获得一个单一的文凭学位,但现在可能产生四个文凭(一年后获得证明,两年后获得文凭,三年后获得高级文凭,四年后获得学士学位)。在学生有能力提升这些资格的同时,仍参加同一个总体学习规划体系,时常被称为"资格倍增"。这可能会导致同样数量的学生学习,获资格人数比实际人数高出四倍。这种情况是希望促进学生的流动性,学生可以随时退出资格,或转移到其他提供者实体,并提供已从特定提供者完成的学分。

将两个完全不同的学位颁发给学生以完成一个单一的学习计划,这使得资格倍增更加复杂。如果研究方案在两个不同的管辖区,特别是在两个不同的国家得到认证,这种情况可能就会出现。一个可能后果是,未来的雇主会误导学生学习的准确程度。

一些国家对这一问题做出了回应,制定了关于提高资格条件的政策。这些政策包括"多学科"学位和获得最终单一学业学位等概念。

阿曼还应制定政策解决资格倍增问题,以维护雇主和国际信誉的需要。要想取得成效,就需要采取国家综合办法。有一个针对阿曼的国际研究项目,可能会引起国家对这一问题的政策的制定。还可以通过国际学术期刊和(或)在国际会议上发表演讲,这将促进阿曼高等教育系统的声誉不断提高。

（十）制定和执行有关政策，承认先前学习和肯定先前经验以促进标准一致

在承认先前学习和承认先前经验方面还有进一步的政策工作要做。这是一个复杂的领域，在这个领域中，质量控制通常不那么稳健。因此，标准可能降低。

第二章 高等教育机构标准

第一条 目标

将为阿曼高等教育部门制定一套全面的高等教育机构标准，指导提供者的许可和认证，并促进保持与国际标准的等效性。

第二条 背景

这一目标的目的是向高等教育机构提供他们所期望的明确指导，并向提供者许可和认证小组提供明确指导。最终，这一目标将使该部门得到更全面的保护，免受不充分、不适当和不完整标准的影响。

质量保证体系文件概述了一系列提供者标准，这些标准为发展成熟的认证制度提供了良好的开端。然而，它们是不完整的，并假定认证只涉及最低限度的成绩，而不是鼓励提高质量。这些标准需要修改。

第三条 方针和战略

制定一套修订的高等教育提供者许可和认证标准

该行业的许多专家对标准过于苛刻表示担忧。降低标准以使其更易实现是不恰当的。但是，有一些战略可以用来帮助该部门实现一套适当的体制标准。

1. 修订阿曼特有的标准（如所需人员编制），以确保这些标准切合实际；

2. 修订来源于国际的标准和许多不适用于阿曼情况的标准（例如，关于治理安排）；

3. 支持那些带有质量增强战略的更严格的标准；

4. 识别不同类型的高等教育机构需要不同的标准。提供者标准将代理其他高等教育机构方案的高等教育机构和开发并提供自己方案的高等教育机构区分开来。就后者而言，标准需要包括高级提供者对课程开发、内部批准、审核（高级研究）和审查的要求。不应期望高等教育机构代理人遵守与其活动无关的标准。提供者标准还可以区分其他提供者的分类。例如，如果保留目前的分类制度，那么每个标准将有三个具体级别的结果层次：机构、学院和大学。这将为该部门提供更加清晰透明的信息，并减少对提供者认证小组主观性的依赖。

5. 使标准类型多样化。有不同类型的标准（例如，最小值；延伸目标、规范标准）塑造不同的行为类型。例如，有些要求遵守最低要求，这是一种风险管理理念；有些人会鼓励（但不是坚持）创新，这是一种提高质量的理念；有些人会奖励达到最佳实践的人，这是一种卓越的哲学。每种类型的标准都是有用的，但不是在每种情况下都有用。因此，标准制定者应该非常细心谨慎对待他们为特定预期结果所使用的标准类型。

此外,目前在现行标准中也存在被忽略的问题,但国际经验表明,这些问题至关重要(例如,4年及4年以上期末考试的外部审核;或正式的风险管理过程)。

第三章 学生学习标准

第一条 目标

为阿曼高等教育部门建立一套全面的学生学习标准,该标准有助于塑造阿曼社会的未来、课程指南的许可及认证,并帮助维持与国际标准的等同性。

第二条 背景

学生学习标准是一个国家想要的设计类型的国家蓝图。课程认证是保证成就的手段。因此,这些学术水平至关重要。在成熟和复杂的高等教育部门,制定课程标准的责任将由利益相关者团体(政府、专业团体独立质量机构、大学本身、公众媒体等)负责。随着高等教育部门的快速增长,像阿曼这样的发展中国家,标准可以最有效地坚持政府的权力。

至此,国际附属机构仍依赖这些标准提供和维护统一范式。附属机构授予学位或许是可取的,但现实中未必总是有效的质量保证体系。

目前,阿曼没有自己的课程标准。该部门相对缺乏经验是对本土项目认证的根本障碍。现有的课程认证体系预计,一两名国际学者会在判断程序是否恰当时运用同行判断法。该体系并不可信,因为它很容易受到同行评议差异的影响(国际高等教育质量保证机构网络优秀实践指南要求鉴定机构应当"一致决定,即使是由不同的小组或委员会判断的")。好的程序会支持同行评审,并为相关领域制定明确的界定标准。阿曼标准可以有三种形式:所有学生在学习过程中所掌握的一套特有或具体标准;指导总体课程发展特有的学科标准;研究方法课程。传统上,优质的高等教育与研究密不可分。为了便于审议,关于研究方法的建议已经在目标9中分别呈现。其他两项建议将在以下目标中讨论。

第三条 方针和战略

(一)开发、维护和传播一系列的国家毕业生属性

目前,在国际上,人们非常重视学生的学习成果。这是许多国际会议的主题。近年来出现的一个主要策略是开发通用的毕业生属性集(也称为通用技能、核心毕业生成果等)。在一个高等教育机构或国家中(取决于谁设置了渐变属性),所有学士学位的毕业生都期望达到这些属性,以达到适当的标准。常见的设置包括以下属性:

(1)独立学习技能和终身学习技能。

(2)良好的口头和书面沟通技巧。

(3)论证分析。

(4)有能力在团队中进行建设性的工作。

阿曼前苏丹卡布斯·本·赛义德成功地将现代阿曼发展建立在包容国际思想和实

践的双重战略的基础之上,同时保留了阿曼的重要内容。如果人们的公认标准是社会的蓝图,则需要具体的教学方法使这种联合战略发挥作用。

建议设立一个小型工作组,由一名德高望重的阿曼学者担任组长,和至少两名来自阿曼高等教育机构的其他学者和至少两名国际专家组成。毕业生属性工作组的任务将是根据国际标准,并与阿曼的高等教育机构、工业界和社区领导人协商,制定和推荐一套毕业生属性。

一旦毕业生属性获得批准,小型团队(可能包括来自高等教育部的部长和专业工作人员)将需要访问高等教育机构,并提供关于如何将毕业生属性纳入现有的和新的课程中(包括教学方法和评估)的培训。

(二)制定和实施国家对学生毕业后取得高等教育课程的学生成绩的评估,并以此作为确定高等教育增加值的一种方法

判断学生学习成果最困难的方面之一是评估。在小学和中学的教育程度中,详细的评估标准通常由国家或州政府确定,并通过公开考试来进行。在许多情况下,这些评估的结果用于影响或决定能否进入高等教育。

高等教育方面,在课程层面上,对于学分的详细评估是机构授予学位的责任,更广泛的评估标准将被纳入课程认证中。但是,国家层面通过公共考试实施的具体评估标准仍然存在。

尽管对于这种体系的期望强烈,但是世界上几乎没有这样一个体系的国家。阿曼由于规模小,不存在竞争或冲突的评估系统来消除或解决这个问题,因此对于这样一个体系进行调试是很理想的,而且比较容易集中控制。

如果可以开发一个对学生属性进行系统有效的国家评估,那么可以考虑将其作为入学考试。这是一个需要广泛考虑的复杂问题。

在协商的早期阶段,这一问题被认为是次要优先事项。

(三)制定、维护和传播学习标准的狭义领域

建议为每个狭义研究领域建立学生学习标准工作组。他们的任务是为上述狭义研究领域制定学生学习标准。工作组将向课程标准委员会(隶属于高等教育部/认证委员会)报告,并且由认证委员会专业人员支持。

学生的学习标准在课程计划之上处于概念层面,旨在指导课程开发、课程许可和课程认证的过程。它主要有两个维度:预期的学生学习成果,以及提供与实现这些成果直接相关的资源(除了供应者标准中已经充分涵盖的一般性问题以外)。

优先考虑有狭窄的研究领域是有必要的。鉴于目前可用的资源,预计每年可能组建七或八个工作组,每个小组要在六个月内达到主要目标。初步分析表明,目前通过私人高等教育机构提供的所有高等教育计划中,高达70%的机构(对公共高等教育机构的类似分析尚未实施)可以通过少数几个狭义的领域(商业、计算机科学、信息技术、电气工程、会计和英语领域)提供,这意味着可以在一年内取得重大进展。

如果可能,工作组(例如工程技术评审委员会)应为阿曼提供并定制当前适当的国

际标准。每个工作组将由阿曼的高级学者主持,包括至少两名来自该领域的国际教授,至少还有另外一名阿曼的高级学者(最好不是来自同一个领域的高等教育机构的主席)。

一个关键的挑战是要确保设计一套学生学习标准,并能够应用于多学科学位课程中。高等教育的一个国际趋势是走向多学科课程,在这种课程中,授予学位的研究方案可能包括多个狭窄的研究领域。在制定这些标准之前,继续使用目前有缺陷的课程认证制度是不可取的。

进展报告:目前正在制定学生学习标准的模板。尽管目标8中也讨论了四个学生学习标准的任务与制定学位课程学生学习标准之间存在的差异,但相关机构已经开始着手做基础课程的标准工作了。

第四章 高等教育机构质量审核

第一条 目标

国家对高等教育机构质量保证体系的有效性进行独立审核的体系将会建立,用来鼓励、维护和推进这一体系的发展。

第二条 背景

认证只是提供外部质量保证的手段之一,其他手段还包括评估和审核。评估结果分为A、B、C、D(或1、2、3、4;或优秀、良好、及格、不及格)。

澳大利亚(通过澳大利亚大学质量机构)、英国(通过高等教育质量保障局)等国家,控制着对高等教育机构进行外部质量审核的体系。质量审核的目的是验证高等教育机构为实现其目标而形成的流程的有效性。

这是一种"适用于目的"的方法(假设有适当的机制确保目标和目标本身,这对阿曼来说仍然是一个挑战)。

目前,阿曼打算采用某种形式的"后续"认证程序(尽管尚未制定)。在这方面,质量审核模式对阿曼来说最为有用。

关于认证过程,质量审核与认证非常相似。两者都涉及供应者的自我审查过程,然后由外部小组进行独立评审。然而,分析和产出的目的、哲学及方法截然不同。质量审核是一个良好的实践,并对有改进机会的问题提出建设性的报告。在大多数国家,这些报告是公开的,激励高等教育机构做得更好,并奖励那些机构。尽管这在阿曼并不是首选,但是在该部门进行质量审计报告之前,其第一个周期是保密的。

第三条 方针和战略

(一)通过有效的国家级的提供者质量审计制度支持认证流程

建议所有高等教育机构经常进行外部质量审核。质量审核的双重目的是:

(1)为高等教育机构提供机会以获得外部专家的独立反馈,提高质量;

(2)向公众提供高等教育机构参与严格和持续的质量保证过程的报告。

质量审核将由阿曼认证委员会进行。这就需要开发综合手册、培训模块、工作流程模板、外部审查小组、专业的支持人员以及专有的技术等方面的支持。

质量审核不仅是解决提供者认证报告中提出的问题,而且为下一个提供者的认证做准备,但大多数高等教育机构目前不太可能通过提供者认证,因此建议今后三年的重点是实施质量审核。该部门可在提供者认证程序方面取得进展。

进展报告:阿曼认证委员会的董事会在原则上已经同意提供者质量审核。将在未来进行两个试点项目,并完善正在开发的过程和手册。

(二)在政府一级与目标国家的提供者质量审核机构相互承认

阿曼的高等教育机构可能不仅受到国内提供者的质量审核,而且受到质量审计管辖机构对附属机构的审核。例如,高等教育质量保障局或澳大利亚大学质量机构可以访问(并且在高等教育质量保障局的情况下,已经访问过)在阿曼的高等教育机构,作为审核自己机构过程中的一部分。虽然这些审核的重点在于外部机构而不是阿曼的合作伙伴,但这仍然对阿曼负责的高等教育机构造成重大负担。

阿曼一旦拥有自己的、可信的高等教育机构质量审核流程,就可以与高等教育质量保障局和澳大利亚大学质量机构等机构进行协商。这将提高阿曼的系统信誉,减轻阿曼高等教育机构的负担。

优先事项将是同美国、澳大利亚、新西兰和英国等国家达成相互承认的协定,因为有了这些协定,其他大多数国家将自动承认相关报告。短期战略可能是为了与海湾国家达成若干协议,以获得相应的利益。

第五章 高等教育机构许可和认证

第一条 目标

建立国家级的提供者许可和认证系统将促进公众了解阿曼高等教育机构标准的信息。

第二条 背景

这一目的得到广泛的理解,已成为质量保证体系的开端。的确,提供者认证(在质量保证体系中被称为机构认证)是目前体系的最完善的方面之一。尽管如此,以下各项目标仍在很大程度上促进了目前的工作。从质量保证体系来看最显著的变化是:

(1)统一许可执照和认证。

(2)执行一套更全面和更新的标准。

(3)明确区分仅仅作为代理的高等教育机构和作为代理或自己提供程序的高等教育机构。

(4)妥善应用先进的信息技术进行审查小组进程。

(5)提供上诉。

第三条 方针和战略

(一)修订提供者认证的目的和原则(包括其所有阶段)

目前部门尚未明确阿曼提供者认证服务的作用。高等教育机构的主要目的是希望获得认证,以使其在招收学生和聘用员工时更具吸引力,尽管它们可以(在某些情况下)从国际认证中获得吸引力。学生的主要目的是参加一个有认证价值的培训,以增强他们以后的就业能力。同样,在某些情况下也可以从国际认证中获得。政府的主要目的是确保高等教育机构有价值。但是什么是提供者认证,并且怎样才能使阿曼提供者认证具有足够的相关性以鼓励高等教育机构遵守相关的内容,仍是未明确的问题。

提供者认证是独立的验证,即高等教育机构根据该部门的要求和战略方向具有向学生提供高等教育计划的一般能力。这种形式核查的基础是根据国家标准对该机构进行评估。

诸如此类,提供者认证是方案认证的必要前提。

该目标的一部分涉及解决提供者认证是否应强制的问题。目前,质量保证体系假定提供者认证是强制性的。然而,阿曼认证委员会目前缺乏实施这一假设的条件。本质量规划的前提是,提供者认证制度一旦全面实施,就应当是强制性的。公众对高等教育部门的信心至关重要。政府有责任通过高等教育部和质量保证体系,确保学生、家庭、雇主和其他利益相关者的利益,防止未达到标准的教育。国家不仅受到这种教育的不良影响,实际上这种教育本身也是有害的。学生花费时间和金钱在无法对他们进行适当教育的提供者上;雇主将招聘尚未具备履行工作职责能力的新员工;阿曼的国际信誉将会下降。

市场主导的观点是,让一千朵鲜花盛开,蜜蜂从它们选择的花朵中采蜜。换言之,任何教育都比没有教育好。这一论点在大多数发达国家的高等教育体系中遭到拒绝。低质量的教育可能适得其反,会破坏一个国家的声誉,从而影响其学生的国际就业能力与流动性。理想的情况是,阿曼每一个高等教育提供者都应该是经过认证的机构。在实践方面,这将需要一段时间才能执行。

然而,未来五年可能需要一个豁免期限。首先,大多数机构根本没有准备好,也不会在一夜之间做好准备。第二,国家系统还没有具备处理许多认证申请的能力,也不会在一夜之间做好准备。应设定一个日期,强制执行提供者认证。从该日起,不允许任何未经认证的机构提供高等教育课程。

(二)修订和实施有效的提供者许可执照(临时认证)程序

质量保证体系概述了正式认证之前批准的三个阶段:提案;有条件的批准和许可;许可执照的临时认证与更新。为了达成质量规划的目的,它们将被统称为提供者许可执照。

除了参与建立注册的法人实体的合法性外,在正式认证之前,阶段的基本目的与正式认证的基本目的相同:即确保该机构有能力和实力提供可接受质量的高等教育。基本区别在于,提供者许可必须依赖于规划,而正式提供者认证会依赖于实际经验。它也涉及与登记合法实体有关的进程,还涉及与注册法律实体有关的程序。

因此,临时许可和提供者认证的标准基本相同。建议根据新的提供者标准修订提供者的许可程序。提供者认证有效、高效和一致的实现,需要制定一份综合手册,需要有培训模块、工作流程模板,需要外部审查小组、专业的支持人员和专有的技术支持,包括一个安全交互式的许可小组的门户网站。

提供者许可认证很可能成为高等教育部的责任而不是由认证委员会负责。正因为如此,它本质上不同于所有其他形式的认证(因为在提供者许可认证之前没有任何形式的教学)。

(三)修订和实施有效的提供者认可程序

质量保证体系建立了一个周期,提供者必须每五年认证一次。提议将这一周期改为六年,在这期间进行提供者质量审核,为即将进行的认证工作做好准备,并在先前认证的基础上采取后续行动。

通过高等教育机构的正式认证的流程之后成为"国家认证提供者",高等教育机构代理人将成为"国家认证代理人"。这种情况有效期为六年。

未通过此流程的高等教育机构正式认证的则成为"经认证的提供者、代理"。高等教育机构会进入提供者试用程序。

提供者认证过程可以接受正式上诉。

与方案认证不同,现阶段没有根据单独来源的国际认证为高等教育机构提供者认证豁免的规划。这是因为提供者认证所处理的问题与阿曼的文化和资源密切相关。然而,国际质量评价团体正在讨论如何实现对所有形式相互承认,这需要密切监测。

(四)强调质量改进而不是质量控制,通过为高等教育机构提供一个试用期以便应对失败的提供者的认证申请

尤其是在实施这项计划的前五至十年,预计并不是所有的提供者认证申请都会通过。一种方法是关闭这些高等教育机构。然而,更具建设性的一种方法是可以将高等教育机构的试用期调整为一年或两年(由阿曼认证委员会酌情决定),给它们时间弥补审查小组发现的所有问题。

当高等教育机构处于试用阶段时,无论它们是寻求国家提供者认证的临时认证提供者还是寻求重新认证的国家认证提供者,其合法地位都是经过认证的。由于影响不同,有必要使用第三种方式(而不是保留其先前的身份或默认为临时认可)。最值得注意的是,在此期间,高等教育机构将不允许招收新学生。这不仅是它们第一次尝试努力达到标准而产生强大动力,而且还可以作为一种保护方式,保护学生不会加入即将关闭的高等教育机构。

在试用期结束时,已经准备了一个新的提供者组合(提供者认证申请的主要内容),并再次召集审查小组重新评估高等教育机构。重新评估将特别侧重于先前认证小组报

告中提出的建议,但会审议提供者提出的全部问题。

如果高等教育机构通过了试用评估,则相当于接受了国家提供者认证。如果经认证的高等教育机构没能通过试用评估,则它们的身份被改为认证终止,将不再提供任何高等教育课程。此类高等教育机构两次都未能达到标准(一次通过提供者认证申请,另一次是通过试用评估)。高等教育部和认证委员会有责任保护学生和雇主免受质量差的提供者的损害。就读于评审终止的高等教育机构的学生必须转到另一个高等教育机构完成学业,或以第二学位资格(如文凭或第二学位)毕业(这一决定需要得到认证委员会的批准)。

提供者试用程序可能会受到正式上诉。

(五)对提供者的认证身份进行适当认证

所有文凭和学位证书、机构广告和高等教育机构网站必须具备高等教育机构提供者和机构的认证身份。如果认证不准确,可能会受到处罚。这些都有待商榷,但应包括对认证分类的降级。这确保了学生和公众能准确了解阿曼国家高等教育机构的质量和状况。

(六)确保所有高等教育机构能够得到适当的头衔

提供者认证的结果可能是执行符合提供者名称的规定。这可能需要修改皇家命名的高等教育机构。再次,这个目标的目的是确保学生和公众准确地了解阿曼高等教育机构的状况。高等教育机构的头衔不准确,例如在宣传资料或网站上,可能会受到处罚,其中包含可能会降低其认证分类。

(七)开发和维护经认可机构认证在线国家登记册

应随时将认可决定提供给公众。阿曼认证委员会有责任维护在线数据库,该数据库中所有的高等教育计划都具有官方头衔和资格认证。

第六章 高等教育规划的许可与认证

第一条 目标

阿曼将建立一个全国高等教育项目授权和认证制度。此制度可以树立公众对阿曼高等教育项目地位的信心,并促进学生流动。

第二条 背景

建立全国高等教育项目授权和认证制度的目的显而易见,且该目标从一开始就是阿曼质量保证体系的一部分。阿曼质量保证体系要求的变化大大促进了目前方案的认证安排,其最显著的变化表现在以下四点:

第一,仔细比对许可和认证。

第二,基于程序认证标准或学生在线学习。

第三,辨识阿曼高等教育机构的资格认证以及国外项目的认证。

第四,提供上诉。

与其他海湾委员会成员就建立海湾认可制度进行讨论,一旦阿曼有了管理自身健全体系的经验,便可以更有信心地进行这些讨论。

第三条 方针和战略

(一)修改计划认证(包含所有阶段)的宗旨和原则

计划认证的目的是什么?其主要目的是增强公众对其所接受的教育质量(课程、教学、评估、资源和学生学习成果)的信心,以表明教育质量是可以接受的。高等教育的"可接受标准"主要是衡量毕业生是否能够转入国际型大学进行全面进修;而专业认证的"可接受标准"主要是测验毕业生是否拥有该专业职业成员的技术与能力并秉承职业信誉。在这两种情况下,确立认证的主要方法是根据一套适当的标准进行同行评审(也许还有额外的要求)。

有关部门目前还不清楚阿曼计划认证服务的地位和效益。有证据表明,学生偏爱阿曼民办的高等教育机构。毋庸置疑,与国际认可的课程相比,高等教育机构中经阿曼认证的"品牌"对学生有足够的吸引力。

经阿曼认证的高等教育机构的课程的潜在优势包括:

(1)减少对国外高等教育合作机构的依赖。

(2)课程设计更具灵活性。

(3)国家鉴定认证的信誉(和市场影响力)。

(4)有资格向学生推广适用的互认协议。

在一段时间内,有必要逐步接纳阿曼所认证的"品牌",并通过与基准国家的正式互认协议和公共宣传活动相结合的方法来支持品牌实力。

在适时的情况下,使阿曼计划认证获得持续的公共财政支持,如资本贷款或内部奖学金的条件。然而,在不直接协助品牌吸引学生的时候,使用这一策略是不合适的。

(二)在上交规划之前,根据国家标准有效地修改和实施程序认证(也称为临时计划认证或程序批准)

所有拟议的高等教育计划都应受到外部审评,以确保它们具有一定的质量,这个过程被称为临时计划认证、计划许可或计划批准。本计划将使用计划许可一词。

尚未提供的计划只能是许可(在提供者认证、课程、计划和承诺资源的基础上获得批准)。由于尚未提供该计划,所以不可能通过最终审核,因为此类认证需要考虑学生的学习成果、雇主的反馈和其他间接证据。

一旦高等教育认证体系全面实施,便成为计划许可的先决条件。然而,暂时延迟所有新的计划许可是不切实际的。

在被许可但未被授权的高校中注册的学生必须知道他们的合法权利和义务。如果随后的认证申请失败,这些权利和义务应该被排除,并提供起诉高等教育机构(或政府)的权利,前提是学生完全知道该计划尚未完全认证。

拟议的计划许可程序,涉及高等教育机构根据阿曼认证委员会学习标准编制的自我学习方式,然后由外部审查员小组审议该自我学习的效果。此过程需要制定综合手册、培训模块、工作流程模板,需要外部审查小组、专业的支持人员和专有的技术支持。

一旦一个程序通过这个过程,便被认为是授权许可的(也被称为"临时认可")。

计划许可程序可能会受到正式的上诉。

(三)在第一批学生毕业后,根据国家标准修订并全面实施高等教育课程规划

为获得完整的认证,当高等教育机构第一批学生毕业后,必须提交一份计划。一些学生完成课程并进入劳动力市场(或进一步升学深造),以便阿曼认证委员会完成全面评估方案。

拟议的计划认证程序。它由高等教育机构编写,涉及针对阿曼认证委员会学生学习标准的自我学习,然后由外部审查小组审议学生自我学习效果。高效、一致地执行计划认证需要制定综合手册、培训模块、工作流程模板,需要外部审查小组、专业的支持人员以及专有的技术支持。

按照阿曼质量保证体系要求的规定,对项目进行的重大变更需要接受计划认证程序,而轻微变更则只需要通过高等教育部的批准,并向阿曼认证委员会提供备考通知。

高等教育规划方案一旦通过此认证过程,便拥有正式地位,受国家认可。没经过这一过程的计划便是"临时认可计划",它便进入计划方案试用期,计划认证过程可能会被正式上诉。

关于规划认证,主要有两个"阶段"可被管理:其一是为阿曼认证委员会响应个别规划,缺点为昂贵且耗时,需要为每个高校召集小组,优点是高等教育机构具有一定的灵活性。澳大利亚国家认证机构采用此形式。其二为建立一个国家年度表,在任何既定年度内,都会考虑到特定学生学习标准所包含的任何方案。在单一过程中,其优势表现在一个单一的小组及多个复杂的小组等具有所有类似的项目,均可被认可,进而提高效率,促进决策的标准化,其缺点是高等教育机构可能会认为这是僵化的。譬如,南非的高等教育质量委员会便使用该方式,在一次认证审核中,该计划认可了所有的工商管理硕士课程。该部门要在此两种方式中做出抉择。

(四)通过高等教育机构质量改进提高质量控制,进而回应在试用期内失败的认证申请

可以预期的是并不是所有的计划认证申请都会通过,特别是在该质量计划实施的前五至十年内。虽可选择不使用这些方案,但更具建设性的方法可能是将该方案延缓一至两年(由阿曼认证委员酌情决定),为高等教育机构提供时间以解决审核过程中所发现的问题。

虽然计划处于试用期,但无论是获得认证的"执照"方案还是在寻求重新认证的规划方案,其合法地位都是经过认证的。因其后果不同,有必要使用第三种方式(如不保留以前的状态抑或默认为"通过认证的")。最值得注意的是,在此期间,高等教育机构将不允许招收新生。这不仅是对高等教育机构满足标准的"有力鼓励",而且也为大学生提供了保护,可以防止学生入学即失学。

在试用期结束时,高等教育机构重新编制计划方案,等待审查小组再次召集重新评估。重新评估将特别重视先前评审小组报告中所提出的建议,他们很有可能考虑学生学习标准中提出的任何问题。若通过该程序,则表示通过国家计划认证。

如果通过资格认证的计划未通过试用性评估,则将变更为认证终止,而高等教育机构将不再提供该计划。这些计划已经两次未能达到标准(其一为通过规划认证申请,其二为通过试用评估)。阿曼高等教育部和阿曼认证委员会有责任避免学生和雇主加入质量差的项目。认证被终止的高等教育机构的在校学生必须转移到另一个高等教育机构完成学业,或者不授予文凭,只授予副学士学位抑或颁发肄业证(此决定由阿曼认证委员会批准)。

阿曼质量保证体系要求文件早已规定:如果某一既定方案被权威认证部门撤销,该高等教育机构必须停止提供该计划方案,且必须自费做出相应的安排,让学生转移到其他机构或其他的恰当规划项目内。

拟议的方案试用期中,计划认证的有效性、高效性以及执行中需要制定综合手册、培训模块、工作流程模板,需要专业人员的支持以及相应的技术支持。

该方案在试用过程中可能会受到正式上诉。

(五)阿曼高等教育部为便于国外规划方案的认证,在令人满意的外国质量保证体系上制定一个体系

国家规划认可制度允许(事实上也鼓励)并在适当情况下有必要承认有效的国际认证。当前,民办高等教育制度提供的方案是国际认可的,这是非常明智且可以快速引入本国高等教育计划的方式。阿曼质量保证体系要求指出:如果阿曼的某高等教育机构与海外大学合作提供计划,并且授予的奖项是海外大学的奖学金,则可以使用海外大学的奖学金,前提是海外大学的学位规定不低于阿曼资格体系的要求,在本国学位认证和其他高等教育机构提供认证的学位方面并没有区别。

阿曼本国提供的高等教育和国外认证机构认可的高等教育机构应免于阿曼项目认证,此举有很多有原因。

国外机构拥有并获得其他管辖区认可计划的知识产权权应受到尊重,国外的质量保证管辖权也应遵重。阿曼高等教育机构不应将其作为自己的方案,除非外国合作伙伴明确批准转让权利并放弃其在阿曼的认证。在这种情况下,该规划须遵守阿曼计划认证程序。

如果阿曼高等教育机构对该计划进行了微小的修改,则并不影响该计划的认证。如果阿曼高等教育机构对该计划进行了重大修改,并希望将其作为自己的计划,则该计划将受阿曼计划认证过程的约束。

两个有效管辖区认证的方案可能存在不同的标准。有时,阿曼的标准和另一国的标准可能是相互排斥的,这可能会对高等教育机构造成困扰(海湾地区有国际先例)。

另外,还有两个相应的有效司法管辖区认可计划的问题。具体地说,它可能会产生

单独的研究计划获得两个单独资格的情况。这是"资格倍增"的潜在例子之一,学生的资格远远超过他们实际承担的研究资格,从而很有可能误导雇主。

最后,指导原则指出:政府部门必须尽可能地减轻高等教育行业的行政负担。如果一个方案已经有足够的质量保证程序,在进一步处理认证方面应允许承认外国认证也将减轻阿曼认证委员会的负担,并使认证更快地得以完成。

尽管如此,允许该部门提供国外计划方案而没有任何检查也是不明智的。"学位工厂"现象正在迅速增加,且有很多类似的例子。"学位工厂"指学生只需简单地支付资格证书相关的费用,虽然也要求学生提交工作评估,但其标准却远低于阿曼可以接受的标准。

目前,阿曼没有一种强有力的方法来确定该体系的有效性,因为联盟机构对阿曼提供的计划持相同的标准。如果符合必要的认可标准,则需进行比完整程序认证更简洁的程序。为使外国方案能够被认可,必须具备以下条件:

(1)阿曼高等教育机构是认证代理的高等教育机构。

(2)该方案以其原籍国承认的方式获得认可。

(3)国外高等教育机构通过其原籍国认可的方式认证。

(4)国外高等教育机构提供宣誓书,即阿曼方案(最广泛意义上)质量等同于其原籍国的项目质量。

(5)令人满意的是,原籍国拥有可信赖的外部质量保证机制,涵盖跨国交付方案,并考虑了国外高等教育机构执行上述质量保证机制。

如果这些条件得到满足,那么计划认证可能会被阿曼正式确认,而不需要单独审查。规划一旦通过,便被认为是认可的计划。事实上,这相当于国家认可的计划。

计划认可进程中可能会受到正式上诉,但其他国家做出的决定不在阿曼上诉的管辖范围内。

(六)为国际外部质量保证机构制定和实施标准,以促进跨国方案的质量保证

为有效地执行目标,必须有一种方法来确定国外的质量保证是否普遍可信和有效,特别是与跨国活动有关的质量保证。世界的经验表明,虽然确保了国外项目与国内项目的质量等同,然而国内大学和海外大学大学生的学习效果并不一定相同。教育学习环境的重要元素如此之多,如课程内容的语境解释、人员素质、图书及设备资源、学生学习支持系统的可用性以及学生之前的学习教学法。因此,英国高等教育质量保证机构和澳大利亚大学质量署等质量保证机构需对跨国项目计划进行审核。

事实上,"国际认证"这一术语有些误导,它意味着认证是普遍认可的。在极少数情况下,确实是被认可的。有一些可信赖的国际认证机构,如欧洲管理发展基金会的授权认证机构和美国的工程认证机构,世界各地都认可其标准。然而,在大多数情况下,认证的合法性仅限于特定的机构、国家或机构管辖范围。不一定有强有力的手段来确保其认证程序能够跨国进行。国际对外质量认证机构,如澳大利亚大学质量署和英国高等教育质量保证机构已经通过建立严格的海内外质量审核来应对这一问题。

阿曼将建立一个数据库，其包含基于标准评估外国的外部质量保证机构和高等教育机构，以确定它们的报告是否有足够的可信度，以便为方案认可、接受提供依据。当然这些标准也需要制定，其初步的想法如下：

外部质量保证至少必须是高等教育质量保证机构的国际网络的成员。其任务范围包括对设计和实践中的高等教育机构跨国活动进行全面评估，它们必须遵守优秀做法的指导、方针及准则。

有些国家允许某些高等教育机构通过自我认证机构进行认证。这意味着，自我认证机构可以建立自己的高等教育计划，并将其推广为完全认证，而无须任何外部质量保证机构批准。自我认证机构的"认证"通常不足以达到识别的目的，除非自我认证机构也受到外部质量保证流程的约束。这方面的一个例子是澳大利亚，其大学由国家授权认可自己的学位课程，但这种自我认证须经澳大利亚大学质量署审核。

注册登记需要董事会和质量保证与评估小组签发。这是因为外部质量保证机构可能不希望受到认证过程责任的约束，该认证过程是对纳入阿曼活动的充分考量。由于这个原因，注册登记确定一个有限的、可更新的期限。

（七）实施规划方案鉴定的适当认证

高等教育机构希望通过认证方案获得营销优势，而学生、家长和雇主都希望有明确的证据表明计划的质量，这将通过对计划的正式认证来证明，该认证将有五个方面。

第一，阿曼认证委员会将建立所有认证计划公开访问的在线数据库。

第二，阿曼认证委员会将颁发给高等教育机构正式的证书，该证书包含了唯一的规划认证号，此认证号可以在网站数据库上搜索查看。

第三，高等教育机构将提供认证书、论证宣讲和有关程序计划的认证状态的认证号以及学生的成绩报告单，且在公共材料信息中使用该规划认可的唯一资格编号（如招聘手册、招生简章、招贴画、海报等）。

第四，高等教育部颁发给学生证书的要因认证计划而被放弃。如若不放弃，则将被视为毫无价值。高等教育机构应提供自己的证书，并给高等教育部提交毕业生名单（其目的是雇主或接受升学的高等教育机构检查其证书的有效性）。如果伪造证书而且可以确定其是由高等教育机构所为，那么高等教育部应该有权对高等教育机构施以严厉的处罚。

第五，认证结果具有重要作用，其具体认证细节主要包括上述四点，不会以另一种语言提供的计划作为认可的产品。

第七章　上诉

第一条　目标

质量管理体系将被视为是公正可信的，因为其通过了符合国际标准的专业申诉程序的支持。

第二条　背景

上诉的目的是确保所有利益相关者对决策过程的专业性和公正性有较大的信心。上诉程序减少了法律诉讼的机会，且确保了国际信誉，进而增加了相互承认的机会。

良好的高等教育质量保证机构的国际网络实践指南规定了外部质量保证机构对其决定提出上诉的流程。目前，阿曼质量保证体系要求没有提供任何正式的有关上诉的决定，包括高等教育部许可或阿曼认证委员会认证。在没有正式上诉程序的情况下，上诉人参考特设程序过程可能既不专业也不公正。

对于阿曼来说，可以设立一个正式的上诉程序，以供下列任何决定参考：

(1)高等教育机构质量审核报告。
(2)高等教育机构认证和重新认证。
(3)高等教育机构试行。
(4)规划许可。
(5)规划认证和重新认证。
(6)方案试行。
(7)方案确认。

鉴于上诉过程不同的政治和战略性质，其程序不适用于高等教育机构许可决定，而适用于法律程序。

如果实施正式的教师注册程序，则可能需要接受上诉程序，但其可能性在本规划中没有涉及。

第三条　方针和战略

（一）制定和执行所有认证过程和质量审核的上诉政策，且其政策被认为是公平、健全和最终的

就理论维度而言，一个具有独立、公正、透明且较为全面的上诉程序体系将消除诉诸法律程序的情况，有待解决的具体政策问题如下：

(1)上诉理由。在法律制度中有许多可被视为基准的模式，但在此情况下，最合适的可能是在审查小组要求正确遵循的指标或阿曼认证委员会批准该报告的基础上允许上诉，审查小组的指标包括指导标准、政策和程序。如果对某项决定不满进行上诉申请，但不能是看似正确并且遵守了政策、标准和流程，实则未遵循，那么这样的申请是不被允许的。

(2)确保上诉费用在双方之间得到适当的分配，不会对已成功的申请产生不合理的损害。阿曼认证委员会应对受支持的上诉的直接费用全额提供，被驳回的上诉的直接费用应向上诉人收取。

(3)限制赔偿要求。法律上不排除上诉人的权利，除非上诉人清楚地发现，阿曼认证委员会没有正确地行事，否则上诉人无权向阿曼认证委员会提出上诉索赔。

(4)阿曼认证委员会负责制定上诉政策，并欢迎相关部门提出意见。

(二)制定并执行上诉程序以支持上诉政策

拟议的上诉程序,将需要制定综合手册、培训模块、工作流程模板,需要专业的支持人员和专有的技术支持。总的来说,建议如下:

(1)鉴于上诉是针对阿曼认证委员会董事会的决定,上诉将由高等教育部部长提出。

(2)高等教育部副部长主持所有上诉。

(3)上诉委员会包括高等教育部副部长以及两名外部审查员,他们未参与上诉项目,没有利益冲突。

(4)上诉委员会是特设的(每届上诉委员会的成员都有变动)。

(5)上诉人准备上诉申请,该申请必须符合某些标准。

(6)未参与上诉项目的阿曼认证委员会专业人员将向上诉委员会提供行政支持。

(7)制定上诉程序是国家人权机构的责任,并欢迎相关部门提出意见。

(三)为处理学生的投诉专设独立的学生申诉专员

作为提供者的外部质量保证(政府或其他机构)提供可靠质量保证的监管环境理应对外部质量保证负责。本目标中概述的上诉流程仅适用于对审核或认证流程提出上诉的高等教育机构,但还有其他利益相关者希望提出申诉,尤其是学生。需要指出的是,本目标中概述的上诉机制不适用于解决学生的切身问题。

高等教育机构应该有自己的处理学生投诉的方案。不过,有些学生希望在高等教育机构的管辖范围之外投诉,尤其适用于学生认为高等教育机构的投诉处理过程有缺陷和纰漏的情况。

法院是解决学生投诉的一个外部机构,但却是非常正式的、昂贵的以及对抗性的。其他可以考虑的途径,包括调解、仲裁以及裁决程序,但对于法庭而言,可能难以援引这些程序。另一种办法是建立国家学生申诉专员,其具有法定权力(通过皇家法令),可以通过这些程序来解决学生的投诉。对于私立高等教育机构,高等教育部在其监督访问期间承担了一些责任。然而,这在时机方面是任意的。

第八章 基础教育质量规划保证

第一条 目标

阿曼将建立全国性的基础教育审核制度,此制度能为学生接受高等教育做好充分的准备。

第二条 背景

基础教育质量规划保证的目标是确保学生接受高等教育,其目标可直接纳入其他目标中。但是,因其代表了阿曼高等教育的、重大的新发展,所以在本节中单独列出,以便进行专门深入的讨论。

高等教育部报道,在2003—2004学年,民办高校三分之一的学生(3 347人)都参与了基础教育课程。《教育战略规划草案》包括 S10 建议,其中规定:学校教育改革应提高学生成果,确保学生能力与培养目标相一致,逐步消除对高等教育基础研究的需求,此目标日期设定为 2020 年。这意味着基础教育课程将连续 14 年成为高等教育的重要途径。与国际相比较,不难发现,即使建立了强大的中等教育体系,对其他学生而言,可能也无法获得有效的中学教育,例如,国际学生、成人学生或社会经济背景较差的学生,基础教育的需求可能无限期地延续下去。

基础教育通常不被视为高等教育。在大多数国家质量框架下,其位于大多数高等教育之下,该阶段的完成不能使学生获得高等教育奖学金。从这个意义上讲,它们通常被排除在国家高等教育质量管理体系之外,阿曼质量保证体系要求明确排除基础教育计划。

因基础教育通常不包括在中级或其他后中级质量管理体系中,这种排除致使其规划处于无管理状态。因为基础教育在整个教育体系中发挥着至关重要的作用,所以这对阿曼来说尤为重要。经验表明,学生进入高校的能力水平低于理想水平。学生毕业后获得的认可,较之其他国家相同的学习成果,是一个挑战。为此,大多数高等院校提供基础教育课程,旨在提高学生进入高等教育学习所需的学术能力。

目前,没有独立评估基础教育方案质量的机制。因其是许多学生教育进步的基础,所以缩小这一差距可能是一个优先级事项。此外,基础教育至高等教育有效的学术进步也至关重要。高等教育中学生的成功受到中学有效性准备的影响很大。这个问题在《教育战略规划草案》中得到了解决,其重要性在此重申。在制定有效的基础教育计划标准和评审制度时,有必要与教育部讨论高等教育的入学标准。

第三条 方针和战略

(一)制定基础教育方案标准,以确保该方案为高等教育做好充分准备

并非所有的基础方案都是一样的。例如,一些学院希望为学生提供更多的科学课程,而其他高校可能更多地关注管理或社会科学;大多数将要求英语语言能力,但其他则将阿拉伯语作为高等教育课程。但是,所有这一切都将重视,至少在以下方面被重视:

(1)英语语言技能(读、写、听、说)。
(2)较强的学习能力(如强调批判性的探究、解决问题和寻找问题的能力)。
(3)信息素养技能(包括基础研究和利用图书馆资源的技能)。
(4)计算机技能。
(5)算术/数学能力。

有提议说设立一个委员会,以制定一套标准,使得阿曼所有基础教育课程得到认可。其标准的主要重点将针对学生的学习成果,还包括有效实施该项目特有的任何资源标准,其标准较之课程将更具概括性(更具理念)。高等教育机构仍然保持准备自己课程的特权,预计课程将根据每个高等教育机构的不同而有所差别。

该委员会主席将由阿曼资深学者担任,包括来自阿曼高等教育机构的另外两名学者和来自声誉良好的国家的三名资深学者。其成员都需要具有基础课程的设计、教授和审核方面的专业知识,至少应该意识到他们在教学研究方面的专业知识。

该委员会将每三年召集一次,并根据国家和国际发展情况审查和修订标准。

发展情况:由高等教育部、阿曼认证委员会以及苏丹卡布斯大学合作组织的国家基金会计划研讨会于2006年1月16日至17日在苏丹卡布斯大学举行。筹备委员会由高等教育部的哈米斯·贝鲁西博士主持。

学术委员会小组由苏丹卡布斯大学的拉赫马·马鲁奇博士主持。其任务是就基础计划标准草案在研讨会上进行磋商。之前已召集了四个工作组来编制这些标准,这些工作组包括公共和民办高等教育机构、高等教育部和阿曼认证委员会以及国际专家的代表。

标准草案是在研讨会之前发布在阿曼认证委员会网站上,并将在研讨会上进行讨论。根据收到的反馈意见,研讨会后将制定最终标准。

(二)制定并实施全国性的基础课程外部评审

有提议说所有基础课程计划须接受外部审查,并向公众提供该方案独立的质量保证,这类似于外部计划认可程序,但也存在区别。

第一,阿曼所有基础课程的审查都通过单一过程和单独的审查小组进行,这将是一个浩大的工程。解决这一问题的办法是将一个大型的小组,比如,12个成员的小组分成6对,这样可以便于机构间的互通。在这个过程中,深思所有基础教育计划认证,其优点是:

(1)大多数基础方案已经存在。

(2)同一项目组将使专家组的判断更准确。

(3)单个项目比个别召集小组更具成本效益。

第二,与高等教育规划不同的是,高等教育规划方案在获得计划认证之前,不需要高等教育机构提供认证(实际上,如果没遵循本计划的时间框架,则被认证后不能正式地实行五年试运行期)。

第三,不同的是关于审核失败的后果。如果高等教育机构在试运行期后,其规划没有获得认证,则需要终止该计划方案。有提议言,该过程不适用于基础方案。首先,接受非认证基础方案的学生的风险比认证失败的高等教育项目中承担的风险显著。这是因为预科生在接下来的几年中仍有学习时间,以达到可接受的学习成果。其次,学校取消基础课程,甚至不符合标准,对学生而言有可能会适得其反。因此,有建议说该审核制度是基础课程审核,而不是基础课程规划认证。尚未获得基金会资格认定的高等教育机构仍将被允许提供该计划,但将由高等教育部进行更严格的审查。

进展报告:该主题于2006年1月16日至17日在马斯喀特举行的国家基础教育规划研讨会上作为主要议题进行探讨,此次专题讨论包括与会者讨论演讲与发表意见。

第九章 质量保障培训研究

第一条 目标

质量管理体系将确保高等教育在发展国家科研能力和生产力方面发挥主导作用。

第二条 背景

该目标可以直接纳入其他目标。但是,由于它代表了一个具有重大意义的新发展,在这个目标下,它被单独处理,以便于专门讨论。

这一目标假定,高质量的高等教育必然与研究相联系,高等教育与研究是互利的,这一点颇有争议。高等教育部指出,所有私立高等教育机构"期望有研究战略",但得出的结论是:由评审委员会形成的评审小组很可能会发现,迄今为止没有私立大学学院或私立大学满足这些要求。

前苏丹卡布斯·本·赛义德批准了成立负责资助重大研究项目的国家研究委员会的项目。这个目标的目的是通过认识高等教育在国家科研能力及国家生产力发展中的基础性作用,以支持研究委员会。

研究委员会认为,要解决一些或所有的目标,而不仅是针对高等教育部或阿曼认证委员会。应该寻找一个机会来讨论在利益集团之间合作的可能性与潜在性。

第三条 方针和战略

(一)根据阿曼学位课程的要求,制定、维持和传播研究方法课程

这一目标更适用于目标3。在此对其进行了单独处理,以便对将研究培训纳入阿曼高等教育国家质量管理体系的问题进行具体讨论。

建议设立两种研究方法课程,一种是针对本科生,另一种是针对研究生,每种课程须包括定性和定量的研究方法。目的是在早期阶段向学生介绍研究方法,并开始培养学生批判性探究意识。所有学士学位课程应包括本科研究方法课程,所有硕士学位课程应包括研究生研究方法课程。

将组建一个特别工作小组,由一名经验丰富的阿曼学者担任主席,并由一名担任执行干事的专家顾问提供支助。工作小组成员必须包含以下人员:

(1)教学专家。
(2)具有丰富经验的研究者。
(3)艺术、科学和社会科学的学者等。
(4)熟悉国家和国际观点的人。

如果有证据显示高等教育机构具有同等或更高的标准,则允许高等教育机构提供自己的研究方法课程,而不只局限于国家课程。这将由方案认证审查小组做出决定。此外,这一目标中的所有内容都不会与高等教育机构在必修课程之外提供的研究培训产生矛盾。

(二)制定、维护和传播国家和国际学术成果以及创造性工作的认可标准

与高等教育一样,发展高质量的研究系统需要基础设施。其中之一是制定确认高质量研究成果的标准。这一目标(以及下一个目标)的目的是通过提高出版标准意识,鼓励在国际、期刊论文、书籍和专著以及类似的研究成果论坛上发表成果。这些标准将覆盖一系列成果,例如,通过传统研究成果方法难以处理的创造性作品(如音乐创作、音乐和戏剧表演以及艺术展览)。

制定标准的发展将有助于出版商、研究人员、高等教育机构和认证机构的发展。一旦获得批准,它们就可以成为高等教育机构培训模块的主题。

(三)制定和实施鉴定研究成果出版物的程序

在公认的符合国际标准的论坛上公布研究成果有利于提高阿曼高等教育的国际声誉。阿曼的期刊数量有所增加,但没有正式的制度来核实这些出版物是否符合出版研究成果的国际标准(如双盲制度)。

可以根据阿曼认证委员会新兴专业的认证建立程序,以核实某一出版物是否符合国际标准。许多国家都有模式可以协助实现这一目标。

(四)开发和维持基于标准研究的成果数据库

基准国家有高等教育机构和国家研究成果数据库,能够对照既定目标监测研究活动,并为今后的研究工作情况提供资金分配。阿曼的研究成果数量太少,无法证明分散的研究成果监测模式的合理性。国家制度将更具效率和效力。此类数据库的其他优点包括通过降低阿曼的研究成果的获得难度以帮助阿曼高等教育取得成功,并加强教学与科研之间的联系。

建议阿曼认证委员会建立此数据库,数据将来自目标中的认证过程。

第十章 教学质量保证

第一条 目标

阿曼高等教育教学质量的提高将有利于为学生提供更好的教育,从而达到与基准国家相当的水平。

第二条 背景

《教育战略规划草案》认识到高质量教学的重要性,并就教学人员的招聘、指导、培训和评估提出建议。这些建议的主要重点是提高基础教育的教学质量,以确保学生在完成基础教育后有更好的学习能力和学习机会。

同样重要的是高等教育教学人员认识到他们拥有两种职业角色:学科领域专家和高等教育教师。设置这个目标的目的是将注意力集中到这个问题上。

第三条 方针和战略

(一)提高优质高等教育教学的原则

在1954年,本杰明·布鲁姆提出了一种学习的分类方法:

(1)知识(包括直接识别或回忆)。
(2)理解(识别信息片段之间的关系;在哪里可以描述知识的背景)。
(3)应用(在新设置中可以使用知识)。
(4)分析(可以将复杂问题分解成可以处理的小问题)。
(5)综合(包括创造最终产品,无论是艺术作品、研究计划还是新工厂的设计等)。
(6)评估(涉及适当性和质量的判断)。

1990年,同样著名的学者恩斯特·波伊尔提出了一种知识的分类方法,包括以下内容:

(1)发现性的知识,它有助于人类知识的储存。
(2)整合性的知识,使跨学科之间相互联系,并在更全面的理解中解释发现。
(3)应用性的知识,理论与实践相结合的学术服务。
(4)教学性的知识,需要最高的理解形式。

多年来,这些建立在良好的教学实践模式基础上的学习概念已经在国际上发展起来。有多种不同的教学方法,其中很多方法有共同点,每个人都适合学习某些学习课程而不是适合全部。这样的教学方法包括(但绝不限于)死记硬背式的学习;基于问题式的学习;以学生为中心式的学习;基于产业式的学习;体验式学习等。

阿曼正从一段历史中过渡,在这个历史中,死记硬背的学习和记忆方式是最主要的教学方法,在这个过程中,解决问题的技巧和终身学习的承诺都被铭记于心。《教育战略规划草案》中指出:虽然在教育方式方面有一些改进,产生了更有效和更灵活的教育形式,但传统方法仍然在阿曼的许多高等教育机构中占主导地位。

不能认为高等教育提供者会很快认识到这种转变对他们教学实践的影响。设立一个特设工作组来确定阿曼高等教育良好教学实践的原则。这些原则可以在该部门讨论,以提高认识并推动适当的专业发展活动。

(二)发展并提供高等教育教学研究生证书

工作场所的学术人员的专业发展是持续的,它通常包括部门研讨会、内部培训项目、出席专业会议和关于讨论特定教育政策事宜的机构工作小组。这些是学习文化的重要组成部分,然而也有更正式的教学形式。

像新西兰和澳大利亚这样的国家已经有超过十年的正式的高等教育教师培训计划。这些通常由高等教育提供者自己提供,他们可以提供在阿曼使用的正式资格的基准。

该提案旨在向公共和私人高等教育提供者的教师提供阿曼高等教育研究生证书。高等教育研究生证书将从目前可靠的提供者处进口,以确保新的教学理论和实践被引入阿曼领域。

该项目可以在目前的阿曼高等教育提供者(如"学校"或"教育学院")内进行管理,并且可以通过面对面和在线授课方式结合使用。在最初的三年里,它将作为一个认可的项目,但只有当知识产权可以转移到当地的主办机构时,它才能获得阿曼资格。领导和高等教育部可能希望考虑逐步将高等教育研究生证书作为晋升到特定级别的要求（如副教授）。为了保证这一目标的成功，并支持阿曼国家战略，政府可能会考虑全额补贴阿曼学术人员的费用。

进展报告：目前正在与莫纳什大学联合提出一项正式建议。

(三)发展高等教育教师注册制度

许多国家为小学和中学教育设立教师注册委员会。这些委员会的作用是制定教师标准，并证明个别教师是否符合这些标准，是否适合就业。在一些国家，教师注册是学校就业的法定要求。

这些教师注册委员会类似于其他专业机构，要求人们在注册之前达到一定的资格、经验和专业发展标准。常见的机构包括律师协会、工程师协会和医学协会。主要的区别是教师注册往往是政府的责任而不是专业本身的责任，因为政府重视教育和公共资金及政府对教育系统的控制。

对于高等教育的教师来说，专业认证是很少见的。这其中的原因是复杂的和历史性的，在发达的高等教育系统中，学术人员通常都有博士学位，并有来自声誉良好的大学的教学经验，因此，支持注册的提议一直难以成为高等教育系统发展的首要任务。大学的工作人员有专门的协会来制定标准。例如，美国大学教授协会表示：美国大学教授协会的目的是促进学术自由和共享治理，为高等教育定义基本的职业价值和标准，并确保高等教育对公共利益的贡献。然而，这些标准并没有延伸到作为成员资格的标准。学术人员协会往往是更多的劳资谈判联盟或政治游说团体。

对于那些发展中国家的高等教育系统，要想吸引高质量、高学历、拥有丰富教学经验的工作人员都是很困难的。更难以找到这些拥有研究领导和教学设计能力的工作人员。在这样的背景下，教师注册制度的潜在好处变得更加明显，这可能是值得探索的目标。

第十一章　国家质量管理信息

第一条　目标

收集分析国家数据和其他信息，并在适当情况下使公众监督质量规划取得进展，并促进学生的选择。

第二条　背景

目前缺乏有关高等教育质量的国家数据。为了监测实施质量规划的进度，这些信息是必要的。对那些希望将其业绩与其他部门进行对比的人来说，也很有用。

必须注意确保有效地使用从提供者处收集到的数据，并且将多个报告保持在最低限度。这是为了减轻该部门的负担，增加高等教育部和阿曼认证委员会之间的合作，确保数据集是一致的。实现这一目标的方法可能包括数据收集和进行年度审查（以期最大限度地利用数据并消除冗余数据收集），并在高等教育部和阿曼认证委员会之间共享数据,以避免双重收集(这可能会增加数据的不一致性)。

第三条 方针和战略

(一)开发一个可搜索的认证信息的关系数据库,并使其在网上公开

该数据库将纳入阿曼认证委员会网站管理计划,但其内容将由高等教育部和阿曼认证委员会共同拥有。具体地说,它将包括:

(1)研究分类框架的领域。
(2)信用框架。
(3)资历架构。
(4)高等教育质量管理的适用政策。
(5)与其他教育管辖区的所有相互承认协议的清单。
(6)研究生属性。
(7)学生学习标准。
(8)认可状态下的所有高等教育提供者列表。
(9)通过高等教育提供者和认证状态列出所有高等教育项目。

该数据库的目的是向协助他们的部门提供资料;向公众提供教育机会;国际社会将帮助他们树立对阿曼高等教育质量的信心。数据库将在适当的控制条件下维持,在适当的情况下,它将使用与它需要关联的高等教育部中其他数据库相同的数据结构。

(二)制定一套与国家质量教育监测相关的关键绩效指标

一套国家关键绩效指标的制定,将对高等教育质量进行有意义的监控,这是一个令人担忧的问题。高等教育部目前正在进行一个项目,以建立这样一个关键绩效指标列表。在高等教育机构研究方面,机构研究协会和卡内基基金会是世界领先的两个组织。

(三)建立和运营全国研究生毕业体验和毕业目的地调查体系

高等教育质量领域最重要的三项措施如下:

(1)同行评审。
(2)学生对自己的学习体验质量感知的反馈。
(3)毕业生目的地(他们在接受高等教育后去哪里工作)。

在这些方面,可以充分地涵盖同行评审,另外两个目前还没有解决。他们将对阿曼高等教育的质量和有效性的理解增加极有价值的补充。

澳大利亚研究生职业委员会已经开展了一项为期十年的双课程体验问卷和毕业生目的地调查。所有的大学都参与并广泛使用这些信息。该调查一直受到广泛的分析、批评性的审查和修订。在阿曼,澳大利亚研究生职业委员会可能为类似的调查提供一个可能的基准。

第十二章 能力

第一条 目标

政府将协助高等教育部门发展符合质量管理体系的能力以及超越它的意愿。

第二条 背景

《教育战略规划草案》包括"发展国家质量促进方案"。这个目标的设计是为了响应这一行动。阿曼的高等教育体系仍处于早期发展阶段,满足超出当前部门能力的要求将会适得其反。因此,今后三到五年的重点必须是建立满足标准的部门能力。这一责任在阿曼认证委员会、高等教育部和高等教育提供者之间共享。

第三条 方针和战略

(一)建立阿曼质量网站以促进交流和实践

高等教育部指出:私人部门之间的合作水平非常有限。在阿曼认证委员会工作人员最近对其中一些高等教育提供者的访问中,这一观点得到了认证。《教育战略规划草案》将高等教育提供者作为一项行动,鼓励在质量发展中分享资源和战略,并发展有效的交流系统。这可以通过建立阿曼质量网站来解决。这一战略已被用于新西兰和澳大利亚,并产生了巨大的、可持续的影响。质量网站的作用包括(但不限于)以下几点:

(1)为供应商组织内部的质量管理提供支持者。

(2)为阿曼认证委员会,高等教育部和高等教育提供者之间提供一个有关质量管理的非正式渠道。

(3)就拟议的标准、政策和程序提供反馈意见。

(4)分享良好做法。

(5)制定培训模块。

(6)每年举办一次阿曼质量论坛(具有共同的所有权和意识,获得更多支持)。

(7)提名"本月的主题"进行讨论。

(8)参与在线讨论进行定期沟通。

建议阿曼认证委员会向阿曼质量网提供行政支持并主办其网站。

进度报告:已成立 36 个阿曼质量网,并于 2006 年 9 月 20 日由高等教育部部长阁下赞助正式启动。已经设立了一个执行委员会,目前正在确定财政安排。

(二)向业界提供有关标准、认可程序及品质保证的培训

该部门需要以培训质量管理问题的形式提供援助。在过去的几年中,已经提供了一些培训,但这是临时的,并且没有优先考虑。例如,关于认证的目的准备一份自我研究的研讨会。考虑到高等教育提供者中质量意识和质量系统的总体水平很低,这个研讨会主题是不恰当的。

最好先从培训的角度出发,了解一个高等教育提供者需要什么样的质量管理系统,以及如何有效地开发和审查这些系统。一系列针对行业需求的培训模块,可以在互联网上开发和交付。已经开发了一种分析质量系统有效性的方法的模块,并由阿曼认证委员会、高等教育部、人力资源部和高等教育提供者的工作人员提供。

这些培训模块可能涉及的主题包括以下内容:

(1)良好的治理协议。

(2)基准测试。
(3)机构和项目审查模型。
(4)课程开发和审批流程。
(5)课程、发展和评估的一致性。
(6)学生对教学系统的评价。
(7)风险管理系统。
(8)员工绩效规划和审查制度。

在许多情况下,需要有专门的专业知识来开发这些工具,尽管在国际上有许多这样的工具的例子,可以通过基准来确保快速的结果。

进展报告:已制订了一个国家培训方案,旨在解决该部门在发展持续质量改进文化方面的需要。在拟订质量规划草案时,已经开发和执行了13个模块。参与者的评价等相关数字表明,国家培训计划是有帮助的。

已经建立了国家培训计划的网站,包括所有的模块文件和在线讨论板。阿曼质量网站已同意从2007年3月起接管培训项目的管理,高等教育部将继续提供支持和专业培训。

(三)鼓励高等教育机构制定国家和国际标准

有许多国际高等教育基准协会,它促进了从基准合作伙伴那里获得有关政策和过程的信息。在质量网站上可以开发和包含这些内容的列表。有可能一些高等教育机构会寻求加入这样的联盟。也有可能,阿曼质量网站可以根据国际联盟所使用的进程发展自己的国家基准活动。

进度报告:提供了一个关于基准测试的培训模块。一项关于学生评价的国家基准测试项目正在实施,该项目将由阿曼质量网站监督并由马丁·卡罗尔主持。

(四)通过澳大利亚大学质量机构良好的实践数据库,确定和促进高等教育质量保证的良好的实践案例

在认证和审核过程中,阿曼认证委员会将确定越来越多已证明的有效实践,并将潜在的有效实践转移到其他机构设置。这些应该被写出来,并提供给更多部门。

要做到这一点,最快的方法就是与澳大利亚大学质量机构签订一个优秀实践数据库协议。澳大利亚大学质量机构优秀实践数据库免费向公众开放。这项活动非常成功,自2003年12月以来,优秀实践数据库被浏览了2.5万次。

参与优秀实践外部验证的外部质量保证机构可以加入澳大利亚大学质量机构、澳大利亚大学质量机构优秀实践数据库。会员资格是通过与澳大利亚大学质量机构达成的谅解备忘录。目前,澳大利亚、新西兰和印度都是会员。澳大利亚大学质量机构对于如何在数据库中识别、验证和发布优秀实践有严格的标准。如果这个质量规划按照建议的方式实施,那么阿曼认证委员会将不会满足于这些标准。

阿曼认证委员会作为澳大利亚大学质量机构优秀实践数据库的成员将使阿曼良好的实践能够快速、有效地得到认可和分享,帮助确保外部评审员在寻求改进机会的同

时,促进更广泛地接触国际优秀做法,将阿曼高等教育定位于领先的国际高等教育。

进度报告:关于阿曼加入澳大利亚大学质量机构良好实践数据库的问题已经与澳大利亚大学质量机构进行了讨论。已经获得了原则上的批准,最终根据协议执行新的质量审计和认可制度。

(五)在阿曼高等教育部门开展和发布关于发展质量文化的研究,将为未来的发展提供信息并为同行国家提供建议

行动研究项目将建立在执行这一质量计划的几个方面。将进行实证实验,以评估高等教育的前后状态与具体的干预措施之间的关系,如引入新的制度标准、新的项目标准和提供具体的培训模块。出版研究将促进高等教育部、阿曼认证委员会和整个行业的国际地位。

进展报告:卡罗尔和巴勒莫关于国家培训计划和阿曼质量网站的一篇论文已经提交给AAIR2006会议,并获得了最佳论文奖。另一项研究目前正在进行,由乔西巴勒莫博士领导,并将高等教育部和阿曼认证委员会的工作人员纳入研究小组。

(六)开发和维护外部审阅人员的注册表

评审、试用、质量审核小组和上诉小组委员会的外部审查员是任何外部质量保证机构最重要的资源之一。事实上,外部审查过程的可信性更多地取决于外部审查员的可信度,而不是其他任何因素。他们的选择、归纳、培训和支持的过程必须精心设计和实施。

建议所有申请人的外部审查人提交一份简历和三名推荐人。所有外部审核人员必须经董事会批准。登记注册有效期为2年,可由董事会全权决定。所有审查人必须在参加评审小组之前接受培训。

为了具有适当的知识和经验,必须有相关类别的成员。这些类别可能包括以下内容:

(1)阿曼国家/阿曼非国内/国际。

(2)学术(按学科)/行业/社区。

(3)资历(用于选择组委会主席)。

新西兰大学学术审计单位和澳大利亚大学质量机构为建立这样的系统提供了合适的基准。经验表明,由于严格的入学标准和全面培训,登记册的成员资格享有盛名,受到追捧并备受尊重。根据澳大利亚质量保证机构的工作量及其注册人数,阿曼注册将需要150~200名会员以覆盖所有必要的会员类别。

成员将每年招聘。建议邀请其他外部质量保证机构的外部审查人加入。此外,还建议邀请的每一个高等教育机构提名三名成员。此外,还应邀请董事会成员和高等教育部官员(尽管董事会成员和高等教育部官员不合适,因为这可能造成角色冲突)。

进度报告:这是最高优先事项,因为没有审查者,就没有其他质量保证活动可以进行。国际网络和国家部门已经征求提名。目前正在考虑超过35个国际和60个国家的提名。

也 门

也门共和国位于阿拉伯半岛西南端,面积52.8平方公里,人口2980万。与沙特、阿曼相邻,濒红海、亚丁湾和阿拉伯海,境内山地和高原地区气候较温和,沙漠地区炎热干燥,年平均最高气温39 ℃,最低气温-8 ℃。也门海岸线长1906公里,海上交通十分便利。位于西南的曼德海峡是国际重要通航海峡之一,连通印度洋和地中海,是欧亚非三大洲的海上交通要道,战略位置极为重要。位于阿拉伯海亚丁湾的亚丁是历史上有名的港口之一。

也门经济落后,是世界上经济最不发达的国家之一。也门经济发展主要依赖石油出口收入。农业人口约占全国人口的71%。农产品主要有棉花、咖啡、高粱、谷子、玉米、大麦、豆类、芝麻和烟叶等。粮食不能自给,一半依靠进口,棉花和咖啡可供出口。

也门全国中小学实行免费教育。小学实行义务教育制度,并致力于扩大基础、技术、职业教育。有小学和初中9 517所(其中宗教小学、初中623所),高中3 003所(其中宗教高中615所),公立大学7所,私立大学8所。萨那大学建于1970年,下设9所学院,1个语言中心,在6个地方设有分院。亚丁大学下设9所学院,是一所综合性大学。2005年3月,作为也门"基础教育国家战略"的一部分,政府启动了"发展基础教育项目",世界银行、荷兰、英国和也门政府分别出资。

注:以上资料数据参考依据为中国外交部官方网站也门国家概况(2020年9月更新)。

也门国家高等教育发展战略

执行摘要

也门需要一个动态、高效、高质的高等教育体系。要在21世纪成为一个成功的经济体,就必须依靠人力资源的开发,而高等教育的发展便成为这一目标的核心。此外,在未来二十年中,中学毕业生的数量可能会增加四到五倍,因此扩大高等教育规模变得迫在眉睫。

也门政府的目标是建立一个能够在经济、文化、道德和社会方面引领国家发展的高等教育体系。高等教育体系应该为学生提供迈向就业市场所需的高技能人才教育,同时促使学生成为独立的个体和公民。高等教育应该开展对也门工业和社会有价值的研究,应该更加广泛地将资源投入为也门人民服务中去。目前也门的高等教育体系仍有诸多的不足之处,因此为实现这些成就,就迫切需要更新和重建其高等教育体系。

目前,最突出的问题是,高等教育的产出与投入产生了不平衡。也门高等教育的资源虽然绝对值低,但是与其他阿拉伯世界的国家或相似发展阶段的国家相比,其资源水平是相当的。从国内生产总值的角度来看高等教育,也门的教育产出相对较好。然而,毕业生失业率较高,可以说这是非常浪费的,它浪费了已经投入的资源,也意味着也门没有从它培养的高素质人才那里获益。

在投入方面,教师与学生的比例也非常不合理,造成教学效果较差。此外,尽管高等教育投资预算有显著的增加,但大部分设施还是非常不完善的,并不适合培养21世纪的专业人才。很明显,资源的配置和使用是不合理的。经常性支出和资本投资(特别是实验室、图书馆、设备和其他设施的更新)需要更多的资源。这些额外资源需要由政府、学生本人和大学自身来提供。因此需要审查所提供的项目和改变分配方法,以及提高大学本身支出的效率。

造成这种资源利用效率低下和令人失望的结果的一个关键原因是治理安排的不合理。大学在资金使用的自主权方面受到了一定的限制。此外,对大学有管理权的政府部门不是高等教育和科学研究部,而是财政部,且没有协调规划高等教育的责任单位。因此导致了资源的浪费,这意味着关于整个系统发展的决策并不是以计划的方式进行的。

也门高等教育的战略目标是改善高等教育体系的治理(各部门之间和大学内部),确保决策在适当的时间进行,以便为高等教育机构和整个高等教育系统的发展做出最好的决策。在国家层面,部门的责任需要进行合理的配置(如教育部职能的扩大或建立新的高等教育部门)合理化调整(可能是教育部职能的扩大,或建立新的高等教育部)。但这并不是短时间内就可以完成的,就目前的状态而言,需要制定相关协调机制以改善目前的状况。

在大学层面,大学的领导和工作人员需要自主的权力,需要具备责任感,从而按照大学自身的管理需要进行改革。大学还需要确保其工作人员具备有效的自我管理技能和知识。首先将两所大学作为试点向高等教育和科学研究部提出改革管理和治理的建议。如果试点成功,这可以为高等教育的其他部门提供一个范例。这些试点的一个重要作用是提高有关机构工作人员的能力,发展其行使自治权所需的知识和技能。

在此基础上,政府(尤其是高等教育和科学研究部)的角色和职能应该是监督高等教育的战略发展和高等教育机构的管理。大学应该在一个战略框架内负责自己的日常事务。包括从单项预算转移到整笔拨款,并使大学能够筹集和保障自己的资金。

在获得更大程度自主权的同时则需要建立问责制,提高透明度和对达到更好的预期效果(无论是对大学整体还是对工作人员个体)。尤其是课程需要更新,课程相关度要更高,否则也门的大学毕业生将继续面临高失业率的困境,最终不利于经济发展的要求。教师需要定期检查他们的课程,他们对大学的承诺以及他们的外部承诺应该受到监管。需要在大学内部和外部建立严格的质量保障体系,以确保高质量的教育。

同时对于高等教育体系的结构需要进行审查,目前社区学院和技术学院在学生组织中所占比例很小。但是收费相对较低,且课程与就业高度紧密联系,因此需要大力发展这些高等教育机构。此外,还需要对八所大学中的远程教育学院的未来目标做出决定,鼓励私立大学发展以便有利于国家的发展和壮大,同时他们需要接受严格的质量认证程序,最终实现高等教育的普及化和免费化。

由于资源的限制和缺乏有效支持,也门高等教育缺乏研究和社区服务的职能,因此需要建立国家研究机构并积极投入资金鼓励其常态发展。

这一战略首先讨论与目前情况相关的问题。接着设立也门高等教育发展的愿景和使命,然后阐述了可以实现这些成就的目标和行动。这一教育战略的所有行动需要在两年内完成。大多数的优先事项涉及治理和自治的改革,没有这一点,其他改革也不可能有效实现。其他优先的行动涉及投资和质量保证。

关于这一战略发展目标的实现,一些措施可以不需成本,以节省资金,然而多数措施的实行需要巨额的成本。针对部分经常性支出(如满足学生需求),在国内生产总值常态发展的前提下,能够得到支持。此外,对于其他提议(如实验室设备等基础设施的更新,提高师生比的建议),需要持续性的资金投入。

由于援助国援助的性质及所需的投资形式,它们可能会提供有限的援助,用于对具体的、独立的项目,特别是资本性质的项目投资。目前已经分析了当前的情况并确定了具体的需求,应该有助于说服捐助者提供赠款以支持拟议的项目。除此之外,这些建议的大部分费用将落入公共支出,以及大学的自我收入,如学费。

这一战略确定了也门高等教育体系的发展方向,以及需要采取的目标和行动。为实现这一战略目标需要一个全面而详细的实施计划,其中列出了实施这一战略的详细步骤、时间安排和相关责任。

一、引言

(一)研究目的

同许多其他国家一样,也门正在审查其机构和结构,确保它们适合 21 世纪的目标,特别是为国家的现代化经济服务的目标。在国家民生的关键领域(扶贫战略、基础教育战略、技术教育战略和公务员战略等)已经制定了一系列战略,这些战略都以国家战略("也门 2025 年战略构想")为基础。高等教育是国家发展和基础设施建设能力的基础部分,正是在这种背景和世界银行的支持下,高等教育和科学研究部决定制定也门高等教育发展战略。

也门成立了一个战略小组,由英国牛津大学高等教育政策研究所所长 Bahram Bekhradnia 教授领导,包括 Mohammed Abu-Bakr Mosen 博士、Ahmed Al-Shami 博士和 Hamoud Al-Dafiry 博士,由特别行动小组(TFT)指导,该特别行动小组由高等教育和科学研究部副部长 Mohammed Al-Mottahar 教授担任主席。这项审查得益于 Georges Verhaegen 教授先前进行的一项战略研究,以及一些捐助国家,特别是荷兰政府向也门政府提供的大量支持。

(二)研究方法

这一战略是在反复商讨之后制定的,草案和结论在项目组成员和特别行动小组之间反复传递以供讨论,并与其他利益相关者进一步讨论。2005 年 2 月,举行了一次初步的高级研讨会,世界银行高级官员出席了会议。随后于 2005 年 3 月,在萨那举办了一次研讨会,其中特别注重确定也门当前安排的优势和不足。2005 年 5 月和 7 月,在萨那举办了进一步研讨会,会上向主要利益相关者介绍并讨论了初步战略草案。2005 年 9 月和 10 月,与各种主要利益相关者举办了进一步的研讨会。最终研讨会于 2005 年 12 月举行。2006 年 1 月,举行了最终战略会议。

从概念上讲,这一战略有以下三个不同的要素:

(1)介绍当前形势、优势和劣势,以及也门高等教育面临的问题和挑战。

(2)描述对未来也门高等教育体系的期望(愿景和使命)。

(3)分析从现状到实现愿景所需采取的行动。

在制定战略发展规划之后,将进入一个更加精细化的阶段,因此需要制订一个详细的工作计划来执行战略。和所有战略一样,需要认真监测其执行情况,并根据监测情况审查战略。

(三)定义与范围

普遍定义的高等教育包括正规的大学教育(私立和公立)和高等技术教育。但大学是在一些高等教育提供者的背景下存在的,因此必须参考其他高等教育机构,以确保该战略是全面的和一致的。除非上下文另有说明,否则术语"higher education""universities"和"tertiary education"可以互换使用。

尽管如报告中讨论的那样,国家部委对高等教育机构的责任进行了广泛界定,在不同部门之间分配职责,但为一种类型的高等教育机构制定战略而忽视其他机构的做法是没有意义的。事实上,许多国家现在都在接受"高等教育"的概念,甚至是"终身教育"的概念。也门应该遵循联合国教科文组织的定义,联合国教科文组织在"高等教育"的定义中包括两个概念:

(1)"基本上是以理论为基础的,旨在提供给学生足够的资格以进入具有高技能要求的高级研究计划和专业的课程"(国际教育标准分类 ISCED 5A)。

(2)"专注于直接进入劳动力市场的有关实践、技术或职业技能的课程"(国际教育标准分类 ISCED 5B)。

(四)经济环境

也门是阿拉伯世界最贫穷的国家之一,在 20 世纪 90 年代中期,石油生产使也门经济快速增长,但此后受到石油价格周期性下跌的影响,也门经济也受到严重影响。1996年的国内生产总值增长率为 7.4%,1997 年为 6.4%,2001 年下降到 4.9%,2003 年下降到 3.3%。2004 年,略有上升,增长率为 3.6%。

也门拥有丰富的自然资源。它拥有充足的石油和天然气储量,可在未来十年内确保有稳定的收入。也门拥有多元化的农业,有适合渔业发展的海岸线,还有基于丰富的文化遗产和壮观的自然风景而促进收入大幅增加的旅游业。最重要的是,也门拥有一支勤奋和有才能的劳动力队伍,这支队伍是形成一个充满活力的中小型制造业的基础。如果政府鼓励并促进公共与私营部门之间的合作,所有领域都会有长足的发展。除此之外,21 世纪的发展需要成功的私有化经济、有效的监管环境和司法系统。但是,目前在经济多样化方面做出的努力并不是特别成功,直到现在,也门经济的未来也是难以准确预测的。

也门的劳动力人数是 370 万(2003 年)。其中政府部门占比为 11%,私营部门占比为 89%。约 45% 从事农牧业,约 11% 从事服务业,约 10.5% 从事商业,约 8.5% 从事建筑业,约 3% 从事交通和通信业,剩下的 20% 左右分散在其他领域。也门的失业率为 14.8%,其中毕业生的失业率相对较高。2004 年,超过 31 000 名毕业生报名参加了公务员的招聘,其中不到 2 500 人被录取。尽管剩余的人并非全部失业,但这仍然意味着有大量毕业生面临着失业。

也门国内生产总值增长速度跟不上人口增长的速度,所以人均国内生产总值增长很小。加上政府计划减少公共部门对国内生产总值的贡献,使得大学的公共支出增长超过 GDP 的增长,这是存在问题的,但这表明,如果不是相对于 GDP 的增长而言,以绝对值来看,一些增长是有可能的。

二、高等教育蓝图

(一)主要特点和问题

执行摘要中列出了与也门教育部门有关的一些重要背景资料,并且对高等教育部门有关的信息进行了详细的介绍。此外还介绍了也门政府采取的主要战略方针,特别是决定利用教育打破也门社会过去所面临的贫困和不发达的束缚。教育重点主要是消除不平等现象,提高各级教育的质量,这同样适用于高等教育。

本节以执行摘要中的背景为出发点,讨论也门高等教育的主要特点和问题。

1. 法律框架

也门高等教育的法律框架基于以下法律:1992 年第 45 号《教育法》,1995 年第 18 号《公立大学法》,2004 年第 13 号《民办大学法》,1996 年第 5 号《社区学院法》,2003 年第 19 号《奖学金法》,2004 年第 137 号《高等教育部法律附则》。此外还有与高等教育和科学研究有关的其他法律、法规和条例。

这些法律和附则协调、监督和批准所有规划、政策的制定,并确保所有机构遵守法律、法规和规章,赋予了高等教育和科学研究部对高等教育机构的管辖权。所有法律、法规都在高等教育领域有效实施。法律还赋予了技术和职业教育部对社区学院和技术学院相应的权责。

2. 国家治理

1990 年,高等教育和科学研究部成立,对大学负责,直到 1994 年被废除,大学转由教育部负责。高等教育和科学研究部于 2001 年重新建立。社区学院和技术学院由 2001 年创建的技术与职业教育部负责。此外,财政部发挥着至关重要的作用,它不仅像其他国家那样扮演着确定部门总预算的传统角色,而且实际上决定了向各大学支付的金额,并对其支出进行详细控制。在每所大学,财务部门都配备了财政部的人员,负责处理每笔款项。

高等教育和科学研究部是大学的最高理事会,由总理担任主席,包括其他 8 位部长,7 所公立大学校长,1 名高等教育和科学研究部代表,1 名私立大学代表,1 名私营部门代表和 3 名学者。高等教育和科学研究部很少召开会议,缺少一个常设秘书处,在高等教育系统的指导、发展和改革中没有发挥有效的作用。

目前的战略目标意味着高等教育具备一个具有领导作用的部门,然而还是有很多不足之处。由于职责分离,也门缺乏高等教育的意识,然而这种意识却在其他国家早已越来越成熟。如果各部门之间有规划和协调,目前的部长"所有权"和责任细节将是次要的,但事实并非如此。在未来这个问题将越来越重要,因为一方面,随着中学毕业生人数的增加,所有中学毕业生都升入大学是不可能的。另一方面,为了国家和学生,有必要提供一些额外的高水平的技能和知识,在社区学院或技术学院进行这项工作可能是适宜的。因此需要为高等教育提供整体性的计划。

就高等教育和科学研究部而言，并不是对大学进行全面的管控，而是为了指导和引导高等教育战略的实施。然而，它的职权范围、职责和目的还不清楚，因此需要澄清这一点。它也没有可用的技能或内部结构来发挥战略的影响作用。无论其作用和职责是什么，都需要确保具有高知识和高技能的人才队伍，能够在高等教育发展中发挥领导作用。目前的不足之处在于政府能够获得的用于制定政策的信息是有限的，没有系统的资料，例如，按学科、性别、年龄等划分的学生人数，也没有按专业、年龄等划分的工作人数，也没有关于大学收支的资料。

财政部的角色与众不同，无论如何，对大学财政实行全面控制是否恰当，都是需要考虑的问题。但是有高等教育和科学研究部的存在，财政部想实现这种控制还是很难的。

3. 机构治理

（1）自治

在法律上，也门大学的特点是完全自治。《大学法》第3条规定："公立大学在行政、财政和学术上独立。"同一法律的第53条解释公立大学的财政资源，第54条解释确保大学自治的财务制度。尽管如此，在财务方面，它们仍受到严重限制，财政部给它们提供了项目预算，每个大学都有一个财政部雇员（在每所大学任命一名财务经理）以确保财政资金的合理运用，除非他们事先得到财政部的批准，否则不能将指定的预算项目的资金花在另一个预算项目上。如果大学在年底没有用完预算，就不能将资金转到下一年，必须归还。2002年世界银行进行的一项研究发现，有5所大学在1998年的2.58亿也门里亚尔的总预算中，使用了不到50%的金额，其余的被归还给财政部，结果资金不足的情况愈演愈烈。近年来，大约有10%的高等教育预算是以这种方式返回财政部的（一些大学则更高）。此外，如果大学自身有收入来源，虽然财政部可能在某些情况下允许大学保留其资金，但这并不是普遍现象。

目前的不理想状况并不一定是财政部的责任。一方面，大学缺乏让政府相信它们拥有做出预算并适当地使用资源的能力，另一方面，有一部分原因使它们受到了严密的控制。但在其他国家，即使是这种状况，若存在高等教育部，则这些责任属于高等教育部，而不是归咎于财政部。

的确，大学的自主权因对其财务的严密控制而受到严重限制。由于大学的能力有限，这可能是有必要的，但是，亟须采取相应措施来解决这些问题。在自治的其他方面，大学有自己的控制权，如人事任命、课程等，但建立新的学院必须得到高等教育和科学研究部的批准。

（2）治理

就治理而言，大学的最高决策机构基本上由学术界控制，很少甚至没有外部成员。校长和副校长分别由总统和总理任命。任命过程不是特别透明，根据校长和副校长的职责,他们不向大学负责,而是对其他人员负责。这可能会影响大学内部的院长的任命和晋升。

目前仍有诸多的不足。首先,对大学支出的严格控制导致缺乏灵活性和决策制定的滞后性。这也意味着尽管大学领导者有权为其大学的高效运作做出决定,但他们并不会这么做,因为他们连有限的自主权也没有。其次,缺乏行使更大自主权所需的专业知识和技能,如果他们要行使更大的自治权,则需要采取措施确保对大学绩效各方面(财务、教学、质量以及行政)的全面问责。

政府作为最高权力机构,远远没有达到国际最佳水准,并冒着为了"生产者"的利益而冒风险的决策。由于没有对大学治理的外部投入,人们普遍认为大学已经变得孤立,并且与外部世界及其需求脱节。

4. 结构

目前也门高等教育体系的结构有点复杂,或多或少地以无计划的方式展现出来。

7 所公立大学是多学院机构,规模最大的是拥有 77 000 多人的萨那大学,最少的是拥有 6 800 多人的哈德拉毛大学。从办学年份来看,历史最悠久的是 1970 年创立的萨那和亚丁大学,最年轻的是萨那大学分校。这些大学覆盖了大部分学术领域,但是没有合理规划甚至是协调的尝试。另一方面,所有这些学校都具有一定的规模(其中三所学校将被视为拥有大型大学的标准)。

所有这些大学都有一个或多个与主校区分离的教育学院。其中一些在过去几年得到了扩大,增加了更多的学院,并被批准成为独立院校。

这些教育学院通常位于偏远地区有助于帮助那些可能无法或不愿意离乡的人获得接受高等教育的机会,对于女性来说尤其是这样。作为主要的教育学院,它们曾经为当地社区提供大量的教师队伍,否则这些社区将没有吸引力。然而目前,对教师的需求已经大大减少了。

一些偏远分校的办学质量不如其主校区,特别是在一些偏远地区,想拥有大学所需要的工作人员可能非常困难。因此一些大学建议将偏远分校设立为独立的低级别学院,当地的政府可能会对这个提议担忧,即担心该地区的教师供给问题。但人们普遍认为,这些学院和分支机构为农村人口提供急需的高等教育机会,即使角色和职能发生了变化,也能以某种形式支持人们接受继续教育。

非大学机构(社区学院和技术学院)也提供继续教育,但水平低于大学。它们不属于高等教育和科学研究部的管理范围,尽管它们提供了被世界上大部分地区视为高等教育级别的教育。此外还有一些非大学机构,通常由教育部设立,提供具有专业性质的高等教育。在 2002—2003 年度,这些机构培养了 16 500 名学生。

就技术与职业培训部所属的技术和职业机构而言,这些机构提供三种类型的培训,见表 5-1。

表 5-1　　　　　　　　　　　　　　三种类型的培训

机构类型	年限	资格要求	获得的证书类型
职业培训中心	2 或 3 年	9 年级证书	职业培训证书
技术学院	2 年	中学毕业	技术文凭
社区学院	3 年	中学毕业及入学考试	文凭

学院和机构提供的具有职业技术性质的项目数量有限，但至少和社区学院相比较，它们的学生似乎更容易就业。2004 年 9 月，对由世界银行项目（教育部门投资计划，项目编号 P005911）资助的两所社区学院的前 100 名毕业生进行了一项跟踪研究，该研究表明毕业生的就业率约为 80%；据报道，雇主对社区大学生的技能非常满意。该项目明确了这类高等教育计划的必要性和可行性，其主要面向的是民办教育领域。

出于这个原因，一些学院对离校生的需求很大，吸引了一些有资格上大学的人。然而，在解释这些事实时需要注意：这些成功者的数量很少（在 2004—2005 年度，社区学院为 2 000 人，技术学院的数量与其相似），如果数量更多，情况可能就不一样了。至少在师生比方面要比大学高得多（部分原因是它们的员工资质较差，因此聘用成本较低）。在 2004—2005 年度，共有 140 名工作人员在社区学院为 2 000 名学生服务。

需要指出的是，作为提供更高技术教育的机构，社区学院的未来还不确定。有人建议，技术与职业培训部可能会将社区学院提供的文凭降为两年。对于也门来说这可能是遗憾的：正如本文后面将介绍的那样，这些机构可能在高等教育领域的发展中发挥重要的作用，目前也门几乎完全没有更高技术或专业的分部门。然而，还应该指出的是，社区学院的降级在某些方面仅仅代表了社区学院的官方态度。目前，政府承认的三年制社区学院文凭资质只相当于两年制职业院校的文凭。

非大学机构的不足之一是质量问题（尽管没有关于质量的信息）。它们在师生比方面通常比大学更合理，但它们的一些设施和设备可能不及大学（尽管萨那社区学院的设施非常好）。

也门私立大学的发展相对较晚，第一个私立大学于 1991 年才建立。现在有 8 所规模不同的大学，规模从 650 到 4 000 余人不等，声誉也大不相同。虽然私立大学的数量比公立大学要多，但它们只有约 17 000 名学生，约占学生人数的 10%，因此它们在满足也门对高等教育的需求方面发挥的作用不大，但它们的潜力很大，未来一定会取得发展。

私立大学同样收取学费，尽管它们起源于非营利性组织，但并不是免费的，它们吸引投资并可能会创造利润。

私立大学的存在增加了国家提供高等教育的数量，而国家没有或相对较少地对其支付成本，而是将私人投资引入高等教育。因为是独立存在的，所以私立大学具有灵活性和创新性，而且因为是收费制的，所以在原则上应该能够为它们的学生提供良好的条件，但实际的条件并不令人满意。

私立大学的缺点是，它们有着质量参差不齐的名声（也门最好的大学声誉较好，但其他大学的名声却很差）。在某些情况下，它们提供的基础设施对于一所大学来说是相对不足的，因为直到目前还没有有效的认证体系，来对其质量进行有效的控制。大多数私立大学是在颁布《也门大学法》之前建立的，大学最高委员会有权向私立大学颁发许可证并制定其规范。因此，它们在没有政府许可的情况下运作，并没有达到法律标准。例如，一些私立大学建设在租赁房屋内，一些成立不足五年的私立大学面临严重的资源限制，却开始提供研究生课程。

1999 年，政府颁布了一部关于管理私立大学、学院和机构的法律，但该法律在 2005 年才得以落实。然而在 2005 年 5 月，政府要求关闭除了一所之外的其他私立大学的医学院和所有偏远分校。同时还通知私立大学，要求它们必须在未来 1~7 年内达到最低认证标准。因此，有迹象表明政府已经开始认识到需要关注私立大学，但至今尚未制定出相关的战略框架。然而，国际开发协会资助的高等教育计划包括一个开展质量保证和认证机构的试点项目，这将为提高也门私立大学的质量迈出坚实的一步。

此外，私立大学依赖公共部门为其员工提供服务，这对于相关大学来说不可能是有利的（事实上，由于直接聘用员工的比例很小，它们比传统的大学更能灵活地应对市场），最后令人担忧的是，由于私立大学利益相关者的动机是赚钱，因此会影响它们的决定和行动。

未来的一个重要挑战将是努力维持和提高私立大学的质量，同时扩大私立大学的规模和覆盖面，使其在也门的教育体系中发挥更重要的作用。

5. 财政资源

(1) 支出

教育（各级）占更多公共支出的份额反映了政府的承诺。政府教育支出从 1996 年的占国内生产总值的 5.1% 增加到 2004 年的 6.8%。与大多数阿拉伯国家和低收入国家相比，这一比例很高。教育领域在政府总支出中的份额也从 1996 年 16.0% 增加到 2000 年的 17.7%，2002 年为 20.7%，2005 年为 21.2%。

表 5-2 显示了近期教育支出增长非常迅速，以及教育支出中高等教育所占的份额的增加。

表 5-2   2002—2005 年高等教育经费增长指标

项目	2002 年	2003 年	2004 年	2005 年
教育部门的资金分配项目（百万也门里亚尔）	122 907	133 284	162 714	177 125
高等教育资金（百万也门里亚尔）	19 471	22 459	29 708	32 012
高等教育占所有教育预算的百分比（%）	15.8	16.9	18.3	18.1
高等教育占普通教育的百分比（%）	19.3	21.1	23.5	23.4
高等教育占国家预算的百分比（%）	3.3	2.9	3.9	3.8

就公立高等教育支出而言,2004 至 2005 年占国内生产总值的 1.2%,高于低收入国家的平均水平,并且与大多数阿拉伯国家的平均水平相近。也门最近增加的支出反映了公立大学的扩张趋势。2000 年,政府还启动了社区学院的预算拨款,这些拨款仍然只占高等教育总支出的一小部分(2000 年为 0.3%,2003 年为 1.9%)。

尽管如此,无论是相对于国内生产总值的支出水平,还是相对于其他国家的支出水平,实际上都有一个强有力的观点认为资金依然不足,一部分原因是可用资金的使用效率低下。在某种程度上,这是因为结构性原因(如资金投入的用途),但也有部分原因是一些管理人员的素质不合格,更糟糕的是,存在某种程度的腐败现象。

表 5-3 列出了高等教育经常性和资本性支出的情况,在经常性支出中显示了各个方面的支出。

表 5-3　　　　　　　　　　2001—2005 年高等教育支出指标

项目	2001 年	2002 年	2003 年	2004 年	2005 年
高等教育经常性支出(百万也门里亚尔)	9 728	16 141	17 971	21 375	22 956
经常性支出占高等教育总支出的百分比(%)	73.1	82.9	80.1	71.9	71.7
海外奖学金(百万也门里亚尔)	1 445	5 893	6 165	6 808	7 214
海外奖学金占经常性支出的百分比(%)	14.9	36.5	34.3	31.9	31.4
工资、薪金(百万也门里亚尔)	5 877	6 506	8 509	10 361	11 347
工资、薪金占经常性支出的百分比(%)	60.4	40.3	47.3	48.5	49.4
文化活动(外部会议)支出(百万也门里亚尔)	352	417	563	693	669
文化活动支出占经常性支出的百分比(%)	3.6	2.6	3.1	3.2	2.9
资本性支出(百万也门里亚尔)	3 591	3 330	4 488	8 333	9 056
资本性支出占高等教育总支出的百分比(%)	26.9	17.1	19.9	28.1	28.3

(2)工资、薪金

虽然与其他国家相比,大学教师平均每月的薪酬较低,但相对于也门的其他专业人员来说仍然很高。一位普通教师的年薪为 29 000 也门里亚尔,一位教授的年薪为 150 000 也门里亚尔(包括住房津贴)。薪资的增长基于资历,而且没有工作量或教学和学术产品质量的评估体系。

(3)海外奖学金

来自所有公共资源(高等教育和科学研究部、大专院校及其他部门)的海外奖学金总支出从 1997 年的 26 亿也门里亚尔增加到 2004—2005 年度的 72 亿也门里亚尔。在 2004—2005 年度,约有 5 300 名学生获得高等教育和科学研究部的海外奖学金资助(74%用于本科项目,26%用于研究生学习)。

无论资金水平如何(特别是在资源稀缺的情况下),尽可能地确保充分使用可用资金是非常重要的。海外奖学金计划中特别指出,因为 72 亿也门里亚尔占高等教育预算的比例较高,以至于维持这一计划的机会成本过高。还没有清楚地认识到,这笔支出对整个国家,特别是对高等教育有很大益处。

(4)资本支出

资本支出的趋势和明细表明了三个关键事实:

①过去几年投资增长迅猛,从2002年的33亿也门里亚尔增加到2005—2006年度的65亿也门里亚尔[①]。

②这一增长主要由国内预算提供资金,外国捐助占比会在一两个特定年份中达到15%。

③资本支出主要用于建立新的大学和学院。

(5)单位成本

也门每名学生的单位成本(在此定义为公共经常性支出,不包括公立大学生的国外奖学金)在2004年为79 682也门里亚尔或875美元。

近年来,单位成本增长非常迅速,在1996至2000年间,实际成本的增速约为原来水平的三分之二。公立大学之间的单位成本差异很大,而两个师生比较低的学校(哈德拉毛大学和亚丁大学)却创造了特别高的单位成本。师生比也可以区分文科和理科学生的单位成本。对私立大学单位成本的粗略估计显示,其中大多数学校的单位成本与公立大学类似。

国际比较表明,与中等收入国家相比,低收入国家的人均国内生产总值单位成本可能更高,也门的单位成本与这种规律相匹配。

因此,在师生比很低的大学中,运营成本的很大一部分用于工作人员的薪水。这造成了一个很严重的问题,因为这意味着大学的员工数量不足,同时资金又不能充分支持其他设施的建设:世界银行的最近一项研究发现,图书馆每名学生平均只有两本书,发展中国家平均达到10本,经合组织国家超过100本。

毫无疑问,也门将国内生产总值的大量资金用于高等教育,相对而言,每个学生的单位成本也很高。所有的这些现象都提出可用资金是否能得到充分利用的问题,这同样也是下面要关注的问题。由于目前专门用于高等教育的公共财政投入比例较高而出现了一些问题,即未来很难确保资金持续的增长。除非要牺牲质量或缩减数量,否则资金的增长是一定需要的。

(6)其他收入

除了从国家那里获得的收入之外,目前尚不清楚大学自身的收入总额,但人们一度认为这一数额很低,并且一再强调大学赚取额外收入的动机很弱。实际上,在许多情况下,获得的收入是必须归还财政部的,而且也没有统一的制度来监管,并采取措施促进

---

① 2005—2006年度的预算数字为85亿也门里亚尔,根据过去的预算支出比例数字更接近于65亿也门里亚尔。

对额外收入的追求。特别是,在这里不需要支付学生学费(这实际上是宪法禁止的,需要修改宪法才能做到这一点),尽管法律现在允许实行平行收费制度,即一部分学生通常不会被特定学科录取(通常是医学或工程学),但也可以以较低的成绩被录取,同时必须支付费用。一般的学生收费制度是很难推行的,虽说不是大多数学生,但还是有很多学生无法负担高昂的费用,而且目前还没有简单的机制可以让学生通过贷款来支付学费。私立机构当然要收费,而且这些费用相当昂贵(例如,科技大学每年平均向医学和牙科学生收取 3 800 美元),但由于这些费用占学生费用总额中的很小一部分,因此这对投资于高等教育的国内生产总值所占的比例贡献不大。大学也不能借钱进行投资,尽管可以,但是它们缺乏管理这些钱所需的技能。

(7) 分配方法

经常性拨款的分配主要是根据上一年的预算,与财政部谈判后加以调整。在分配中没有关于绩效或竞争的考虑。目前用于大学拨款的方法也没有什么优势。的确,这种分配方法可以保持稳定,但这是以持续的差距、异常和低效率为代价的。各机构之间资助的差异,也没有合理的依据。例如,每年塔伊兹大学的人均经费在 50 000 也门里亚尔以下,而哈德拉毛大学的人均经费超过 185 000 也门里亚尔。也门政府认识到目前的安排并不令人满意,并在世界银行的支持下进行了一项关于改革资源分配制度的研究。

6. 人力资源

也门大学雇用了大约 2 650 名全职教职员工,大部分持有博士学位,另外还有 1 750 名助教。这些数字意味着生师比为 50:1,这个比例非常高而且近年还在继续升高的趋势。这无疑对教育质量产生了影响,正如以下所讨论的那样,对教学与学习的风气产生了不利影响。

除科技大学以外,私立大学一般不会雇用自己的员工。公立社区学院雇用了 140 名教师。这些工作人员的资质和水平低于大学工作人员。同样,偏远地区学院雇佣的工作人员比其他地方的资历要低。

许多非也门人受雇于也门的公立大学,特别是科学与技术专业,而且工资一般高于也门的同行。人们普遍认为,如果没有这些海外工作人员,便不可能拥有教授这些科目的资格。

大学教授的年薪约为 9 326 美元,按国际标准(以及该地区其他国家的标准)计算是低的,但按也门的标准计算却很高。因此,除了大学职位外,大学工作人员还普遍拥有一份或多份工作。或许是因为这个原因,大学教职员工在也门社会中仍然有着很高的威望,因此对大学职位的需求也很高。

员工拥有私人收入,本身并没有什么问题,这在大多数国家都很常见,但是明显缺乏透明度和问责制导致了问题的出现。很显然,一些工作人员认为他们的大学职位是次要的,而他们担任的其他工作往往更为重要。显而易见,这些做法往往不利于学生,并且有案例指出,有工作人员经常缺席,甚至他们承诺举办的讲座也会停办。因此对工作人员额外利益进行规范和控制是至关重要的。

很明显,在大学中工作仍然是一个有吸引力和声望的职业,因此应该能够吸引也门一些最有能力的人。如此多的部长和高级公务员都来自大学教职员工,也表明事实就是这样。另一方面,从上述说明可以看出,如今在人员配置方面存在诸多不足之处。

此外,在任命时,目前的安排并没有得到工作人员的充分认可,也没有系统的更新过程,这也就意味着大学及其学生并不总是能享受到工作人员的良好服务。然而,目前的薪资确实没有吸引力(尽管按也门标准而言,这些工资相对较高),为了保持这一职业的吸引力,从外部改变可能是必要的。无论如何,倘若一所大学的职业对最优秀的毕业生不再有吸引力,又或者说如果招聘的教员不是最优秀的,那么这将对也门社会造成极大的损害。

当然,不仅仅是薪水让一份职业具有吸引力,工作条件和环境也是极其重要的。关键问题是很少有教师有自己的办公室,甚至是多人共用一间办公室;他们缺乏通信设施,也没有机会接触海外同事;等等。一所高质量的大学需要有社区意识和共同文化,而目前教师所处的工作环境并没有体现这一点。

尽管上文提到该职业仍然具有吸引力,但大学似乎很难在工程和科学学科以及英语学科中招聘到合适的人员。事实上,人员的可用性(或者说不可用性)是这些学科发展能力的主要限制。

7. 物质资源

2005年度政府对大学的投资预算为85亿也门里亚尔,占经常性预算的38%,这一比例非常高。当然,这里包括大量的新建筑。事实上,新建筑的可用资源在某种程度上与设备的提供和现有能力的提高之间形成了鲜明的对比,例如,在提高工作人员能力或配置图书馆书籍方面。值得关注的是,就设备投资而言,现有资源不足的原因之一是缺乏适当的投资以及存在腐败行为,由此导致了不适当的采购行为。而理工科学生相对较少的主要原因,与其说是缺乏学生,不如说是缺乏实验室、设备以及教学人员。

通过这项调查可知也门大学正在使用的许多设备都是陈旧的,多年以来一直没有更新,这在现代社会中对培养学生的能力是非常不利的。在这次调查的基础上得出结论,即要更新也门大学的设施,将需要大量的投资,而一个重要建议是对也门大学的设备需求进行一次彻底的调查。显然,需要大量投资才能使这些设施达到可运行的状态。

目前的安排中依然存在美中不足之处,这不仅与大学息息相关,而且也与也门缺乏广泛的基础设施密不可分,同时也关系到高速通信网络的缺失。如果没有对计算机和通信的充分投资,大学就无法最大限度地发挥信息和通信技术在教学和研究方面的潜力。大多数大学和非大学机构内部都没有运行良好的计算机和局域网,甚至该类机构在试图联系外部世界或寻求相互合作时会遇到严重的问题。

也门政府清楚地认识到了这一点,并对也门高等教育中的信息通信技术的问题进行了审查。结果表明,也门目前信息通信技术方面造成了浪费,为此,高等教育和科学研究部首先决定加强高等教育机构的能力,以便在进入具体的信息通信技术项目之前提高信息通信技术。这一举措促进了国家信息通信技术政策的制定和也门高等教育信息通信技术的总体规划。随后在荷兰和坦桑尼亚大学顾问的协助下,政府制定了在该领域分阶段实施信息通信技术的各机构的总体规划。政府的高等教育项目,有计划设立也门信息技术基金会,以引导也门各大学和学院开发和使用信息通信技术。高速数据通信基础设施的发展是总体规划的重要组成部分,电子图书馆和电子学习的发展也是如此。

8. 学生人数

也门大学的学生人数一直呈现稳步增长趋势,学生人数目前约占19岁至23岁人口的13%。这一统计数字需要在上中学的人口比例相对较小的情况下加以考虑(相对于其他国家),因此,从这种角度来看,这是一个相当合理的情况。此外,在19万名左右的高中毕业生中,只有约4万人被大学录取,这意味着相当多的年轻人会被淘汰。近年来,随着大学在入学方面变得更具选择性,学生入学人数有所下降。事实上,在20世纪90年代,入学人数大幅增长,增幅超过了5倍,从20世纪90年代的35 000人增至2003年的176 000人。然而,自2001年以来,政府将中学毕业考试的及格率定为70%,并将此作为大学入学的门槛,旨在减少社会科学和人文学科的学生人数,虽然这些学科很受欢迎,但就业前景不佳。在医学、科学、计算机、语言和工程大学等学科中,已经开设了入学考试,入学考试让学生在入学时具有高度的选择性,同时适用于其他学生。

虽然现在有社区学院和技术学院来接纳一些无法进入大学的学生,即使加上这16 000名进入私立大学的学生,它们可接纳的人数依然非常少。很明显,依旧有很多离开学校并渴望接受高等教育的青少年找不到合适的学习地方。

进入高等教育具有选择性,能够在一定程度上确保高等教育的质量。在另一方面,人们担心也门大学的招生质量,另外,也门大学缺乏设施以容纳那些未达到大学入学标准的人。随着越来越多的学生接受中学教育,对高等教育系统造成的压力越来越大,这一问题将会越来越严峻。由于申请者数量过多,最近大学逐渐开始实行资格预审和竞争性选拔学生的制度。

目前也门的主要问题是缺乏多样性,尽管有一些非大学机构,但也门的绝大多数学生还是就读于正规大学中。未来的一个重要优先事项将是增加机构的多样性,以满足日益增长的渴望接受高等教育的年轻人的需要。

9. 公平性

也门高等教育中的主要公平问题主要体现在性别和城乡差距上。大学人口中只有大约26%是女性,受过大学教育的城市人口是农村人口的7倍以上。即使是那些接受高等教育的女性,除了医学和牙医领域之外,她们主要集中在教育、社会科学和人文科学等声望较低、经济价值较低的学科上。

联合国教科文组织的千年发展目标要求在2015年底前实现1∶1的男女高等教育入学率,而在也门,这一比例目前还不到1∶2.8。显然,增加女性和农村人口参与率是一个非常重要的愿望,这在"减贫战略"和"也门2025年战略愿景"中占有突出地位。也门高等教育的另一优势是大学偏远分校的存在,这些分布在其他地区的偏远分校虽然存在诸多的问题,但确实有助于确保那些处于偏远地区的人能够在附近获得某种形式的高等教育。

10. 主题组合和成果

也门难以培养足够的科学、工程和数学毕业生,大学以社会科学和人文学科学生为主,目前只有大约13%的学生学习科学、工程和技术。造成这一状况的原因并非缺乏学生需求而是缺乏能力,即人员配置,大学无法接纳更多的学生。也门存在一种现象,即在大学和整个社会以及申请者中,普遍倾向于理论学科而不是应用学科,这可能是因为目前科学与社会科学以及人文科学之间的不平衡不是由于缺乏学生,而是缺乏能力。大学(有工程、医学及其他科目的考试)所要求的分数,明显比社区学院的要高,这都证明了这一点。虽然其他国家在科学和技术教育毕业生的产出方面与也门存在相同的问题,但是也门的问题比其他地方更为严重。此外,尽管其他多数阿拉伯国家有大量学生就读于技术学院,但也门大学与非大学高等教育机构就读的学生的比例却很高。

涉及学科平衡方面的一个具体问题是使大量的教育学院产生了扭曲效应,即40%以上的学生正在努力学习成为教师。因此,即使这个国家还将继续需要大量且数量不断增加的教师,但正在接受培训的人数远远超过了所需人数。

有相当多的证据表明,大学毕业生的失业率很高,但这方面的相关数据很难获取。为了得到一个有意义的描述,有必要获得研究对象的失业数据。

尽管缺乏准确和详细的数据,但公务员招聘的人数不到申请人数的10%,且现在才开始招聘1995年人文和法律专业的毕业生。这表明,一方面是大学没有培养出劳动力市场需要的毕业生,另一方面是劳动力市场没有发展到可以容纳这些毕业生的程度,或者两者兼有。更重要的是,这不仅是大学培养毕业生的问题,从某种程度上说,这与劳动力市场和经济的发展状况有关。不管是什么原因,问题依然存在,在约旦这样的国家,毕业生数量也远远超过本国经济所能容纳的数量,而剩余的毕业生则流向了那些容易找到工作的国家,但也门似乎并非如此。这主要反映在学生学习的科目上(在约旦,工程和技术专业的学生比例要高得多),同时也反映出也门培养毕业生的质量较高。

也门的大学中缺乏一种方式即为毕业生以及那些已毕业但目前失业的人提供培训,还需要为本科培训以外的职业培训做好准备。这样的转换项目,在其他地方一般是持续三个月到一年,而在也门高等教育系统中几乎没有。同样,也门的高等教育系统也没有自我创业的传统,因此毕业生通常离开了也门大学之后并不具备相应的技能。

11. 教学方法

也门的大学有一种传统,即讲师讲课和学生"接收"讲师提供的信息。由于使用的课程笔记和资料往往是过时和不适当的,因此加剧了这种授课现状。虽然书籍和教材匮乏、师生比例低,这些问题可能会使其他的教学方法变得困难,然而,这种灌输式的教学方法与 21 世纪要求学生学习的方式相距甚远。21 世纪所要求的学习方式是使学生们能够获得深刻的理解,并有能力在一生中不断学习和提高自己的认识。

也门没有系统程序来审查课程,也没有外部世界尤其是工业界参与制定课程,以确保学生所学的内容是适当的和相关的。因此,许多课程多年来没有修改,也没有得到系统的发展,而且学生所学的东西可能并不是最新的和适当的。由于缺乏对工作人员审查方案的激励以及许多工作人员的外部利益占主导地位,因此出现这种情况也不足为怪。

四年制本科学位课程并不是一个特定的问题(越来越多的其他国家对四年制本科学位课程进行标准化),但人们担心的是,学生在关键学科方面是否具有足够的基础,例如,英语和阿拉伯语、信息技术和数学,能够在这四年中取得令人满意的成绩。特别是在医学和工程学科中,由于学生学习的知识大部分都是用英语学习的,因此他们必须掌握英语,而实际情况并非如此。

如前所述,大学没有为研究生提供课程以更新和培训其专业,也没有激励措施,因此也就没有为广大民众提供继续教育的机会。

12. 质量

虽然个别大学可能有确保质量的内部程序,但这些程序绝不是系统的,也没有国家质量保证体系。因此,对大学或其内部的工作人员而言,没有任何激励措施来确保其所提供教学的质量和标准。

由于缺乏质量保证程序,因此也门不存在任何认证程序。这意味着私立大学能够在不评估其是否具有能力,提供适当高等教育的情况下运作,而且即使在创建私立大学之前已经有了正式的程序,但这并不包括对其投入或过程质量的全面评估。

也门在质量保证方面有良好的实例,私立大学科学和技术学科有一个质量保证程序,每年对每名教授进行两次评估,包括对学生表现进行调查,但如果有更为系统和广泛的质量保证程序,那么无疑可以解决上述关于质量、相关性和承诺方面的一些问题。

政府已经认识到目前的安排并不尽如人意,最近在世界银行的支持下,与英国国家学术认证信息中心组织的一个财团签订了一项技术援助合同,以帮助在也门各大学建立质量保障体系。

13. 研究

也门大学的研究严重不足;缺乏研究文化;资源和设施(实验室和图书馆,以及技术人员和期刊)不足;缺乏激励工作人员的措施。

无论是公共的还是私人的,专门用于大学研究的资金少之又少,而且所做的研究往往是自我激励型的。研究仅仅作为个别员工晋升的先决条件,而不是作为整个机构或国家战略的一部分。没有一个国家机构对研究的数量以及具体研究课题进行评估。因此目前所进行的研究是不协调和不系统的。需要牢记的是,即使是在发展中国家的高等教育体系中,研究也是很重要的。研究既可以为教学提供信息,又可以解决当地的问题。但要想取得最有效的效果,就必须协调和规划专门用于研究的资源。

一个特殊的问题是也门大学的研究生人数很少。例如,在萨那大学,87 000名学生中只有600人是研究生,而在全国也只有大约1 500名研究生。在改善大学制度和服务国家方面,研究生的招生都有相当大的空间。

14. 服务

各地大学的职能之一是更全方位地为当地社区和社会提供服务,并向广大民众提供知识、技能和设施。虽然也门的大学可能会履行类似的职能,但没有关于这方面的系统信息。而且很少有信息表明,大学教授除了为谋取个人利益而从事咨询工作之外,还能够为当地社区和社会提供服务。大学拥有才华与学识兼备的人才,而一个正迫切发展的国家需要的是充分利用所有的资源。当然,一部分问题是,无论是对大学还是对个人来说都没有激励大学或工作人员承担公共服务的措施。这无疑是一个需要进一步发展的领域,政府可能会考虑是否能激励大学对公共服务做出更大的服务。

(二)SWOT 分析

根据上述对这些问题的讨论,本节对高等教育和科学研究机构的内部和外部环境进行了评估和分析,并剖析了其优势、劣势、机会和威胁。

1. 优势

高等教育和科学研究部设有一个可作为其领导者的部门,该部门在工作中提高了其知识和专业技能。

(1)该部已获得充分的法律授权。审查了1995年第18号法律,2000年修订的教育法与高等教育和科学研究部2004年第137号法及其他相关法律和附则,赋予了高等教育和科学研究部对所有高等教育机构的管辖权,监督、协调和批准高等教育领域的规划并制定政策,确保所有高等教育机构遵守现行法律、法规和条例。

(2)高等教育和科学研究部的领导已经认识到变革的重要性,竭力支持高等教育改革,并表现出对改进和发展的强烈愿望。

(3)一般而言,公立大学有一批受过良好教育的教师队伍,他们可为高等教育和科学研究的发展与改进做出贡献。

(4)公立大学一般都拥有最低水平的基础设施,如现代建筑、教具,有经验的学术和辅助人员,他们能够以不同的语言参加当地和国际论坛讨论及活动。

(5)公立大学将大学内各级工作人员和学生代表制度化。

2. 劣势

(1)过时的立法、传统的管理制度、复杂的程序、不协调和集中化的决策。

(2)高等教育和科学研究部的结构和能力,不足以发挥应有的作用。

(3)大多数高等教育机构缺乏决策的透明度和问责制。

(4)缺乏战略规划。高等教育系统的大多数组成部分没有明确的价值观、愿景、使命和战略目标。

(5)财政资源有限。大学在海外的工资和奖学金支出总额中,约70%依赖于政府。

(6)缺乏财政自主权。高等教育机构的预算是通过与财政部谈判确定的,费用由财政部的财务主管控制,该主管能够批准财政部向所有公立高等教育机构发放款项。

(7)有限的物质资源。大多数公立大学和私立大学都缺乏足够的图书馆、教具、实验室、设备和通信网络。这限制了科学和工程领域的招生人数。

(8)缺乏系统的质量保证方法,限制了教学和行政人员在能力方面的发展。

(9)缺乏为学生提供社会服务的设施,例如:为即将入学的学生提供咨询和职业指导。

(10)研究文化不足。目前,大多数研究都是为了个人晋升,与国家经济发展的需要无关。

(11)学术活动不符合最新的社会经济发展趋势。大多数项目多年来没有经过审查和修改。

(12)高等教育成果与社会需求和劳动力市场需求之间不匹配。

(13)在社区服务上具有滞后性。大学作为机构,并没有在国家重大问题中做出回应。

(14)与外界隔绝。很少有大学认可并与阿拉伯国家或其他国家的大学建立联系。

(15)与私营部门和工业界的关系疏远。私营部门与高等教育规划政策和决策脱轨。

(16)内部和外部效率低下。

(17)缺乏有效的国家监管框架来认证课程和学位。

(18)招聘和甄选教学人员及助理的机制不透明,不符合学术标准。

(19)教学人员和管理人员之间缺乏协作精神。

(20)教学人员与学生之间缺乏个性化互动。

(21)学术标准下降。

(22)师生比例不正常。

3. 机会

(1)政治意愿和政府承诺。领导层和政府多次在不同场合宣布希望支持教育发展方面的变革。

(2)政府与国际机构和捐助者合作开展宏观经济、财政和行政改革。

(3)国家信息技术领域的现代化发展,可能为高等教育机构提供发展教育和改进科学研究的机会。

(4)实现政治愿望和获得公众的支持,以提高女性的参与度和入学率,缩小城乡入学人数之间的差距。

(5)活动的国际化,特别是区域活动的国际化,包括招收国际学生。

(6)开设偏远地区分校,以增加获得教育的机会。

(7)制定高等教育和科研战略,为高等教育机构提供一个逐步完善的机制。

4. 威胁

(1)每年高达3.02%的人口增长率,这将使人口数量在2020年底前翻一番,而年轻人口的数量也将大幅增长。

(2)政府今后增加高等教育预算的预期值会降低,这将会限制高等教育未来增长和发展。

(3)在日益私有化的趋势下,免费提供大学教育。

(4)经验丰富的教职员工会寻找更好的职位。

(5)抵制任何变革和发展。

(6)国际机构和捐助者的支持持续的时间可能不会长久。

(7)缺乏竞争力的教师工资和薪酬制度,会降低忠诚度,并导致教师向阿拉伯和其他国家移民。

(三)主要问题摘要

也门高等教育体系的根本问题是,它提供了一定的教育质量,但其相关性往往是值得商榷的。资金状况很紧张,师生比例很低,所提供的资源并没有得到有效的利用,并且随着需求的大幅增加,加上不确定的经济前景,目前尚不清楚未来将会是何种情况。下文对将要出现的主要问题做了具体总结。

1. 治理

(1)各部委之间对中等后教育的责任分工意味着也门没有高等教育意识,也没有有效的规划。

(2)高等教育和科学研究部的职权范围、职责和目的目前尚不清楚。

(3)财政部的职能不合理,特别是对个别大学开支的严格控制,导致不理想的结果。

(4)大学的自主权受到严格限制,由于对大学的财政事务进行严格控制,导致缺乏灵活性和决策滞后性。然而,这种严格控制本身是许多机构缺乏能力,无法对资源的使用做出最佳决定。

(5)甚至大学领导拥有的、有限的自治权也没有得到很有效的利用。尽管它们有一定的自主管理权,但它们并没有做出有效管理大学的决定。

(6)另一方面,各机构缺乏行使更大自主权所需的知识和技能,现有的治理安排不适合实现充分自治。

(7)由于大学的管理没有外部的参与,因此,大学与外部世界毫无联系,并且大学内部缺乏决策的透明度和问责制。

(8)缺乏制定国家体制政策的基础信息和数据。

2. 机构多元化

(1)教育学院的数量,特别是偏远大学的数量增多,意味着师范教育增多,尽管人们认识到,这些学院为农村地区的许多学生,特别是女性提供了进入高等教育的必要途径。

(2)普遍认为偏远分校的质量低于母校的质量。

(3)非大学院校发展不足,供给亦不足。

(4)非大学院校的质量参差不齐。

(5)过去,私立大学对质量的控制和认证不足,它们在也门高等教育发展中可能发挥的作用被忽视。

3. 资源

(1)财政资源

①尽管目前用于高等教育的公共资金比例相对较高,但大学可用于支付其运行成本的资金却受到严重限制。

②大学运营成本中用于工作人员薪酬的比例很高,但并不能改变师生比例的现状。

③没有普遍或全面的制度来管理和鼓励大学赚取收入。在某些情况下,它们需要将赚取的全部收入退还给财政部。

④大多数学生不缴纳学费,学校丧失了一个重要的额外收入来源。

⑤大学可能不会借贷投资,即使可以,它们也缺乏必要的技能和能力来管理这一资金。

⑥海外奖学金计划在高等教育预算中所占的比例很高,能否妥善使用这笔资金目前尚不明确。

⑦目前大学之间的资金分配缺乏透明度,也没有合理的依据。

(2)人力资源

①目前学生与教职工的比例为 50∶1,这一高比例会对教学方法和教学质量产生影响。

②工作人员外部承诺的程度是不受管制的,同时缺乏决策的透明度和问责制,并削弱了他们对大学教学和研究的承诺程度。

(3)物质资源

①与新建建筑相比,用于设备的费用相对较少,而且由于规格不适合,甚至有的完全报废,现有的许多设备已经过时,不足以实现其教学目的。

①理工科学生人数较少的主要原因是缺乏物质资源。

②高速通信网络的缺乏阻碍了高等教育部门教育和研究的发展。

4. 教学、研究和服务

(1)学生人数

①尽管进入高等教育明显具有选择性,但仍然有一些人对其中录取的学生的素质和能力表示担忧,最近大学已经开始对学生进行资格预审和竞争性选拔。

②缺乏机构多样性意味着没有足够的设施来容纳那些中学已毕业但未达到大学录取标准的人。

(2)公平

①大学生总人数中只有大约25%是女性,而来自农村地区的学生人数相对较少。

②没有学分转换系统,这意味着在其他机构完成课程的学生无法在大学继续学习。

(3)学科组合

①与其他国家一样,也门难以培养足够的科学、工程和数学毕业生,大学以社会科学和人文学科的学生为主。这不仅是因为学生的需求不足,也是因为供应不足。

②大量的教育学院培养了约40%的学生成为教师,在某些情况下,这类毕业生也能够找到其他工作。

③有相当多的信息表明,毕业生失业率很高,这是由学科组合不当造成的。

(4)教学方法

①目前所采用的教学方法一部分是由不恰当的师生比和设施的匮乏造成的,这意味着教学方式与21世纪的要求相去甚远。

②缺少系统的课程审查程序,也没有外界参与编制课程的过程。

③人们关切的是学生在关键学科方面是否有足够的基础,以确保在四年的课程学习中取得进步。

(5)质量

①没有国家质量保证程序,因此也没有激励大学或其工作人员提供高质量教育的措施。

②没有任何有效的认证程序,这意味着私立大学能够不受限制地运作。

(6)研究

没有专门用于研究的公共或私人资金,也没有任何鼓励在国家或机构层面进行适当研究的战略方针政策。

(7)服务

虽然大学的职能之一是更广泛地向当地社区和社会提供服务,将大学的知识、技能和设施为广大民众服务,但没有证据表明也门的大学有这种服务职能,除了在某些时候大学教授为了个人利益承担咨询任务。

三、愿景和使命

重要的是要明白,一个愿景、使命和战略与其说是关注解决眼前的问题,不如说是以积极的方式去塑造未来。考虑到这一点,高等教育和科学研究部的愿景是"建立高质高量、广泛参与、纵横多元开放的高等教育体系,既有效又高效,提供优质课程,向社会展示教学、学习、研究和服务的卓越性,并提高也门人民的生活质量"。

这一愿景促进了高等教育和科学研究部使命宣言的形成。

(1)扩大进入大学和其他高等教育机构的机会,特别是19~23岁这个年龄层的人,使其在第三个五年计划期间的入学率从目前的13%增加到16%,到2025年达到35%。

(2)提高大学和其他高等教育机构毕业生的素质,特别强调获取高深知识的能力、解决问题的能力、具有批判性和创造性的思维、阿拉伯语和英语的沟通能力、终身学习的能力、信息技术的技能,以及积极参与并实现个人和国家的愿望。

(3)发展和加强高等教育和科学研究部的决策、规划、协调和监测能力,以监督和指导也门共和国高等教育机构的不断发展。

(4)纵横双向发展大学和其他高等教育机构,开创或开发新学科,实现符合当地、国家和地区劳动力市场需求的多样化培养计划。

(5)提高高等教育机构的效能和效率,使其能够合理利用现有资源,提高高等教育的附加值。

(6)根据全球化时代的国际标准,为培养未来的教职员工做好准备,满足也门知名大学的质量改进和扩展需求,以确保也门大学的教学质量、学习能力、研究能力和竞争力。

(7)实施国家和机构信息通信技术高速网络的现有设计,满足所有大学和其他高等教育机构的基础设施需求和人力资源需求,使其能够跟上国际发展领域的教学、学习、研究、治理和服务,包括远程学习和电子学习。

(8)建立国家学术认证和质量保证委员会,对所有大学和其他高等教育机构进行评估和评价,并根据国际标准确保公立和私立机构的质量和水平。

(9)加强高等教育机构的管理能力,提供高质量的永久性项目,满足国家可持续发展需要,跟上国际高等教育快速发展的步伐。

(10)为大学和其他高等教育机构的基础设施提供必要的资源,使它们能够根据目前和未来的社会需求提供教学、学习和科研服务。

(11)重组大学和其他高等教育机构,以实现方案和机构的多样化,并根据高等教育部门的愿景和国家的发展需要减少不必要的重复。

(12)使所有大学和其他高等教育机构(包括私立机构)的资金来源多样化,鼓励增加自筹资金,并让私营部门参与资助和发展。

(13)在伊斯兰信条以及更高的正义、善良、平等和宽容的基础上,建立和加强大学与其他高等教育机构的民主文化制度,以加强民族团结,建立统一、民主的也门。

(14)加强大学内部和其他高等教育机构之间的合作,以最大限度地提高部门一体化程度,并提高其对整个社会的附加值。

(15)培养学生发展全面的人格,与也门社会及其阿拉伯-伊斯兰文化紧密相连,积极应对21世纪全球化的挑战。

(16)在国家发展需要的基础上,将大学研究制度化,并为大学、政府和私营部门在各个领域促进国家发展方面建立良好的伙伴关系。

在分析当前环境和第二部分中提出的问题的背景下,这一愿景和使命产生了以下主要战略目标,这些主要战略目标为具体子目标和下一部分即将讨论的战略行动提供了支持和框架。

主要战略目标1：治理

确保在国家和机构层面上的安排，例如，确保高等教育系统受到管理和监督，从而优化决策制度开发系统。

主要战略目标2：机构多样化

确保也门的高等教育以多样化的方式发展，以不断加强机构的多元化，满足需求的多元化。

主要战略目标3：资源

确保提供足够的资源以建设高质量的系统，并优化这些资源。

主要战略目标4：教学、科研和服务

确保适当的教学、科研和服务水平，以尽可能高的质量，满足也门及其人民的需要。

四、分析、目标和行动

本节将介绍第二部分中确定的问题以及第三部分阐述的愿景和使命，并讨论实现愿景所需的措施。所提议的行动是为了在十年内转变高等教育体制，该方案需立即着手执行，有一些行动需要立即开始实施，并在两年内启动所有行动方案。

主要战略目标1：确保在国家和机构层面上的安排，例如，确保高等教育系统受到管理和监督，从而优化决策制度开发系统。

(一)国家治理

1. 部长职责

目前，各部委之间的责任分配，无论是对一般高等教育，还是对大学特别的规划，都不利于其进行良好的规划或决策。虽然在几个部委之间进行了责任分配，但是没有协调机制，意味着决策是在没有任何知识或参考的情况下，根据现行系统做出的。例如，在未来几年有望解决中学参与工作的年轻人数量大幅增长的情况下，应该如何决策为满足这一需求以及在大学、社区学院、其他形式的技术机构和其他高等教育机构之间的分配方式问题。目前，这些决策在高等教育和科学研究部、教育部及职业技术和培训部之间是分散的，财政部发挥着重要作用。此外，决策都是由一个部门做出的，而不参考他人的计划和决策。

理想状态下，这种情况应该合理化，但从长远来看，应该努力将三个不同部门合并为一个部门——教育部，包括基础教育、职业和技术培训、高等专业教育和大学，努力提高教育部的效率。短期内，提出了替代办法，以帮助调整各部委不同的高等教育方案。

2. 大学最高委员会

目前，存在一个大学最高委员会，由上述三个部的部长和副部长与规划、劳工和社会事务部、公务员以及保险和金融部的部长会晤。然而，这个委员会的工作基本上是滞后的，每年仅召开一次会议。

为了建立三个教育部门与财政和规划部门的论坛，应审查委员会的职责、作用及其

组成部分(及其名称,因为委员会将不仅包括大学),以便建立三个论坛,教育部、财务部和规划部要一起完成的任务如下:

(1)高等教育部门发展计划的调整。

(2)分析高等教育部门计划的发展和实施对其他两个部门的影响,并提出建议。

(3)由内阁和议会制订发展和实施计划,为决策做准备。

3. 财政部

财政部在也门的高等教育体系中的作用可能在世界上是独一无二的。考虑到部长职责发展的历史,这是可以理解的。也门直到最近还没有设立高等教育部,但这意味着政府层面采取的一些关于大学和大学制度发展的重要的决策,不是基于高等教育知识和专业知识的基础而采取的,而是基于教育范围以外的其他原因采取的。

目前的安排也意味着,在对大学的预算和支出的严格控制中,特别是在控制其支出的方式上,总的来说,政府尤其是财政部,实行了过于详细的控制,涉及过多细节。由于财政部缺乏教育规划专家,因而阻碍了有关大学预算提案的决策。

未来财政部的作用应该是制定全国高等教育的总预算,并将这笔预算的责任交给高等教育的某一部门,而高等教育部门则应该根据商定的安排代表政府分配大学和学院之间的资金,监督资金的支出。

4. 高等教育和科学研究部

正如上文所述,高等教育和科学研究部需明确使命和目标,并准确地传达给高等教育部门。需要明确的是,使命不是进一步对大学的活动和决定进行严格的控制,而是为了应对越来越多的随着大学拥有更大的自主权出现的这类情况。

因此,该部的目的应该是:

(1)为部门提供指导。

(2)为整个行业制定监管体系,监督实施情况。

(3)保证授权计划的质量(或更确切地说,确保监测和认可的顺利合理进行)。

(4)根据相关规定,为大学分配资源。

(5)协助部门机构建立国际联系。

(6)确保整个行业的协调发展。

总体而言,教育部应为整个部门制定发展规划,这在某种程度上与大学的高度自治是一致的。教育部要制定高层政策问题,明确部门总体发展方向,监督各部门落实政策,同时为更好地发挥其职能,还应组织设立相应的委员会机构。

教育部的首要任务就是监督和确保该战略的顺利实施,保证其动态更新长达20年。审查法规框架尤为重要,要提案对立法进行修改,以对应本次提出的结构变化。

目前,教育部缺乏履行这些职能所需的部分能力。目前最重要的是,教育部应加快审查其内部资源,设法发展和获得其所需的能力。例如,教育规划、经济、财务和管理、监测和评价、政策发展和分析、统计分析以及信息技术和审计。若其不能够在政府、大学以及更广泛的范围内表明其具备履行这些职能所需的技术和能力,则公众无法给予其信任。

目前,教育部存在一个十分严重的问题,即缺乏可以参考制定国家政策乃至机构政策的信息。有数据,但往往没有进行系统的收集和分析,这意味着战略和政策的制定存在严重缺陷,也意味着政策和战略本身是存在漏洞的。该部门未来的一个发展战略将是建立一个全面的信息管理系统,包括数据收集和数据分析系统。在下一节中,将建议为大学开发管理信息系统,这将为开发一个全面的、全国性的系统奠定基础,以满足教育部以及大学的需求。如果可实施的话,信息管理系统不仅可以服务于教育部,同时也能为大学最高委员会以及下属的大学委员会决策提供信息支持。

5. 高等教育发展中心

高等教育和科学研究部应设立一个高等教育发展中心,既可作为教育部的一个部门,也可作为外部机构,即作为与高等教育各个方面有关的"智库",可支持或直接向大学及其工作人员提供咨询和服务。其重点将包括治理、学习、教学以及教育学的其他方面。鉴于其职能的多样性,应根据需要引入不同专业和领域的专家,以实现特定职能。

6. 大学委员会

目前,大学正在与财政部分别就各自的预算问题进行商议。高等教育部没有直接参与这一议程,直接接受财政部的商议结果。未来预算的责任向高等教育和科学研究部转移,将逐渐设立一个大学委员会,类似于高等职业教育委员会代表所有公立大学与高等教育和科学研究部就整体预算和高等教育规划、全面招生政策、学习计划引入和奖学金方面进行谈判。委员会将由一名高级秘书长来担任领导。

与也门利益相关者的讨论表明,这个机构的设立十分必要,而且成员的任务、作用、组成和工作说明以及秘书处的作用和职能应在中期内制定,但其实施应该转向长期,并应借鉴高等职业教育委员会的经验。

在主要战略目标4的指导下,提出了建立国家研究机构和国家质量保证与认可机构的建议。

(二) 机构治理

除了财政自主权以外,也门的大学同样享有高度的自治权。原则上讲,大学拥有自治权是一件好事,能够更好地把控其机构的运作。此外,大学应该在政治环境之外为国家服务,不应该受到过多的政治控制。然而,要使自治能够有效地为国家做出贡献,需要有适当的条件来保证自主权的行使,但在许多方面也门还没有这些条件。特别是治理、问责能力等这些关键领域的问题。

扩大大学的自主权,原则上是为了保障所有利益相关者的利益,但是在扩大自主权之前,需要解决以下方面的问题。

1. 治理

目前,大学的最终责任是什么尚不明确。它们的领导要服从于政治的任命,而就大学治理委员会而言，都是由教职员工主导的，如果自主权增加的话，大学的工作人员会为自己的利益而努力运作。事实并非如此。世界各地越来越多的成功实践证明大学应该将委员会作为其最终权力的来源，包括学术界的成员，但这些成员并不代表大多数，还有来自企业、地方政府和其他利益相关者的成员。

目前，校长和副校长分别由总统和总理任命。而且，世界各地的成功实践要求大学委员会在公开竞争后，有权力任命包括校长在内的高级管理人员。因此实际上所有的职位都与大学有关。为这项工作聘用最好的人才是毋庸置疑的，应该确保采用透明的选择标准，并公布职位说明和人员要求。经营一所大学，尤其是也门的一些有规模的大学，是一项非常重要的管理事业，应该只委托给最有能力的管理者和领导者。类似于企业或事业的治理安排，其中首席执行官和高级管理人员对委员会的行为和表现负责，而委员会主要由非执行董事组成。

2. 问责

如果大学要获得更多的自主权，就必须是高度负责的。这不仅仅是因为大学可以获得大量的公共资金。更通俗地讲，大学是一种宝贵的资源，是国家基础设施的一部分，而利益相关者需要的是大学应尽其所能地完成被委托的工作。

问责的范围包括以下方面：

(1) 财务（需要审计的部分）。

(2) 工作人员的聘用（任命需要以透明的方式进行，需要合同并予以执行）。需要对法律和法规进行审查和修订，以便组织能够根据资质和需求聘用和解雇员工。

(3) 利益相关者的信息（需要公布关于大学重要方面的审计数据）。

(4) 质量（大学的质量要满足社会需要）。

该战略文件的其他部分提出了一些关于这些问题的建议。

3. 战略发展

大学要制定自己的使命和战略，实际上教育部应负责这一事务，教育部应该要求所有大学进行战略规划，并提交从战略规划中产生的商业计划。最近向马斯特里赫特大学提供的由世界银行支持的技术援助合同，将为该系统开发新的战略提供基础，这些战略应该定期审查。有一点是很重要的，如果大学要有更多的自主权，那么它们必须知道自己的目标以及如何实现目标。在制订战略规划时，大学需要帮助，而且教育部也需要对其战略进行分析和评估。作为能力建设过程的一部分，大学应该为此寻求外部援助。在能力建设过程中，应优先考虑教育计划、财务和管理以及进行战略发展分析。

虽然每个大学都有自己的使命，但每个大学都应该根据这一战略所阐述的愿景和使命，为国家发展高等教育做好准备。大学和学院应该成为社会其他领域的信仰和榜样，应该体现出支撑国家发展的价值观，即诚实、真理、透明和客观。为了提高决策的透明度以及加强自上而下和自下而上的沟通，大学需要对目前的组织和管理结构进行审查。拟议的管理信息系统的引入将成为这一过程中的主要工具。

4. 能力

大学是一个复杂的企业,要想成功运作,所需要的技能很多。特别是如果大学要行使更大的自主权,那么必须确保它们拥有运作复杂企业所需的技能。它们需要在财务、审计、人力资源和房地产等方面拥有专家。直到政府对其能力评估达标,否则授予大学更大的自主权是不明智的。

当然,这不仅仅是一个任命新成员的问题。现实工作人员需要接受培训,让他们能够履行更广泛的责任。后续在这个战略中,提出了各级行政人员和教师的培训建议,尤其是机构领导人需要高级管理人员培训,不只是在任命之前还包括在任职后以及高级管理培训中,教育部都应该提供帮助。

5. 信息管理系统

没有优秀的信息管理就无法经营现代企业,同样大学也不例外。政府制定了通信和信息技术发展的总体规划,其实施将对大学有很大的帮助,因此应尽快实施。确保所有大学都有适合的信息管理系统和管理人员来运行它们,以保障高级管理人员获得所需的信息,并做出决策和管理企业,这是尤为迫切的要求,也是非常困难的事情。可能采取的一种方法是利用私立部门,但教育部应考虑是否与包括硬件、软件和员工发展在内的计算机公司商讨一个全面的合同。

下一步要迈向更大的自主权:

当问责措施完善、大学有能力行使自主权以及能够进行战略审查时,教育部可以放心地提供给大学更大的自主权,包括财政自主权。这些钱以整笔拨款的形式提供给大学后,大学可自行决定这些资金的使用分配。大学可以将未使用的资源从上一年转移到下一年,并可借贷投资。在这种情况下,大学有权决定运行哪些方案,废除哪些方案,任命大学自己的高级职员等。

转型成为一个完全自治的大学系统并不是轻而易举的。风险虽大,但回报更大。如果处理得当的话,这可能是确保也门高等教育体系发展成为服务于国家的高质而有效的体系的触发因素。有人认为,也门借鉴了印度尼西亚寻求世界银行支持的模式。其中有四所大学被选定为自治计划试点,并要求它们向政府提出建议,涵盖了本节讨论的所有问题,即治理结构、问责、透明度进程和能力建设等。这些建议受到世界银行专家的审查和政府的批准。在随后的五年时间里,大学的建议被引入并逐渐获得更大的自主权,直到五年期结束时,这些建议获得了充分的自主权,该试点随后覆盖到其他的大学。有人建议说印度尼西亚模式对于也门来说是一个很好的模式,倘若真是这样的话,那么第一步就是邀请萨那大学和亚丁大学就内部改革提出全面的建议,这可能会导致更大的自主权。

主要战略目标2:确保也门的高等教育以多样化的方式发展,以不断加强机构的多元化,满足需求的多元化。

在过去,当接受高等教育的学生人数相对较少时,机构往往是相似的,因为它们所提供的学生的知识是相似的。今后不会是这样,因为越来越多的年轻人需要接受高等教育,因此年龄结构并非是单一年轻的。为了满足日益多样化的需要,也门高等教育必须以多样化的方式发展,各机构也须日益多样化。

1. 大学

大部分也门的大学大多规模都很大,几乎没有规模很小的。一般来说,没有一所学校因为规模太小而无法成为跨学科的多学院机构。尽管如此,还是有一些项目的学生人数很少,如果对这些项目进行评估和审查的话将会是很有意义的,这样可以使经费合理化,从而将稀缺资源集中于人数相对较少的学生。这次的审查应促进中期和长期合理化计划的制订,重组后的大学最高委员会的职能之一是就这种合理化问题向教育部提出建议。

在面对预期高等教育需求大幅增加的情况下,大学的能力必须要有所增长,但总的来说,更多的增长不应该集中在大学上。即将到来的大部分需求来自年轻人,这些年轻人可能不像过去那样对大学做好了充分的准备,而且那些将要上大学的多数学生是否会比其他形式高等教育的学生更好地服务于国家,这在任何情况下都是有争议的。这就是需要更多形式高等教育机构的原因。

2. 大学分校

大学有大量偏远的分支机构,通常都是些教育学院,需要对其进行合理化处理。事实上,有许多这样的分校已经转化为独立的大学。

几乎可以肯定的是,如果它们沿着目前的道路继续前进的话,那么教师的培训的数量将会远远多于也门的需求。虽说,教师数量的增加将是必要的,但也应该仔细规划。高等教育和科学研究部应与教育部一道,在重新组建的最高委员会的咨询建议下,进行这项规划。通过这些规划可知,大多数偏远分校应该转变为独立于其母校的社区学院或技术学院。应设立一个专家委员会,向高等教育和科学研究部提出报告,根据对师范教育持续需求的证据逐案提出建议。因此应邀请专家委员会就一至两个最初的转型提出建议,如果成功,可将其推广施行。在考虑到偏远分校的未来时,需要注意到一个最重要的因素,这些偏远分校在扩大高等教育参与方面发挥了非常有价值的作用,并确保那些本来不能上大学的年轻人,特别是那些可能无法前往城市上大学的女孩,能够接受高等教育。为了确保这一利益不会丧失,并且这项改革不会损害高等教育参与的公平性,最重要的是在新建立的学院和大学之间建立某种衔接安排,以确保有能力的学生可以在新学院读两年或三年,然后转入大学完成学位。

3. 非大学机构

非大学的高等教育部门规模很小。随着学生人数的增加,未来的大量增长将需求集中在社区学院和技术学院,这些学院有许多优势:

(1)它们比大学更经济,一部分原因是它们提供的资格周期较短,另一部分原因是它们雇用的员工更廉价,更容易招聘。

（2）许多学校提供的技术和职业课程更适合更广泛的社会和经济需求。

事实上，这项政策在《也门 2025 愿景战略》中有明确的表达，该战略计划，到 2025 年将技术学院和社区学院的学生人数扩大到 10.5 万名。并考虑将这些机构更多地纳入高等专业机构的分部门是有利的，其中的一些可能具有专业方向（例如，卫生、行政管理、技术或农业）。

但还是需要谨慎。虽然迄今为止这些学院总体上取得了成功，其毕业生似乎很受欢迎，但这可能部分是因为该领域的规模较小。这并不意味着随着它们的比例增加，数量增多，同样情况也将适用。通常，这些学院的质量需要更加关注，因为这些学院过去的经验是参差不齐的。虽说一些学校显然已经提供了高质量的教育，但其学校可能没有这样做，是下面建议的质量保证和认证制度在未来也适用于这些学院，这一点很重要。

需要认真规划去创建一个专业高等教育机构的分部门，涉及高等教育和科学研究部与技术职业教育和培训部之间的协调，这个部门的水平低于大学水平，但它是连贯的并且提供了相关的前景和有价值的信息，以及允许学生在适当的情况下转入大学。如果这项战略得以实施，那么这就意味着也门学生可以获得广泛的资格证书，包括技术学院证书、社区学院毕业证书以及大学学士学位（文学士、理学士）、硕士和博士等各种资格证书。

4. 私立院校

私立院校（包括大学和非大学院校）在也门和高等教育体系的发展中将发挥越来越重要的作用，并且应该有激励措施来鼓励它们的建立和发展。它们有很多的优势：

（1）首先，由于它们不受官方控制，因此它们可以对市场和市场需求做出反应，并且可以尝试新的交付方式。

（2）其次，因为它们的运作几乎没有补贴或没有政府补贴，它们既是一种可以通过少量或没有政府资助的情况下扩展高等教育的手段，也是一种从学生和投资者那里为国家高等教育体系带来私人投资的手段。因此，应鼓励这些机构发展壮大，并鼓励投资者投资建设私立大学和学院。

需要注意的是，为确保私立高等教育不只是为创业投资者赚钱的手段，严格的认证和质量保证体系应该有助于防范这一点。这些机制也应该有助于防范第二个问题，即由于财政方面考虑，这些机构可能会在质量上做出妥协。在竞争激烈的环境中，声誉对于吸引学生来说是非常重要的，特别是如果关于私立学院和大学的良好和独立的信息被公开的话，这应该是一个优势。

因此，政府应该采取双重措施。它应该鼓励私立机构的发展，并且应该考虑为此提供激励措施，例如税收激励措施，或者还可以为贫困学生提供奖学金。但同时它也应该严格保证其质量。为了使私立大学的地位正规化，需要进行一些立法改革，以确保已建立的大学在法律上得到承认，并确保未来的院校得到合法的授权。更通俗一些说，鉴于私立大学享有的优势，应该在这些院校和公立大学之间建立桥梁，利用这些好处为更广泛的公共利益服务。政府需要采取一种战略方法来促进私立高等教育在整个高等教育体系中的发展和作用。

关键战略目标3:确保提供足够的资源以建设高质量的系统,并优化这些资源。

(一)金融资源

1. 资金来源

也门面临着高等教育资源总量的现实问题。与其他国家的比较来看,也门已经以其收入的比率投资高等教育,这在世界上大多数国家都是相当合理的。作为一个发展中国家,还有许多其他公共支出的需求,尤其是对于学校来说,随着人口的增长,减贫战略的生效和女孩上演人数的增加,学校将会增加数量,要求也会越来越高。

然而,尽管目前公共财政的投资相对比较有利,但许多大学并没有得到绝对意义上的资助,许多大学甚至现在还需要大量的进一步的投资。随着越来越多的学生接受中学教育,其他一些国家战略也取得了成果,因此可以预见到将会有大量的新需求出现。

资金来源有限,只有三种可能的融资途径:

(1)国家(纳税人)。

(2)学生自己付费。

(3)大学自身的创业活动。

还可能有第四种,主要是资本资源,也就是国际捐助者。

2. 公共拨款

国家必须把高等教育视为有助于确保其未来繁荣的一项重要投资,并继续加大投入,以确保为越来越多的学生提供高质量的高等教育体系。然而,一个不可避免的事实,是国家无法单独提供所需的规模,而且在也门和其他地方一样,公共投资在高等教育机构总收入中所占的比例将不断下降。

3. 学生学费

学生可以通过两种方式支付教育费用:就读于私立院校,以及向公共机构支付学费。私立院校的发展已经在前文讨论过,应该予以鼓励。但在适当的时候,学生们也必须自费参加公共机构。如果他们不这样做,国家就不可能提供所需的资源来维持高质量的高等教育体系,高等教育体系将陷入螺旋式下降的局面。这在政治上和社会上都是困难的,但这是为了国家的利益。同样重要的是,如果引入了学生收费制度,这使得来自贫困家庭的学生无法进入大学或学院。为了确保不会发生这种情况,我们需要做出安排,向贫困家庭的学生提供助学金,并提供贷款,使学生能够支付学费,最后向政府偿还学费贷款。这些都是非常技术性的问题,但是世界上许多其他国家都面临这一困境,如果也门决定沿着这条道路走下去,应该建立一个技术咨询委员会,借鉴世界各地的经验,制定适合也门的发展战略。这个审查应该考虑到财务安排的所有方面,并且应该在这个更广泛的背景下考虑学生费用。

4. 创业活动和其他资金来源

目前,大学本身似乎没有为自己筹集资金的活动。部分原因可能是法律不鼓励在某些情况下要求大学向财政部返回所赚取的私人资金的行为。然而,世界各地的大学,甚至那些在核心活动方面有相当姿态的大学,都有可能从它们自己的活动中获得可观的收入。在也门,如理工大学和萨那社区学院等机构就提供了这方面的经验。

如果大学自己赚到的钱完全是为了自己的利益,那么这本身就足以鼓励它们从事这样的活动。法律应该被审查并在必要时进行修改,以明确院校可以保留自己产生的资源。此外,如果政府认为需要积极的激励措施来鼓励,它可以扣留部分高等教育预算,以便为那些筹集到自己额外资源的大学提供某种匹配的资金,即使是10%的增补也可以提供足够的激励来发挥作用。为了鼓励捐助者,政府应该考虑为高等教育机构提供税收优惠。

5. 资金的使用

在资金紧张的情况下,资金的使用变得更加重要,即可用资金尽可能地投入使用。同样重要的是,应该有信心地认为能够充分利用这些资金,没有产生浪费或使用不当。建立问责制和公开制会有助于这方面的工作。

留学生提供海外大学奖学金的预算,占高等教育总预算的30%以上,看起来并不像是稀缺资源的有效利用。最初,当该计划推出时,它可能是相当合理的,因为也门的高等教育基础设施不发达,那里设有足够数量的学生所需的设施。然而如今已经不是这样了。为部分学生提供奖学金到国外去接受高等教育仍然是有道理的,但数量应要少得多,而且也更有选择性地提供。现在,只为最优秀的学生提供最少量的奖学金,这些学生从最严格和最客观的学术标准中挑选出来,或许这显得更为有意义,或者只针对研究生和重点学科,为了确保也门继续拥有一小部分最有才华和最有能力的人接受最高水平的教育,能够在大学和社会中发挥领导作用。如果采取这种方法,则需要明确且透明的标准,以确保这些奖学金只留给最优秀的学生。但除此之外,如果重新部署被预算,将会更有效地利用资源,一方面是为了让更多贫困学生能够通过内部奖学金接受高等教育,另一方面也是为了提高也门高等教育的质量,即教学和研究。也门总统本人表示,目前的计划需要彻底改革,这是毋庸置疑的。

6. 向大学分配资金的方法

世界各地的政府都正在远离基于历史模式和谈判为大学提供资金的做法,这在也门导致了一些令人费解的异常和机构之间的差异,其中一些学生似乎比其他学生得到的更多,但原因不明显。其他地方的资金越来越多地以透明的公式为基础,其中纳入了业绩和竞争的衡量标准。南非和约旦就是这种发展的好例子。目前在也门存在的问题是,它既不透明也不合理,也没有提供一个很好的基础来给一所大学提供更多的资金,而对另一所大学的拨款更少。就像现如今这样。当各国政府采用公式和基于表现的供资方法时,它们这样做是为了满足不同的需要,根据不同的情况,各国采取的方式并不相同。总的来说,这些公式在一定程度上是基于招收学生人数和他们的不同特征,但是可以考虑到的特征可能会有很大的不同。在某些情况下,要避免大学招收不切实际的学生,有时甚至是虚构的学生来增加人数,公式是基于毕业生的数量,而不是学生数量,这在也门可能就更合适了。公式可能包含明显的特征,如研究的主题,但可以包括其他特征,例如,学生是否富有或贫穷,或其性别(可以为招募女学生提供奖励)。

公式的特征也可以根据政府希望鼓励的行为而有所不同。例如,上面已经提到,如果政府希望鼓励创业行为,它可以在其资助模式中引入一项要素,奖励在这方面的成功或(当质量保证措施到位时)奖励高质量的规定。有人提议,政府应设立一个专家组,借鉴最好的国际经验审议这个问题,并建立一个适用于也门的基于公式的资金安排。如果这些建议,特别是那些关于自治的建议被采纳,那么政府将不再向大学提供项目预算,而是向大学提供一整笔补助金大学可以按照自己的意愿自由地支出,但须经教育部审计,证明这笔钱已被适当使用。大学可以自由结转年终未花的钱,并建立储备,等等。

如果这些改革得以实施,那么就没有迹象表明资金不会继续短缺。然而,这将增加也门高等教育的可用资源,大学应该确保可利用的资金比目前的更好,因此将为未来提供更合理的基础。

(二)人力资源

教职人员是大学最重要的资源,大学的教职人员必须具备最高的素质,并在确保大学履行其提供教育、开展研究和提供社区服务的使命方面发挥最大的作用。

1. 数量

尽管高等教育的国内生产总值相对较高,与其他国家相比比较合理,但教师人数与学生比例确实非常低。这可能意味着相对于国家的财富而言也门的工资相对较高。如果是这样,这就是真正困难的原因:不管客观事实如何,其中一些工作人员最近在罢工,显然是不认为自己薪酬丰厚,尽管他们是薪酬最高的公职人员之一。心情不愉悦的员工是不会发挥他们最好的潜能的。应设立一项审查,以确定不利于学生与教职员工比例的原因,以及如何解决这一问题。

在也门,大学职员与公务员制度联系在一起,这导致了许多反常现象。例如,在2005年,一些大学教授收到了退休通知,尽管他们还不到60岁,但他们已经担任了所需的公务员的年限,因此退休了。在大学环境中,适合公务员的情况显然是不合适的,因此应该考虑为大学教职工人员订立与公务员分开的服务条款和条件。师资力量是至关重要的,有利于提高师生比例。如果不是这样,那么就很难提供高质量的高等教育体系。实现这一目标的一种方法是,随着时间的推移,越来越多的学生进入非大学院校,那里的工作人员提供的费用要低得多。

如果像本报告中其他地方所建议的和许多评论人士所敦促的那样,科学、工程和技术的学生人数要大幅增加,那么,科学、工程和技术学科的教职员工人数也必须增加。事实上,有充分的理由表明,目前没有更多学生的原因是大学缺乏师资力量和设施,无法为其提供服务。

2. 更新

如果大学要做出高质量的教学,它们的教职员工必须不断更新自己的科目,并使他们的课程也跟上时代的步伐,更新课程,确保为学生提供最新的课程笔记,这是很重要的。目前,教职员工似乎没有什么动力去这么做,当然也没有要求他们必须这样做。所有的教职员工都需要获得一定的奖金。这是大学学术的一部分,教职员工应该花时间来做这件事。然而,研究(在创造新知识的意义上)是不同的,将在以下进行讨论。

一般来说,教职员工的承诺是一个值得关注的问题,大学自治应当要求定期评估自己的教师:这样的评估应该包括对他们在多大程度上保持知识和项目的通用性的评估。这样的考虑也应该在薪酬和晋升中起到一定的作用。毫无疑问,大学必须确保为员工提供诸如期刊订阅等设施,使他们能够不断更新自己,同时也应该更广泛地关注员工的能力。员工还需要能够与海外同事保持联系,虽然费用昂贵,但应提供一些预算,让员工参加海外会议。

3. 员工合同

教职员工需要为他们的活动负责。这不仅包括前文已经提出的课堂活动,也包括他们对大学的更广泛的承诺以及他们对外部承诺的程度。如上所述,教职员工有一些外部的承诺并没有什么错,但在这方面需要有透明度和限制。政府应该制定指导方针,大学应该在与教职员工签订的合同中体现这些方针,或者大学本身应该制定自己的规章制度,规定学校以外的员工活动,并加以执行。无论哪种方式,执行都是必要的,对教职员工的问责也是必要的。其他国家和其他大学都有良好的实践经验。例如,教授可以每周花一天时间进行个人活动。无论具体安排如何,都需要在大学与教师之间的关系中引入问责制和透明度,并确保教师做出更大程度的承诺。

正如已经说过的那样,大学需要变成一个令人愉快的工作场所,以便吸引和留住员工,保证他们对大学的承诺,大学不应该仅仅是员工来上班然后离开的地方,而是让他们感到自己有责任,并愿意与同事和学生共度时光的地方。所有部门都应该有办公室、秘书、网络连接等。另外,重要的是,员工应该感受到他们受到了公平的对待,他们的工作量,尤其是他们的教学贷款,应该在某种公式化的基础上公平分配。这应该由大学自己来决定,但原则应该是普遍的。

4. 行政人员

考虑到大学作为组织的复杂性,管理这些机构的人员必须掌握相应的技能和知识,并有动力和能力进行工作。大学需要动态化,这是变革和改革的战略。大学需要确保他们任命适当的行政人员,也要为他们提供适当的培训,以提高工作人员的能力,能够胜任这项工作。

(三)物质资源

大学的物质环境变化很大。一些新大学要么已经搬入了崭新的校园,要么正在这样做,还有学校则是有雄心勃勃的建设计划。与此同时,尽管最近的投资明显增加,其他地方的大部分实体基础设施都是陈旧的。特别是许多大学,尤其是工程部门的可用设备很差,在某些情况下,非常不适合大学水平的学习。在以下三方面存在一些特殊问题,需要加以解决:

第一,设备、图书馆和其他设施,特别是科学、工程和技术学科方面的设施。

第二,未来二十年内的增长,无疑需要更大的容量。

第三,信息和通信技术基础设施。

1. 设备、图书馆及其他设施

有观点认为在科学、工程和技术学科方面学生数量少的主要原因不是需求不足,而是大学缺少满足需求的能力。这种能力包括教职员工能力,但最重要的是建筑物、实验室、设备和其他物质资源的能力。如果科学、工程和技术专业学生的数量要增加,需要对实现这一目标所需的物理基础设施进行重大投资。这并不是说不需要对其他物质资源进行投资。图书馆、语言实验室和其他设施也需要更新,但最迫切的需要是在科学、工程和技术方面,需要更新现有的设备,并提供额外的设施。更为迫切的是捐助者需要了解,如果没有提供给学生最新和相关的设备,就没有可能在也门发展高质量的高等教育。在所有的大学里,都需要一个分阶段和成本计算的方案,以使目前的学习和教学环境(包括实验室、设备和图书馆)达到最高水平。

2. 增长

在未来二十年内,高等教育的需求将增加四到五倍。这种需求中的大部分都需要得到满足,在这种情况下,大学的现有能力是完全不足的。需要大量的投资方案来满足日益增长的需求,政府需要开始为此进行规划,并确保资源可用,不论来自公共资源还是通过大学为满足其实际需要而借款。如果萨那社区学院有 2 000 名学生,花费 1 000 万美元,那么这就给出了要增加高等教育系统容量所需的方案的规模。此外,尽可能使现有的建筑物得到更多的集约使用,这一点也是很重要的。它需要详细地调查各个地点,以确定可以实现什么以及如何实现。这应该是新组建的大学理事会安排的职能之一。

3. 信息和通信技术

投资方面的优先事项是为每一所大学安装高速网络以及国家网络,使大学能够与外部世界进行交流。这对于确保学生能够接受良好的教育,以及获得图书馆数据,和其他共享资源都是非常重要的。这样的网络也使大学之间的合作教学得以实现,它将使稀缺的教职人员和其他资源得以共享,从而充分利用现有的设施和资源。政府已认识到高速数据通信基础设施的发展是总体规划的重要组成部分,电子图书馆和电子学习的发展也是如此。政府应全面落实资讯及通信科技总计划,包括发展高速数据通信、电子图书馆及电子学习设施。

为了促进信息通信技术在高等教育中的引入和有效利用,建议在高等教育领域建立一个也门信息技术基站。荷兰资助的 NPT/NFP 方案在原则上同意支持这一发展。高速网络的发展,将高等教育机构与更广阔的世界联系在一起,也为那些专业知识不足的地区提供远程教育的可能性。计算机科学和计算机工程的全部学位目前在非洲、欧洲和亚洲都有。例如,远程教育的市场在过去几年中已经有了很大的发展,无论是从研究领域还是从地理传播的角度来看。这样的远程学习计划应该认真调查,因为它们需要比传统程序低得多的师资队伍资源。远程学习单元和模块可以附加到现有的程序中。然而,政府也应该考虑建立一所开放大学,或者制订所有大学都可以使用的中央计划。

4. 投资资金来源

目前,投资基金几乎全部来自政府。然而,原则上,大学应该有其他资金来源,如果在适当的时候,它们获得了财政自主权,那么它们就有可能建立储备,即一年前开始储备未使用的补助金;而且,它们也应该有可能从商业上借贷,从它们的年度常规补助金中偿还。然而,在这些发展的条件被允许之前,讨论大学自治的过程中做出许多改变。

5. 投资质量

其他国家的政府,例如,印度尼西亚和保加利亚,在世界银行的支持下引进了投资项目,使大学能够在有限的资金上进行竞争性的竞标,目的是提高能力和提高质量。这种竞争性的分配方案,即机构必须对预期结果进行承诺的项目,可能是一种有价值的手段,可以将稀缺资源作为目标,同时提高质量。该计划应首先在也门实施,规模适度,目标明确如果成功,则可以扩大,并可成为更广泛的投资资源分配的基础。实际上,在适当的时候,这样一个过程,在需要的基础上分配资金可能会为目前的安排提供一种合理的替代方案,其基本原理目前尚不清楚。

关键战略目标 4:确保适当的教学、研究和服务水平,以尽可能高的质量,满足也门及其人民的需要

(一)教学

1. 学生人数

尽管与其他阿拉伯国家相比,相同的学习阶段也门的学生比例较低,但也门接受高等教育的学生比例似乎并不低。这有点儿让人吃惊,因为它是世界上学校参与率最低的国家之一。尽管如此,在毕业生中仍面临很多学生失业的情况,因此当前毕业生的产出水平是令人担忧的。

这是一个非常困难的问题,因为在许多方面,除了维持和扩大其高等教育体系之外,也门没有其他选择。石油储备是有限的,然而开采其他自然资源是未经检验的。也

门所拥有的是聪明而有能力的劳动人口，如果想要成功，这就是它需要开发的关键点。也门需要立志发展知识经济，并充分利用其人力资源。

然而，知识经济的发展并不是高等教育系统（甚至是普遍的教育系统）要实现的目标。如果要实现知识经济，其他条件同样是必不可少的。例如，财政和投资条件一定是必备的。另一方面，一个国家的金融和基础设施必须到位。最重要的是，私营部门需要愿意投资知识和创新的活动。没有这些条件，仅仅增加毕业生的数量将一事无成。另一方面，一个国家如果没有高等教育就不能发展知识经济。高等教育以及大量高素质人才的培养是知识经济发展的必要条件。

除了高等教育是否需要发展知识经济以外，未来的经济增长还将面临巨大的压力。而且，正如从其他国家所看到的那样，在经济增长的驱动下，很难抵抗这种压力。存在压力的原因是很明显的，最好的工作都是给毕业生的，所以即使上大学不能保证拥有一份好工作，但这却是一份好工作的必要条件。因此，一个渴望找到一份好工作的年轻人需要上大学，尽管他们可能知道他们离开大学即将面临失业的可能性很大。这本身将为需求增长提供动力，如果在这一过程中考虑到政府的减贫战略、女孩平等和未来二十年中预期的三倍的年轻人口，这将导致中学产出水平高出四到五倍，因此，对高等教育的需求比目前所经历的要多。教育部最近的预测显示，中等教育毕业生的产出增长了2.5倍。然而，这些预测显示，从中等教育毕业的男性人口的静态百分比似乎与扶贫战略不相符。因此，政府应该对的未来增长的学生需求进行详细的评估，基于以上所述的因素，在二十年左右的时间内，该系统应该计划超过100万名学生。

这种需求的增加对国家来说将是非常难以适应的，但也很难抗拒。也门的经验可能与其他国家相似，拒绝向大量合格的年轻人提供教育的政治难度是巨大的。以一种负担得起的方式满足日益增长的需求需要想象力和灵活性。许多进入高等教育的人不适合上大学，但需要提供不同的非学术性的，比传统学位要短的课程。入学考试，大学用来选择进入某些课程的入学考试将需要扩展到所有科目，同时需要严而透明的入学标准。此外还需要多样化的路线，增加社区学院和技术学院可容纳的人数，并需要引入相应机制，使这些学生能够在适当的情况下转到大学攻读学位。如上所述，越来越多的学生需要多样化的学校来满足学生的需要。

2. 扩大参与

增加的部分压力来自减贫战略的结果，以及将低层次教育扩展到越来越多女孩。基础教育和减贫战略以及千年发展目标，预设有50%的女孩能够入学，这将增加女孩接受高等教育的数量。包括阿拉伯世界在内的其他国家都有发现，在适当的时候，女孩需要接受跟男孩一样的教育，这同样适用于也门。但为了加快这一进程，打破文化的障碍，政府应该为家长特别是农村地区开展文化意识运动，鼓励他们的女儿上大学。在文化意识的主题上，荷兰政府资助的妇女中心建议发展一门性别意识课程，要求所有学生至少选修一门课程。这样在某种程度上为也门未来领导人创造更加平衡的意识。

为了鼓励更多的女孩接受高等教育,在可能的情况下,发展大学以外的主要城市的分支机构是重要的,应该鼓励地方各级和慈善协会的地方委员会提供奖学金和别致的住宿条件,以鼓励女孩上大学。尽管这里所描述的措施会对性别产生影响,但是解决高等教育的不平等问题,需要一种更全面的方法,不仅会影响学生的需求,还会影响到大学的组织管理、课程设置和校风。需要做出改变,使政策制定和治理更具性别意识,而课程更注重性别,亚丁大学妇女研究与培训中心的Carin Vijfhuizen博士对该战略的性别问题进行了评论,并提出了解决高等教育性别问题的建议。如果也门的高等教育系统在解决性别失衡问题上是认真的,要带头解决也门社会的性别不平等问题,应该非常认真地考虑这些建议。每一所大学,第一步应创建一个由高级副校长主持的性别意识委员会,考虑性别敏感、意识和公平的问题,并就如何在大学内解决这些问题提出建议。也门社会的最大差距之一就是男女之间的总差异,农村人口参与各级教育的人数远远低于城市人口。就高等教育而言,其中一个原因是农村设施匮乏,难以为重要城镇以外的学生充分提供设施。是通过方案多样化、电子学习、重组、偏远学院等实现的国家高等教育战略的一个目标,还将提供必要的设施和激励措施,以扩大农村男性和女性对所有公共项目的准入。

因此,通过中学教育的人数可能会大幅上升,也门也需要大量增加计划的需求。需要灵活地满足这一需求,同时也要认识到需求的多样性。但不仅仅是数字问题,同时关于学生在大学里做什么是重要的这一方面存在两个问题:

(1)学生们选择学习什么内容;
(2)为他们提供课程的相关性。

3.学科融合

人们常说,在也门,人们普遍倾向于理论研究而非实际应用研究。毫无疑问,更多的学生在学习没有需求的课程,而没有足够的学生去学习那些需要的课程。政府应该加强和扩大对已被证明能够满足社会和劳动力市场需求的项目,并鼓励学生从事这类项目。

另一方面,正如上文所述,科学、工程和技术学生人数相对较少的原因,几乎与需求有关;但就需求问题而言,这也可能与劳动力市场有关。如果劳动力市场要求有科学、工程和技术学位的学生,而且大学能提供学位,那么很可能学生就会前来研究这些学科。

在缺乏有关劳动力市场和就业需求的良好信息的情况下,学生在大学中对供应和学习的科目进行操作。目前需要的信息要比现有的好得多,重要的是,政府应该在未来建立一套机制,向学生提供劳动力市场未来可能的需求,大学设立学生就业指导和支持办公室。政府也应该进行追踪研究,以确定哪些大学和哪些课程在学生就业方面最成功,使学生和学校都能将其决定建立在比现在更丰富的知识的基础之上。然而,即使在没有这些信息的情况下,也有可能大幅度提高科学、工程和技术学科的比例,正如上文所提出的那样,因为目前毕业学生数量很低,而毕业生的失业率很高。一般来说,在这些受试者中似乎没有这种情况。即使事实证明,在适当的时候,更多的科学、工程和技术专业毕业生的产出比经济带来的效益还要多,但这并不重要,因为这是其他国家的情况,例如约旦,过剩的毕业生在国外找到了合适的就业机会,他们的外汇收入给经济带来的收益远远大于他们的教育成本。

在计算机科学、自然科学和数学方面缺乏学生的一个主要原因是,许多学生从中学教育中脱颖而出,准备在高等教育阶段上继续学习这些科目,那么高等教育和科学研究部的教学大纲就需要协调,在这些学科的预备项目的发展中也会有优势,以弥补中学毕业生的知识和大学需求之间的差距。这样的项目可能需要一些形式(例如,电子学习和主题包),并且可以在学校和大学之间有效地进行。

4. 教学方法

大学里的许多项目和教学方式都存在严重的问题。一个问题是,由于生师比很高,教学方法必须是老式的,即教授讲授和学生记笔记。这远不是 21 世纪的良好做法,并不能让学生们积累起他们在现代知识经济中所需的技能。如果资源不足,这就变得很困难,但大学和教员必须审查他们的教学方法,以确保他们符合当前的需求。特别是在资源短缺的科学和工程学科中,似乎有相当大的余地使学生更大程度地自学。如果通信网络和互联网接入得到改善,可能性将变得越来越大。同样重要的课程和课程项目是不断更新的,新的学科和项目是在大学里创建的,以反映更广阔世界的变化。似乎没有系统的程序来保持当前和最新的系统,在高等教育发展计划的基础上,教育部应该要求所有的大学,而大学应该要求所有的部门和学院审查每一项方案,并为此目的设立一个审查委员会,其中包括外部人士,如来自工业领域的人员,以确保课程是最新的和相关的,并且这个过程应该每五年或六年进行一次。教育部应该设立一个全国委员会,大学应当对他们采取的措施和按计划进行的方式进行汇报。因此理应在这方面取得令人满意的进展。

为了帮助他们进行教学和方案发展,新的也门高等教育发展中心应该关注课程和专业发展项目。此外,大学将受益于与国外大学的强有力的联系,使它们能够在其他地方展开良好的实践,而教学实践的发展应该是"结对项目"的明确目标之一,如今该项目正在世界银行的支持下进行。大学在审查课程时应该考虑的另一件事是,它们是否可以利用其他大学免费提供的开放式课件,例如,麻省理工学院的课件。为了增加相关课程的可能性,在可能的情况下,应该将一段工作经验纳入课程的学术结构项目中。这将需要工业和公共雇主的合作来实现,这也是在审查课程时涉及雇主的另一个原因。也门的第一个学位修学年限是四年,这与世界各地不断增长的趋势相一致。然而,有人担心这四年是否得到了最优的利用,而在上面提议的课程委员会应该考虑的一种模式是将第一年作为打基础的一年。学生们将学习基本技能,如英语、计算机、数学,以及阿拉伯语,以便在接下来的三年里为更具体的学术研究打下坚实的基础。这不是这个策略可以规定的,但至少是那些正在研发课程的人值得考虑的事情。

同样，教师教育课程的审查也应考虑到四年的大部分时间是否应该致力于学科知识的开发，而教学知识和教学经验应该集中到课程的最后一年。

预计未来二十年的毕业生产出可能会大幅增加，劳动力市场能否适应这些问题的不确定性，对创业和自主就业的重视程度可能会比过去大得多。然而，这一现象目前还不存在，也没有给学生在他们的大学生涯中提供任何相关的教育。如果将这些特性纳入所有课程，那么课程的负担就会过重，但大学应该考虑是否会在研究生的创业精神方面减少投入；此外，它们是否应该更普遍地开办研究生课程，专门为学生准备一些它们原本没有计划的职业。这种现象在海外越来越普遍，在学生和雇主之间非常受欢迎。

最后，这一战略的重点在于发展灵活的结构以及接受和通过高等教育的途径。这种灵活性取决于学生是否能够在一个地方接受教育并在其他地方完成。为了使这一目标得以实现，世界其他地方的信贷积累和转让系统已经发展起来，这对也门未来将产生巨大帮助。这可以采取多种形式，例如，各个机构通过双边方式相互认可对方的项目，同时在某些国家，有更为全面的雄心计划。它远远超出这个策略推荐特定方法的范围，政府应在新的大学理事会的建议下研究如何在一个机构开始学习一门课程，之后转移到其他机构学习的机制，或许还应要求大学实行学分计划，并为所有课程附加学分。大学本身应该更积极主动地与那些可能不符合传统模式的学生接触，并且应该考虑如何为在职学生提供更多的服务，特别是在晚上提供课程。

5. 质量

也门的高等教育系统需要引进内部和外部的过程来保证质量。在某种程度上，这是为了给利益相关者和学生们提高教育的信心，但主要是为了改善大学所做的事情。

6. 外部系统

外部系统需要两个功能。首先，需要一个系统来授权项目和机构。如果私营部门要扩大范围，这一点尤为重要。这一过程将由一个认可机构进行，该机构可以是教育部的一部分，也可以是独立的。

外部系统将使用由部委自行决定的标准。这个过程本质上是考虑输入和符合最低要求。第二个要求是质量保证机构评估实际运作机构的质量。这可以由同一个机构来实施，也可以由一个独立的机构来实施，而且它可以是教育部的一部分，也可以是独立的。质量保证的目的之一，是让公众，包括学生，对所提供东西的质量放心，但在一定程度上也是为了提高质量。在过去二十年中，高等教育质量保证的实践已经有了很大的发展，现在有相当多的经验可以借鉴，包括阿拉伯世界。建议政府寻求国际机构的协助来建立这种制度。由英国 NARIC 组织牵头的财团目前正在提供技术援助，该组织正在为也门大学的质量体系的发展提供咨询，应该把它当作建议的一部分。

7. 内部系统

在某种程度上帮助大学面对外部的要求，但更重要的是帮助它们改进它们自己的规定，每一所大学都设立一个质量保证部门，其职责是监督和帮助提高大学和各院系的质量。为此,它们将需要建立指标和基准,以及教员和其他工作人员的发展项目,以帮助它们发展现代教育学的方法。质量最终取决于教职员工等成员。上文已经提出了一些建议,要求教职员工保持更新,更新他们的程序等,这将大大提高也门高等教育的质量。

8. 公共信息

确保和保证质量的一项重要手段是公布比较各方面大学表现的数据。也门目前只有有限的数据,这一战略的重要建议是应该改进数据收集的方式。这将使得一些数据,例如关于就业、未完成事项以及教职员工与学生比率等数据能够被公布,并使得大学之间的表现能够被比较。

此外,上文所推荐的质量保证机构应考虑要求大学对其他一些国家进行的学生满意度调查,这将使学生对他们的项目的意见进行评估、公布并进行比较。毫无疑问,比较数据的发布有利于各大学更好地发展。

(二)研究生

这篇评论很少提及研究生,这在一定程度上反映了也门大学很少有研究生。如果也门高等教育体系的质量得到改善,这种情况就需要改变,因而需要更多的研究生。第一步就是,所有的大学都应该设立一个"研究生院",配备一个副校长来负责研究生的学习和研究。

(三)研究

在这个分析中,之前提到过,也门的大学研究是欠发达的。这在一定程度上是因为缺乏,也因为缺乏研究设施和基础设施。大学缺乏实验室、图书馆、期刊和技术人员。然而,研究是大学职能的基石,这一点很重要,因为适当的研究将有助于也门的创新和更新议程,也因为研究文化有助于大学的整体精神和质量。

然而,在资源稀缺的地方,它们需要谨慎地部署,而这种类型的研究在也门的资源背景下是非常稀缺的。我们需要的是一种更好的战略方法,无论是在机构内部还是在国家层面。不是每个人都能做研究,资源十分稀缺,而且在任何情况下,不是每个人都能做得很好。研究资源需要有针对性,最好的结果可以通过投资获得,而且结果可能对国家有最大的好处。为了达到这一目的,需要在许多方面采取行动。

(1)评估需要由大学来进行。确定也门研究活动的范围和质量。

(2)研究预算需要由高等教育和科学研究部明确提出,可以通过指定部分现有的高等教育预算,或者最好是有额外的资源。

(3)需要一个国家研究机构专门进行研究,将制定一个战略方法来发展大学研究,并将政府的资源用于研究这一战略方法。下文将详细介绍国家研究机构。

(4)研究的基础设施(包括实验室、图书馆和技术人员)需要从根本上,有选择地进行改进。

(5)需要在教师和领导者之间发展研究文化。

1. 国家战略

应建立一个国家研究机构,其任务是资助研究基础设施,为国家重要的研究项目提供资金,并资助大型研究小组。

国家研究机构可以是高等教育和科学研究部的一个部门,也可以是向高等教育和科学研究部长报告的外部机构。后者将有能力吸引专家,其重点将专门用于研究;另一方面,一些人认为这是高等教育官僚主义的另一个因素。无论如何,国家研究机构应该能够召集那些有良好研究记录并在国外待过一段时间的研究人员。除了公立大学的成员外,还应该有一些来自私立大学的代表,以及来自商业、工业以及公民社会的代表。副部长应担任国家研究机构的主席,教育部应担任其秘书处。

国家研究机构应就国家研究政策的所有方面向部长提供建议,但它的主要任务是在所有领域设立委员会,特别是那些需要大量资源和设备的委员会。国家研究机构的重点应该放在有助于经济增长和社会需求的领域,而来自工业和民间社会的外部成员的存在也有助于实现这一目标。如果社会和政府看到大学所做的研究对也门的发展是有益的,之后它们就会更倾向于在未来支持它。

政府提供的部分研究经费应由国家自然科学基金署负责,以支持研究基础设施,部分用于资助研究项目,国家研究机构应负责提出建议并决定拨款。它还应负责为参加会议的申请人提供资金。

最重要的是,这些研究资源需要有选择地分配。研究资源是稀缺的,只有一些高质量的研究项目,这些项目可能对也门有利,才可以得到社会和经济的支持。在某种程度上,这需要科学的判断,但在某种程度上,它也需要政治和政策的判断。需要在国家研究机构和政府之间讨论需要支持的优先事项和项目。

2. 机构战略

未来,大学接收的部分拨款预算应该作为启动新的研究项目和维持现有研究项目的投资资金,以及有选择地改进一部分研究基础设施。还将讨论是否应该仅靠大学的政策来控制这些项目的资金,或者政府是否应该发挥其作用。由于大学董事会的外部利益相关者的存在,以及国家研究机构的存在,将国家资金引导至国家优先级,有利于地方自由裁决权。

为了指导大学研究,每一所大学都应该设立一个小型的科研管理单位,由负责研究工作的副校长负责,该单位的职责应该包括寻找与私营部门可能的研究合同。因此,应确定和宣传教师的研究技能。研究行政单位的另一项重要职能是利用现有的经费,使教员能够参加国际会议。与国家研究机构一样,这些机构基金应该具有高度的选择性和战略性的分配,每一所大学都应该为大学的研究开发(和集中)制订一个研究计划。同教师发展一样,提议的"结对倡议"的一项成果应是提供有限数目的工作人员,使其有机会与两所大学的同行进行研究接触;这应该由大学研究管理部门负责推广。

3. 服务

虽然传统上说大学在也门有三个主要的功能,即研究、教学和服务,但与其他国家一样,服务被放在第三位,并且不被理解,其并不发达。尽管如此,大学是一种重要的资源,既是一种物质资源,更是一种智力资源,这些资源应该比目前更广泛地用于也门社会的服务。

大学及其工作人员应该成为社会发展的带头人,帮助政府和社会更广泛地发展和改革。特别是,大学培养了未来的领导者。它们应该将此扩展到为今天的领导人提供服务。更普遍的是,它们应该更加关注员工为社会提供服务的方式。此外,将大学的资源用于更广泛的社会,可以给大学本身带来巨大的利益,包括经济利益。政府应考虑如何利用其资助,特别是随着资助方法的发展,鼓励大学为更广泛的社区和工业提供服务。

五、实施和资源含义

这种策略的大部分都可以在没有结构或立法的重大变化的情况下实现,在许多情况下,只有在现有框架内需要进行实际的更改。但其他提议的行动要求修改法律,或进行重大的结构性改革。类似的,所提议的许多更改都没有资源影响,有些更改实际上可以节省资金。然而,许多更改将会采用巨大的资金来实施。

虽然需要相当大的开支才能使目前的供应达到令人满意的状态,但由于需要扩大系统以应付预期的、不断增加的学生需求,因此将产生大量的费用。在一定程度上,这一增长将会得到满足。就其经常性成本而言,在正常的 GDP 增长中,由于预测到未来二十年学生人数会大幅度的增长,将会需要更多的资金。

需要大量的工作来建立一个可靠的经济模型,以预测学生数量的增长和资金的变化,政府应该努力产生这样的模式,并为未来的高等教育制订融资计划。作为第一步,为了提供可能需要的资金水平,表 5-4 给出了一个结论:如果学生人数增长与国内生产总值的增长保持一致,就不会出现经常性的资金短缺。然而,在这之后的十年里,如果需求增长更快,因为减贫和其他战略取得成果,那么就会出现资金短缺。到 2025 年这最后五年,将出现 16 亿美元的缺口。下面的假设在表 5-4 中列出。这些假设包括,每个学生的资助将保持不变,GDP 每年增长 5%,政府提供的资金将与 GDP 同步增长。如果是这样的话,那么到 2020 年,每年将需要从其他来源中拨付,使大学获得高达 1.45 亿美元的资金,这对大学来说是不利的,人均资金将会减少。

除了经常性费用的影响外,学生人数的增长,以及其他一些建议,将需要大量的资金投入。然而,有一些其他的建议,例如,对实验室和设备基础设施进行系统更新的提议,以及改善工作人员的建议(学生比例),将需要持续的资本和经常性投入。

就其性质而言,由于所需的投资形式,捐助者的援助最有可能用于对特定的、自给自足的项目,特别是资本性项目中的有限投资。此外分析了目前的情况,并确定了具体

表 5-4　　　　　　　　　　　　　对经常性资金需求的预测

年份	公共机构的学生人数	所需经常性资金（百万美元）	5%的 GDP 增长基金（百万美元）	缺口（百万美元）
2004	164 000	250	250	0
2005	172 200	263	263	0
2006	180 810	276	276	0
2007	189 851	290	289	1
2008	199 343	304	304	0
2009	209 310	319	319	0
2010	219 776	335	335	0
2011	235 160	359	352	7
2012	251 621	384	369	15
2013	269 235	411	388	23
2014	288 081	439	407	32
2015	308 247	470	428	42
2016	332 907	508	449	59
2017	359 539	548	471	77
2018	388 302	592	495	97
2019	419 366	640	520	120
2020	452 916	691	546	145
2021	501 736	767	573	194
2022	558 037	851	602	249
2023	619 421	945	632	313
2024	687 558	1 049	663	386
2025	763 189	1 164	696	468

的需求,应该有助于说服捐助者给予项目一定的资助。除此之外,这些提案的大部分成本将落在公共财政上,大学可以为自己筹集的收入,包括学生学费。

这一战略需要遵循一个实施计划,在该实施计划中,政府详细地考虑实施这些建议所需的具体步骤,同时考虑到该策略规定的条件、依赖性和含义。这个实施计划将需要指定个人和团体,他们对每个行动都有具体的责任,需要成立哪些委员会等。理想情况下,政府将任命一名项目经理,负责采取必要的行动。项目经理应直接向部长或副部长报告,定期提交进度报告。战略本身需要定期审查,不仅要监测进展情况,还要根据形势的变化评估是否需要修订。这样的审查应该是组成小组工作的一部分,该小组应该负责监督高等教育发展项目中的治理、财务和质量等三个核心领域,并且监督项目经理的工作。

附 录

附录一

推动共建丝绸之路经济带和21世纪海上丝绸之路的愿景与行动

国家发展改革委 外交部 商务部

（经国务院授权发布）

2015年3月28日

前 言

2000多年前，亚欧大陆上勤劳勇敢的人民，探索出多条连接亚欧非几大文明的贸易和人文交流通路，后人将其统称为"丝绸之路"。千百年来，"和平合作、开放包容、互学互鉴、互利共赢"的丝绸之路精神薪火相传，推进了人类文明进步，是促进沿线各国繁荣发展的重要纽带，是东西方交流合作的象征，是世界各国共有的历史文化遗产。

进入21世纪，在以和平、发展、合作、共赢为主题的新时代，面对复苏乏力的全球经济形势，纷繁复杂的国际和地区局面，传承和弘扬丝绸之路精神更显重要和珍贵。

2013年9月和10月，中国国家主席习近平在出访中亚和东南亚国家期间，先后提出共建"丝绸之路经济带"和"21世纪海上丝绸之路"（以下简称"一带一路"）的重大倡议，得到国际社会高度关注。中国国务院总理李克强参加2013年中国-东盟博览会时强调，铺就面向东盟的海上丝绸之路，打造带动腹地发展的战略支点。加快"一带一路"建设，有利于促进沿线各国经济繁荣与区域经济合作，加强不同文明交流互鉴，促进世界和平发展，是一项造福世界各国人民的伟大事业。

"一带一路"建设是一项系统工程，要坚持共商、共建、共享原则，积极推进沿线国家发展战略的相互对接。为推进实施"一带一路"重大倡议，让古丝绸之路焕发新的生机活力，以新的形式使亚欧非各国联系更加紧密，互利合作迈向新的历史高度，中国政府特制定并发布《推动共建丝绸之路经济带和21世纪海上丝绸之路的愿景与行动》。

一、时代背景

当今世界正发生复杂深刻的变化，国际金融危机深层次影响继续显现，世界经济缓慢复苏、发展分化，国际投资贸易格局和多边投资贸易规则酝酿深刻调整，各国面临的发展问题依然严峻。共建"一带一路"顺应世界多极化、经济全球化、文化多样化、社会信息化的潮流,秉持开放的区域合作精神,致力于维护全球自由贸易体系和开放型世界经济。共建"一带一路"旨在促进经济要素有序自由流动、资源高效配置和市场深度融合,推动沿线各国实现经济政策协调,开展更大范围、更高水平、更深层次的区域合作,共同打造开放、包容、均衡、普惠的区域经济合作架构。共建"一带一路"符合国际社会的根本利益,彰显人类社会共同理想和美好追求,是国际合作以及全球治理新模式的积极探索,将为世界和平发展增添新的正能量。

共建"一带一路"致力于亚欧非大陆及附近海洋的互联互通,建立和加强沿线各国互联互通伙伴关系,构建全方位、多层次、复合型的互联互通网络,实现沿线各国多元、自主、平衡、可持续的发展。"一带一路"的互联互通项目将推动沿线各国发展战略的对接与耦合,发掘区域内市场的潜力,促进投资和消费,创造需求和就业,增进沿线各国人民的人文交流与文明互鉴,让各国人民相逢相知、互信互敬,共享和谐、安宁、富裕的生活。

当前,中国经济和世界经济高度关联。中国将一以贯之地坚持对外开放的基本国策,构建全方位开放新格局,深度融入世界经济体系。推进"一带一路"建设既是中国扩大和深化对外开放的需要,也是加强和亚欧非及世界各国互利合作的需要,中国愿意在力所能及的范围内承担更多责任义务,为人类和平发展做出更大的贡献。

二、共建原则

恪守联合国宪章的宗旨和原则。遵守和平共处五项原则,即尊重各国主权和领土完整、互不侵犯、互不干涉内政、和平共处、平等互利。

坚持开放合作。"一带一路"相关的国家基于但不限于古代丝绸之路的范围,各国和国际、地区组织均可参与,让共建成果惠及更广泛的区域。

坚持和谐包容。倡导文明宽容,尊重各国发展道路和模式的选择,加强不同文明之间的对话,求同存异、兼容并蓄、和平共处、共生共荣。

坚持市场运作。遵循市场规律和国际通行规则,充分发挥市场在资源配置中的决定性作用和各类企业的主体作用,同时发挥好政府的作用。

坚持互利共赢。兼顾各方利益和关切,寻求利益契合点和合作最大公约数,体现各方智慧和创意,各施所长,各尽所能,把各方优势和潜力充分发挥出来。

三、框架思路

"一带一路"是促进共同发展、实现共同繁荣的合作共赢之路,是增进理解信任、加强全方位交流的和平友谊之路。中国政府倡议,秉持和平合作、开放包容、互学互鉴、互利共赢的理念,全方位推进务实合作,打造政治互信、经济融合、文化包容的利益共同体、命运共同体和责任共同体。

"一带一路"贯穿亚欧非大陆,一头是活跃的东亚经济圈,一头是发达的欧洲经济圈,中间广大腹地国家经济发展潜力巨大。丝绸之路经济带重点畅通中国经中亚、俄罗斯至欧洲（波罗的海）；中国经中亚、西亚至波斯湾、地中海；中国至东南亚、南亚、印度洋。21世纪海上丝绸之路重点方向是从中国沿海港口过南海到印度洋，延伸至欧洲；从中国沿海港口过南海到南太平洋。

根据"一带一路"走向，陆上依托国际大通道，以沿线中心城市为支撑，以重点经贸产业园区为合作平台，共同打造新亚欧大陆桥、中蒙俄、中国-中亚-西亚、中国-中南半岛等国际经济合作走廊；海上以重点港口为节点，共同建设通畅安全高效的运输大通道。中巴、孟中印缅两个经济走廊与推进"一带一路"建设关联紧密，要进一步推动合作，取得更大进展。

"一带一路"建设是沿线各国开放合作的宏大经济愿景，需各国携手努力，朝着互利互惠、共同安全的目标相向而行。努力实现区域基础设施更加完善，安全高效的陆海空通道网络基本形成，互联互通达到新水平；投资贸易便利化水平进一步提升，高标准自由贸易区网络基本形成，经济联系更加紧密，政治互信更加深入；人文交流更加广泛深入，不同文明互鉴共荣，各国人民相知相交、和平友好。

四、合作重点

沿线各国资源禀赋各异，经济互补性较强，彼此合作潜力和空间很大。以政策沟通、设施联通、贸易畅通、资金融通、民心相通为主要内容，重点在以下方面加强合作。

政策沟通。加强政策沟通是"一带一路"建设的重要保障。加强政府间合作，积极构建多层次政府间宏观政策沟通交流机制，深化利益融合，促进政治互信，达成合作新共识。沿线各国可以就经济发展战略和对策进行充分交流对接，共同制定推进区域合作的规划和措施，协商解决合作中的问题，共同为务实合作及大型项目实施提供政策支持。

设施联通。基础设施互联互通是"一带一路"建设的优先领域。在尊重相关国家主权和安全关切的基础上，沿线国家宜加强基础设施建设规划、技术标准体系的对接，共同推进国际骨干通道建设，逐步形成连接亚洲各次区域以及亚欧非之间的基础设施网络。强化基础设施绿色低碳化建设和运营管理，在建设中充分考虑气候变化影响。

抓住交通基础设施的关键通道、关键节点和重点工程，优先打通缺失路段，畅通瓶颈路段，配套完善道路安全防护设施和交通管理设施设备，提升道路通达水平。推进建立统一的全程运输协调机制，促进国际通关、换装、多式联运有机衔接，逐步形成兼容规范的运输规则，实现国际运输便利化。推动口岸基础设施建设，畅通陆水联运通道，推进港口合作建设，增加海上航线和班次，加强海上物流信息化合作。拓展建立民航全面合作的平台和机制，加快提升航空基础设施水平。

加强能源基础设施互联互通合作，共同维护输油、输气管道等运输通道安全，推进跨境电力与输电通道建设，积极开展区域电网升级改造合作。

共同推进跨境光缆等通信干线网络建设，提高国际通信互联互通水平，畅通信息丝绸之路。加快推进双边跨境光缆等建设，规划建设洲际海底光缆项目，完善空中（卫星）

信息通道，扩大信息交流与合作。

贸易畅通。投资贸易合作是"一带一路"建设的重点内容。宜着力研究解决投资贸易便利化问题，消除投资和贸易壁垒，构建区域内和各国良好的营商环境，积极同沿线国家和地区共同商建自由贸易区，激发释放合作潜力，做大做好合作"蛋糕"。

沿线国家宜加强信息互换、监管互认、执法互助的海关合作，以及检验检疫、认证认可、标准计量、统计信息等方面的双多边合作，推动世界贸易组织《贸易便利化协定》生效和实施。改善边境口岸通关设施条件，加快边境口岸"单一窗口"建设，降低通关成本，提升通关能力。加强供应链安全与便利化合作，推进跨境监管程序协调，推动检验检疫证书国际互联网核查，开展"经认证的经营者"（AEO）互认。降低非关税壁垒，共同提高技术性贸易措施透明度，提高贸易自由化便利化水平。

拓宽贸易领域，优化贸易结构，挖掘贸易新增长点，促进贸易平衡。创新贸易方式，发展跨境电子商务等新的商业业态。建立健全服务贸易促进体系，巩固和扩大传统贸易，大力发展现代服务贸易。把投资和贸易有机结合起来，以投资带动贸易发展。

加快投资便利化进程，消除投资壁垒。加强双边投资保护协定、避免双重征税协定磋商，保护投资者的合法权益。

拓展相互投资领域，开展农林牧渔业、农机及农产品生产加工等领域深度合作，积极推进海水养殖、远洋渔业、水产品加工、海水淡化、海洋生物制药、海洋工程技术、环保产业和海上旅游等领域合作。加大煤炭、油气、金属矿产等传统能源资源勘探开发合作，积极推动水电、核电、风电、太阳能等清洁、可再生能源合作，推进能源资源就地就近加工转化合作，形成能源资源合作上下游一体化产业链。加强能源资源深加工技术、装备与工程服务合作。

推动新兴产业合作，按照优势互补、互利共赢的原则，促进沿线国家加强在新一代信息技术、生物、新能源、新材料等新兴产业领域的深入合作，推动建立创业投资合作机制。

优化产业链分工布局，推动上下游产业链和关联产业协同发展，鼓励建立研发、生产和营销体系，提升区域产业配套能力和综合竞争力。扩大服务业相互开放，推动区域服务业加快发展。探索投资合作新模式，鼓励合作建设境外经贸合作区、跨境经济合作区等各类产业园区，促进产业集群发展。在投资贸易中突出生态文明理念，加强生态环境、生物多样性和应对气候变化合作，共建绿色丝绸之路。

中国欢迎各国企业来华投资。鼓励本国企业参与沿线国家基础设施建设和产业投资。促进企业按属地化原则经营管理，积极帮助当地发展经济、增加就业、改善民生，主动承担社会责任，严格保护生物多样性和生态环境。

资金融通。资金融通是"一带一路"建设的重要支撑。深化金融合作，推进亚洲货币稳定体系、投融资体系和信用体系建设。扩大沿线国家双边本币互换、结算的范围和规模。推动亚洲债券市场的开放和发展。共同推进亚洲基础设施投资银行、金砖国家开发银行筹建，有关各方就建立上海合作组织融资机构开展磋商。加快丝路基金组建运营。深化中国-东盟银行联合体、上合组织银行联合体务实合作，以银团贷款、银行授信等方式开展多边金融合作。支持沿线国家政府和信用等级较高的企业以及金融机构在中国境内发行人民币债券。符合条件的中国境内金融机构和企业可以在境外发行人民币债券和外币债券，鼓励在沿线国家使用所筹资金。

加强金融监管合作，推动签署双边监管合作谅解备忘录，逐步在区域内建立高效监管协调机制。完善风险应对和危机处置制度安排，构建区域性金融风险预警系统，形成应对跨境风险和危机处置的交流合作机制。加强征信管理部门、征信机构和评级机构之间的跨境交流与合作。充分发挥丝路基金以及各国主权基金作用，引导商业性股权投资基金和社会资金共同参与"一带一路"重点项目建设。

民心相通。民心相通是"一带一路"建设的社会根基。传承和弘扬丝绸之路友好合作精神，广泛开展文化交流、学术往来、人才交流合作、媒体合作、青年和妇女交往、志愿者服务等，为深化双多边合作奠定坚实的民意基础。

扩大相互间留学生规模，开展合作办学，中国每年向沿线国家提供1万个政府奖学金名额。沿线国家间互办文化年、艺术节、电影节、电视周和图书展等活动，合作开展广播影视剧精品创作及翻译，联合申请世界文化遗产，共同开展世界遗产的联合保护工作。深化沿线国家间人才交流合作。

加强旅游合作，扩大旅游规模，互办旅游推广周、宣传月等活动，联合打造具有丝绸之路特色的国际精品旅游线路和旅游产品，提高沿线各国游客签证便利化水平。推动21世纪海上丝绸之路邮轮旅游合作。积极开展体育交流活动，支持沿线国家申办重大国际体育赛事。

强化与周边国家在传染病疫情信息沟通、防治技术交流、专业人才培养等方面的合作，提高合作处理突发公共卫生事件的能力。为有关国家提供医疗援助和应急医疗救助，在妇幼健康、残疾人康复以及艾滋病、结核、疟疾等主要传染病领域开展务实合作，扩大在传统医药领域的合作。

加强科技合作，共建联合实验室（研究中心）、国际技术转移中心、海上合作中心，促进科技人员交流，合作开展重大科技攻关，共同提升科技创新能力。

整合现有资源，积极开拓和推进与沿线国家在青年就业、创业培训、职业技能开发、社会保障管理服务、公共行政管理等共同关心领域的务实合作。

充分发挥政党、议会交往的桥梁作用，加强沿线国家之间立法机构、主要党派和政治组织的友好往来。开展城市交流合作，欢迎沿线国家重要城市之间互结友好城市，以人文交流为重点，突出务实合作，形成更多鲜活的合作范例。欢迎沿线国家智库之间开展联合研究、合作举办论坛等。

加强沿线国家民间组织的交流合作，重点面向基层民众，广泛开展教育医疗、减贫开发、生物多样性和生态环保等各类公益慈善活动，促进沿线贫困地区生产生活条件改善。加强文化传媒的国际交流合作，积极利用网络平台，运用新媒体工具，塑造和谐友好的文化生态和舆论环境。

五、合作机制

当前,世界经济融合加速发展,区域合作方兴未艾。积极利用现有双多边合作机制,推动"一带一路"建设,促进区域合作蓬勃发展。

加强双边合作,开展多层次、多渠道沟通磋商,推动双边关系全面发展。推动签署合作备忘录或合作规划,建设一批双边合作示范。建立完善双边联合工作机制,研究推进"一带一路"建设的实施方案、行动路线图。充分发挥现有联委会、混委会、协委会、指导委员会、管理委员会等双边机制作用,协调推动合作项目实施。

强化多边合作机制作用,发挥上海合作组织(SCO)、中国-东盟"10+1"、亚太经合组织(APEC)、亚欧会议(ASEM)、亚洲合作对话(ACD)、亚信会议(CICA)、中阿合作论坛、中国-海合会战略对话、大湄公河次区域(GMS)经济合作、中亚区域经济合作(CAREC)等现有多边合作机制作用,相关国家加强沟通,让更多国家和地区参与"一带一路"建设。

继续发挥沿线各国区域、次区域相关国际论坛、展会以及博鳌亚洲论坛、中国-东盟博览会、中国-亚欧博览会、欧亚经济论坛、中国国际投资贸易洽谈会,以及中国-南亚博览会、中国-阿拉伯博览会、中国西部国际博览会、中国-俄罗斯博览会、前海合作论坛等平台的建设性作用。支持沿线国家地方、民间挖掘"一带一路"历史文化遗产,联合举办专项投资、贸易、文化交流活动,办好丝绸之路(敦煌)国际文化博览会、丝绸之路国际电影节和图书展。倡议建立"一带一路"国际高峰论坛。

六、中国各地方开放态势

推进"一带一路"建设,中国将充分发挥国内各地区比较优势,实行更加积极主动的开放战略,加强东中西互动合作,全面提升开放型经济水平。

西北、东北地区。发挥新疆独特的区位优势和向西开放重要窗口作用,深化与中亚、南亚、西亚等国家交流合作,形成丝绸之路经济带上重要的交通枢纽、商贸物流和文化科教中心,打造丝绸之路经济带核心区。发挥陕西、甘肃综合经济文化和宁夏、青海民族人文优势,打造西安内陆型改革开放新高地,加快兰州、西宁开发开放,推进宁夏内陆开放型经济试验区建设,形成面向中亚、南亚、西亚国家的通道、商贸物流枢纽、重要产业和人文交流基地。发挥内蒙古联通俄蒙的区位优势,完善黑龙江对俄铁路通道和区域铁路网,以及黑龙江、吉林、辽宁与俄远东地区陆海联运合作,推进构建北京—莫斯科欧亚高速运输走廊,建设向北开放的重要窗口。

西南地区。发挥广西与东盟国家陆海相邻的独特优势,加快北部湾经济区和珠江—西江经济带开放发展,构建面向东盟区域的国际通道,打造西南、中南地区开放发展新的战略支点,形成21世纪海上丝绸之路与丝绸之路经济带有机衔接的重要门户。发挥云南区位优势,推进与周边国家的国际运输通道建设,打造大湄公河次区域经济合作新高地,建设成为面向南亚、东南亚的辐射中心。推进西藏与尼泊尔等国家边境贸易和旅游文化合作。

沿海和港澳台地区。利用长三角、珠三角、海峡西岸、环渤海等经济区开放程度高、经济实力强、辐射带动作用大的优势,加快推进中国(上海)自由贸易试验区建设,支持福建建设21世纪海上丝绸之路核心区。充分发挥深圳前海、广州南沙、珠海横琴、福建平潭等开放合作区作用,深化与港澳台合作,打造粤港澳大湾区。推进浙江海洋经济发展示范区、福建海峡蓝色经济试验区和舟山群岛新区建设,加大海南国际旅游岛开发开放力度。加强上海、天津、宁波-舟山、广州、深圳、湛江、汕头、青岛、烟台、大连、福州、厦门、泉州、海口、三亚等沿海城市港口建设,强化上海、广州等国际枢纽机场功能。以扩大开放倒逼深层次改革,创新开放型经济体制机制,加大科技创新力度,形成参与和引领国际合作竞争新优势,成为"一带一路"特别是21世纪海上丝绸之路建设的排头兵和主力军。发挥海外侨胞以及香港、澳门特别行政区独特优势作用,积极参与和助力"一带一路"建设。为台湾地区参与"一带一路"建设做出妥善安排。

内陆地区。利用内陆纵深广阔、人力资源丰富、产业基础较好优势,依托长江中游城市群、成渝城市群、中原城市群、呼包鄂榆城市群、哈长城市群等重点区域,推动区域互动合作和产业集聚发展,打造重庆西部开发开放重要支撑和成都、郑州、武汉、长沙、南昌、合肥等内陆开放型经济高地。加快推动长江中上游地区和俄罗斯伏尔加河沿岸联邦区的合作。建立中欧通道铁路运输、口岸通关协调机制,打造"中欧班列"品牌,建设沟通境内外、连接东中西的运输通道。支持郑州、西安等内陆城市建设航空港、国际陆港,加强内陆口岸与沿海、沿边口岸通关合作,开展跨境贸易电子商务服务试点。优化海关特殊监管区域布局,创新加工贸易模式,深化与沿线国家的产业合作。

七、中国积极行动

一年多来,中国政府积极推动"一带一路"建设,加强与沿线国家的沟通磋商,推动与沿线国家的务实合作,实施了一系列政策措施,努力收获早期成果。

高层引领推动。习近平主席、李克强总理等国家领导人先后出访20多个国家,出席加强互联互通伙伴关系对话会、中阿合作论坛第六届部长级会议,就双边关系和地区发展问题,多次与有关国家元首和政府首脑进行会晤,深入阐释"一带一路"的深刻内涵和积极意义,就共建"一带一路"达成广泛共识。

签署合作框架。与部分国家签署了共建"一带一路"合作备忘录,与一些毗邻国家签署了地区合作和边境合作的备忘录以及经贸合作中长期发展规划。研究编制与一些毗邻国家的地区合作规划纲要。

推动项目建设。加强与沿线有关国家的沟通磋商,在基础设施互联互通、产业投资、资源开发、经贸合作、金融合作、人文交流、生态保护、海上合作等领域,推进了一批条件成熟的重点合作项目。

完善政策措施。中国政府统筹国内各种资源,强化政策支持。推动亚洲基础设施投资银行筹建,发起设立丝路基金,强化中国-欧亚经济合作基金投资功能。推动银行卡清算机构开展跨境清算业务和支付机构开展跨境支付业务。积极推进投资贸易便利化,推进区域通关一体化改革。

发挥平台作用。各地成功举办了一系列以"一带一路"为主题的国际峰会、论坛、研讨会、博览会,对增进理解、凝聚共识、深化合作发挥了重要作用。

八、共创美好未来

共建"一带一路"是中国的倡议,也是中国与沿线国家的共同愿望。站在新的起点上,中国愿与沿线国家一道,以共建"一带一路"为契机,平等协商,兼顾各方利益,反映各方诉求,携手推动更大范围、更高水平、更深层次的大开放、大交流、大融合。"一带一路"建设是开放的、包容的,欢迎世界各国和国际、地区组织积极参与。

共建"一带一路"的途径是以目标协调、政策沟通为主,不刻意追求一致性,可高度灵活,富有弹性,是多元开放的合作进程。中国愿与沿线国家一道,不断充实完善"一带一路"的合作内容和方式,共同制定时间表、路线图,积极对接沿线国家发展和区域合作规划。

中国愿与沿线国家一道,在既有双多边和区域次区域合作机制框架下,通过合作研究、论坛展会、人员培训、交流访问等多种形式,促进沿线国家对共建"一带一路"内涵、目标、任务等方面的进一步理解和认同。

中国愿与沿线国家一道,稳步推进示范项目建设,共同确定一批能够照顾双多边利益的项目,对各方认可、条件成熟的项目抓紧启动实施,争取早日开花结果。

"一带一路"是一条互尊互信之路,一条合作共赢之路,一条文明互鉴之路。只要沿线各国和衷共济、相向而行,就一定能够谱写建设丝绸之路经济带和21世纪海上丝绸之路的新篇章,让沿线各国人民共享"一带一路"共建成果。

附录二

教育部关于印发《推进共建"一带一路"教育行动》的通知

教外〔2016〕46号

各省、自治区、直辖市教育厅(教委),各计划单列市教育局,新疆生产建设兵团教育局,部属各高等学校,部内各司局、各直属单位:

为贯彻落实中办、国办《关于做好新时期教育对外开放工作的若干意见》和国家发展改革委、外交部、商务部经国务院授权发布的《推动共建丝绸之路经济带和21世纪海上丝绸之路的愿景与行动》,我部牵头制订了《推进共建"一带一路"教育行动》,并已经国家教育体制改革领导小组会议审议通过。现印发给你们,请结合实际认真贯彻执行。

教育部

2016年7月13日

推进共建"一带一路"教育行动

推进共建"丝绸之路经济带"和"21世纪海上丝绸之路"(以下简称"一带一路"),为推动区域教育大开放、大交流、大融合提供了大契机。"一带一路"沿线国家教育加强合作、共同行动,既是共建"一带一路"的重要组成部分,又为共建"一带一路"提供人才支撑。中国愿与沿线国家一道,扩大人文交流,加强人才培养,共同开创教育美好明天。

一、教育使命

教育为国家富强、民族繁荣、人民幸福之本,在共建"一带一路"中具有基础性和先导性作用。教育交流为沿线各国民心相通架设桥梁,人才培养为沿线各国政策沟通、设施联通、贸易畅通、资金融通提供支撑。沿线各国唇齿相依,教育交流源远流长,教育合作前景广阔,大家携手发展教育,合力推进共建"一带一路",是造福沿线各国人民的伟大事业。

中国将一以贯之地坚持教育对外开放,深度融入世界教育改革发展潮流。推进"一带一路"教育共同繁荣,既是加强与沿线各国教育互利合作的需要,也是推进中国教育改革发展的需要,中国愿意在力所能及的范围内承担更多责任义务,为区域教育大发展做出更大的贡献。

二、合作愿景

沿线各国携起手来,增进理解、扩大开放、加强合作、互学互鉴,谋求共同利益、直面共同命运、勇担共同责任,聚力构建"一带一路"教育共同体,形成平等、包容、互惠、活跃的教育合作态势,促进区域教育发展,全面支撑共建"一带一路",共同致力于:

推进民心相通。开展更大范围、更高水平、更深层次的人文交流,不断推进沿线各国人民相知相亲。

提供人才支撑。培养大批共建"一带一路"急需人才,支持沿线各国实现政策互通、设施联通、贸易畅通、资金融通。

实现共同发展。推动教育深度合作、互学互鉴,携手促进沿线各国教育发展,全面提升区域教育影响力。

三、合作原则

育人为本,人文先行。加强合作育人,提高区域人口素质,为共建"一带一路"提供人才支撑。坚持人文交流先行,建立区域人文交流机制,搭建民心相通桥梁。

政府引导,民间主体。沿线国家政府加强沟通协调,整合多种资源,引导教育融合发展。发挥学校、企业及其他社会力量的主体作用,活跃教育合作局面,丰富教育交流内涵。

共商共建,开放合作。坚持沿线国家共商、共建、共享,推进各国教育发展规划相互衔接,实现沿线各国教育融通发展、互动发展。

和谐包容,互利共赢。加强不同文明之间的对话,寻求教育发展最佳契合点和教育合作最大公约数,促进沿线各国在教育领域互利互惠。

四、合作重点

沿线各国教育特色鲜明、资源丰富、互补性强、合作空间巨大。中国将以基础性、支撑性、引领性三方面举措为建议框架,开展三方面重点合作,对接沿线各国意愿,互鉴先进教育经验,共享优质教育资源,全面推动各国教育提速发展。

(一)开展教育互联互通合作

加强教育政策沟通。开展"一带一路"教育法律、政策协同研究,构建沿线各国教育政策信息交流通报机制,为沿线各国政府推进教育政策互通提供决策建议,为沿线各国学校和社会力量开展教育合作交流提供政策咨询。积极签署双边、多边和次区域教育合作框架协议,制定沿线各国教育合作交流国际公约,逐步疏通教育合作交流政策性瓶颈,实现学分互认、学位互授联授,协力推进教育共同体建设。

助力教育合作渠道畅通。推进"一带一路"国家间签证便利化,扩大教育领域合作交流,形成往来频繁、合作众多、交流活跃、关系密切的携手发展局面。鼓励有合作基础、相同研究课题和发展目标的学校缔结姊妹关系,逐步深化拓展教育合作交流。举办沿线国家校长论坛,推进学校间开展多层次多领域的务实合作。支持高等学校依托学科优势专业,建立产学研用结合的国际合作联合实验室(研究中心)、国际技术转移中心,共同应对经济发展、资源利用、生态保护等沿线各国面临的重大挑战与机遇。打造"一带一路"学术交流平台,吸引各国专家学者、青年学生开展研究和学术交流。推进"一带一路"优质教育资源共享。

促进沿线国家语言互通。研究构建语言互通协调机制,共同开发语言互通开放课程,逐步将沿线国家语言课程纳入各国学校教育课程体系。拓展政府间语言学习交换项目,联合培养、相互培养高层次语言人才。发挥外国语院校人才培养优势,推进基础教育多语种师资队伍建设和外语教育教学工作。扩大语言学习国家公派留学人员规模,倡导沿线各国与中国院校合作在华开办本国语言专业。支持更多社会力量助力孔子学院和孔子课堂建设,加强汉语教师和汉语教学志愿者队伍建设,全力满足沿线国家汉语学习需求。

推进沿线国家民心相通。鼓励沿线国家学者开展或合作开展中国课题研究,增进沿线各国对中国发展模式、国家政策、教育文化等各方面的理解。建设国别和区域研究基地,与对象国合作开展经济、政治、教育、文化等领域研究。逐步将理解教育课程、丝路文化遗产保护纳入沿线各国中小学教育课程体系,加强青少年对不同国家文化的理解。加强"丝绸之路"青少年交流,注重利用社会实践和志愿服务、文化体验、体育竞赛、创新创业活动和新媒体社交等途径,增进不同国家青少年对其他国家文化的理解。

推动学历学位认证标准连通。推动落实联合国教科文组织《亚太地区承认高等教育资历公约》,支持教科文组织建立世界范围学历互认机制,实现区域内双边多边学历学位关联互认。呼吁各国完善教育质量保障体系和认证机制,加快推进本国教育资历框架开发,助力各国学习者在不同种类和不同阶段教育之间进行转换,促进终身学习社会建设。共商共建区域性职业教育资历框架,逐步实现就业市场的从业标准一体化。探索建立沿线各国教师专业发展标准,促进教师流动。

(二)开展人才培养培训合作

实施"丝绸之路"留学推进计划。设立"丝绸之路"中国政府奖学金,为沿线各国专项培养行业领军人才和优秀技能人才。全面提升来华留学人才培养质量,把中国打造成为深受沿线各国学子欢迎的留学目的地国。以国家公派留学为引领,推动更多中国学生到沿线国家留学。坚持"出国留学和来华留学并重、公费留学和自费留学并重、扩大规模和提高质量并重、依法管理和完善服务并重、人才培养和发挥作用并重",完善全链条的留学人员管理服务体系，保障平安留学、健康留学、成功留学。

实施"丝绸之路"合作办学推进计划。有条件的中国高等学校开展境外办学要集中优势学科，选好合作契合点，做好前期论证工作，构建人才培养模式、运行管理模式、服务当地模式、公共关系模式，使学校顺利落地生根、开花结果。发挥政府引领、行业主导作用，促进高等学校、职业院校与行业企业深化产教融合。鼓励中国优质职业教育配合高铁、电信运营等行业企业走出去，探索开展多种形式的境外合作办学，合作设立职业院校、培训中心，合作开发教学资源和项目，开展多层次职业教育和培训，培养当地急需的各类"一带一路"建设者。整合资源，积极推进与沿线各国在青年就业培训等共同关心领域的务实合作。倡议沿线国家之间开展高水平合作办学。

实施"丝绸之路"师资培训推进计划。开展"丝绸之路"教师培训，加强先进教育经验交流，提升区域教育质量。加强"丝绸之路"教师交流，推动沿线各国校长交流访问、教师及管理人员交流研修，推进优质教育模式在沿线各国互学互鉴。大力推进沿线各国优质教学仪器设备、教材课件和整体教学解决方案输出，跟进教师培训工作，促进沿线各国教育资源和教学水平均衡发展。

实施"丝绸之路"人才联合培养推进计划。推进沿线国家间的研修访学活动。鼓励沿线各国高等学校在语言、交通运输、建筑、医学、能源、环境工程、水利工程、生物科学、海洋科学、生态保护、文化遗产保护等沿线国家发展急需的专业领域联合培养学生，推动联盟内或校际教育资源共享。

(三)共建丝路合作机制

加强"丝绸之路"人文交流高层磋商。开展沿线国家双边多边人文交流高层磋商，商定"一带一路"教育合作交流总体布局，协调推动沿线各国建立教育双边多边合作机制、教育质量保障协作机制和跨境教育市场监管协作机制，统筹推进"一带一路"教育共同行动。

充分发挥国际合作平台作用。发挥上海合作组织、东亚峰会、亚太经合组织、亚欧会议、亚洲相互协作与信任措施会议、中阿合作论坛、东南亚教育部长组织、中非合作论坛、中巴经济走廊、孟中印缅经济走廊、中蒙俄经济走廊等现有双边多边合作机制作用，增加教育合作的新内涵。借助联合国教科文组织等国际组织力量，推动沿线各国围绕实现世界教育发展目标形成协作机制。充分利用中国-东盟教育交流周、中日韩大学交流合作促进委员会、中阿大学校长论坛、中非高校20＋20合作计划、中日大学校长论坛、中韩大学校长论坛、中俄大学联盟等已有平台，开展务实教育合作交流。支持在共同区域、有合作基础、具备相同专业背景的学校组建联盟，不断延展教育务实合作平台。

实施"丝绸之路"教育援助计划。发挥教育援助在"一带一路"教育共同行动中的重要作用，逐步加大教育援助力度，重点投资于人、援助于人、惠及于人。发挥教育援助在"南南合作"中的重要作用，加大对沿线国家尤其是最不发达国家的支持力度。统筹利用国家、教育系统和民间资源，为沿线国家培养培训教师、学者和各类技能人才。积极开展优质教学仪器设备、整体教学方案、配套师资培训一体化援助。加强中国教育培训中心和教育援外基地建设。倡议各国建立政府引导、社会参与的多元化经费筹措机制，通过国家资助、社会融资、民间捐赠等渠道，拓宽教育经费来源，做大教育援助格局，实现教育共同发展。

开展"丝路金驼金帆"表彰工作。对于在"一带一路"教育合作交流和区域教育共同发展中做出杰出贡献、产生重要影响的国际人士、团队和组织给予表彰。

五、中国教育行动起来

中国倡导沿线各国建立教育共同体，聚力推进共建"一带一路"，首先需要中国教育领域和社会各界率先垂范、积极行动。

加强协调推动。加强国内各部门各地方的统筹协调工作，有序开展"一带一路"教育合作交流。推动中国教育治理体系完善、相关法律法规修订和教育综合改革，提升中国开展"一带一路"教育行动的质量和水平。教育部与国家发展改革委、外交部、商务部等部门和全国性行业组织紧密配合，围绕共建"一带一路"大局，寻找合作重点、建立运行保障机制，畅通教育国际合作交流渠道，对接沿线各国教育发展战略规划。

地方重点推进。突出地方推进共建"一带一路"的主体性、支撑性和落地性，要求各地发挥区位优势和地方特色，抓紧制订本地教育和经济携手走出去行动计划，紧密对接国家总体布局。有序与沿线国家地方政府建立"友好省州""姊妹城市"关系，做好做实彼此间人文交流。充分利用地方调配资源优势，积极搭建海内外平台，促进校企优势互补、良性合作、共同发展。多措并举，支持指导本地教育系统与"一带一路"沿线国家广泛开展合作交流，打造教育合作交流区域高地，助力做强本地教育。

各级学校有序前行。各级各类学校秉承"己欲立而立人"的中国传统，有序与沿线各国学校扩大合作交流，整合优质资源走出去，选择优质资源引进来，兼容并包、互学互鉴，共同提升教育国际化水平和服务共建"一带一路"能力。中小学校要广泛建立校际合作交流关系，重点开展师生交流、教师培训和国际理解教育。高等学校、职业院校要立足各自发展战略和本地区参与共建"一带一路"规划，与沿线各国开展形式多样的合作交流，重点做好完善现代大学制度、创新人才培养模式、提升来华留学质量、优化境外合作办学、助推企业成长等各项工作的协同发展。

社会力量顺势而行。开展更大范围、更深层次、更高水平的"一带一路"教育民间合作交流，吸纳更多民间智慧、民间力量、民间方案、民间行动。大力培育和发展我国非营利组织，通过购买服务、市场调配等举措，大力支持社会机构和专业组织投身教育对外开放事业，活跃民间教育国际合作交流。加快推动教学仪器和中医诊疗服务走出去步伐，支持企业和个人按照市场规则依法参与中外合作办学、合作科研、涉外服务等教育对外开放活动。企业要积极与学校合作走出去，联合开展人才培养、科技创新和成果转化，积极服务"一带一路"国家经贸发展。

助力形成早期成果。实施高度灵活、富有弹性的合作机制，优先启动各方认可度高、条件成熟的项目,明确时间节点,争取短期内开花结果。2016年,各省市制订并呈报本地"一带一路"教育行动计划,有序推进教育互联互通、人才培养培训及丝路合作机制建设。2017年,基于三方面重点合作的沿线各国教育共同行动深入开展。未来3年,中国每年面向沿线国家公派留学生2500人;未来5年,建成10个海外科教基地,每年资助1万名沿线国家新生来华学习或研修。

六、共创教育美好明天

独行快,众行远。合作交流是沿线各国共建"一带一路"教育共同体的主要方式。通过教育合作交流,培养高素质人才,推进经济社会发展,提高沿线各国人民生活福祉,是我们共同的愿望。通过教育合作交流,扩大人文往来,筑牢地区和平基础,是我们共同的责任。

中国愿与沿线各国一道,秉持开放合作、互利共赢理念,共同构建多元化教育合作机制,制定时间表和路线图,推动弹性化合作进程,打造示范性合作项目,满足各方发展需要,促进共同发展。

中国教育部倡议沿线各国积极行动起来,加强战略规划对接和政策磋商,探索教育合作交流的机制与模式,增进教育合作交流的广度和深度,追求教育合作交流的质量和效益,互知互信、互帮互助、互学互鉴,携手推动教育发展,促进民心相通,构建"一带一路"教育共同体,共创人类美好生活新篇章。

后 记

本书是张德祥教授主持的中国高等教育学会高等教育科学研究"十三五"规划重大攻关课题"'一带一路'国家高等教育政策法规研究"(16ZG003)的研究成果。

本书由张德祥教授和李枭鹰教授负责总体规划、设计和架构,确定编译的主旨与核心,组织人员搜集、选取、翻译和整理这些国家的相关教育政策法规,最后审阅书稿。其中,《科威特国家教育发展报告(2004—2008)》由大连理工大学教育管理专业2018级博士生耿宁荷编译,《卡塔尔教育和培训部门战略(2011—2016)》由大连理工大学高等教育学专业2016级硕士生郝香贺编译,《阿联酋下一代人的高等教育总体规划》由大连理工大学教育管理专业2016级博士生牛军明编译,《阿曼高等教育质量管理体系发展规划》由大连理工大学教育管理专业2017级博士生何文栋编译,《也门国家高等教育发展战略》《巴林国家高等教育战略(2014—2024)》由大连理工大学高等教育研究院教育管理专业2019级博士生齐小鸥和高等教育学专业2018级硕士生阮红梅、彭晓帆、郑佳编译。这些政策法规文本的语言为英语。本书由齐小鸥统稿。

本书的出版得到了中国高等教育学会、大连理工大学出版社的大力支持,课题组在此深表感谢!

课题组